Cases of CNC
Machinery
Equipment

"数控一代"案例集
（塑性工程卷）

中国机械工程学会 编著
塑性工程分会

中国科学技术出版社
·北京·

图书在版编目（CIP）数据

"数控一代"案例集. 塑性工程卷 / 中国机械工程学会, 塑性工程分会编著. —北京：中国科学技术出版社，2016.8

ISBN 978-7-5046-7213-1

Ⅰ.①数… Ⅱ.①中… ②塑… Ⅲ.①工程力学—塑性力学—技术革新—案例—中国 Ⅳ.① F426.4

中国版本图书馆 CIP 数据核字 (2016) 第 221830 号

策划编辑	赵　晖　郭秋霞
责任编辑	郭秋霞　赵　晖
版式设计	中文天地
责任校对	杨京华
责任印制	张建农

出　　版	中国科学技术出版社
发　　行	科学普及出版社发行部
地　　址	北京市海淀区中关村南大街16号
邮　　编	100081
发行电话	010-62173865
传　　真	010-62179148
网　　址	http://www.cspbooks.com.cn

开　　本	787mm×1092mm　1/16
字　　数	370千字
印　　张	18
版　　次	2016年10月第1版
印　　次	2016年10月第1次印刷
印　　刷	北京市凯鑫彩色印刷有限公司
书　　号	ISBN 978-7-5046-7213-1/F・821
定　　价	126.00元

（凡购买本社图书，如有缺页、倒页、脱页者，本社发行部负责调换）

编写组织机构

指导委员会

主　任：苑世剑
副主任：宋天虎　陆　辛
委　员：刘家旭　华　林　单忠德　赵升吨　雷炳旺　罗　平　王　玲

编审委员会

主　任：陆　辛
副主任：华　林　刘家旭　赵升吨　王　玲　栾大凯
委　员：（按姓氏笔画排列）
　　　　马丽萍　王占军　王乾廷　王新云　计亚平　邓少霞
　　　　冯泽舟　刘　余　刘劲松　孙惠学　李　兵　李　森
　　　　李永革　李明哲　李落星　李景云　时春生　吴君三
　　　　何灿坤　汪小凯　宋清玉　张　军　张　勇　张士宏
　　　　陆　彬　陈　江　陈　军　陈　岩　陈　超　苑世剑
　　　　金　红　单忠德　单宝德　钟志平　顾梦元　党建中
　　　　高　峰　郭为忠　黄时明　崔瑞奇　蒋　鹏　蓝育忠
　　　　雷炳旺　缪　云　戴玉同
主　审：陆　辛　栾大凯　蒋　鹏　崔瑞奇

总 序

实施"中国制造2025",加快我们国家从制造大国迈向制造强国,要以科技创新为主要驱动力,以加快新一代信息技术与制造业深度融合为主线,以推进智能制造为主攻方向。

智能制造——数字化网络化智能化制造是新一轮工业革命的核心技术,是世界各国全力争夺的技术制高点,为中国制造业结构优化和转变发展方式提供了历史性机遇,成为中国制造业"创新驱动、由大到强"的主攻方向。

制造业创新发展的内涵包括三个层面:一是产品创新;二是生产技术创新;三是产业模式创新。在这三个层面上,智能制造——数字化网络化智能化制造都是制造业创新发展的主要途径:第一,数字化网络化智能化是实现机械产品创新的共性使能技术,使机械产品向"数控一代"和"智能一代"发展,从根本上提高产品功能、性能和市场竞争力;第二,数字化网络化智能化也是生产技术创新的共性使能技术,将革命性地提升制造业的设计、生产和管理水平;第三,数字化网络化智能化还是产业模式创新的共性使能技术,将大大促进服务型制造业和生产性服务业的发展,深刻地变革制造业的生产模式和产业形态。

机械产品的数控化和智能化创新具有鲜明的特征、本质的规律,这种颠覆性共性使能技术可以普遍运用于各种机械产品创新,引起机械产品的全面升级换代,这也是"数控一代"和"智能一代"机械产品这样一个概念产生的缘由和根据。

2011年年初,18位院士联名提出了关于实施数控一代机械产品创新工程(简称"数控一代")的建议,中央领导同志高度重视、亲切关怀,科技部、工业和信息化部、中国工程院联合启动了数控一代机械产品创新应用示范工程，其战略目标是：在机械行业全面推广应用数控技术，在10年时间内，实现各行各业各类各种机械产品的全面创新，使中国的机械产品总体升级为"数控一代"，同时也为中国机械产品进一步升级为"智能一代"奠定基础。

4年来，全国工业战线的同志们团结奋斗，用产学研政协同创新，数控一代机械产品创新应用示范工程进步巨大、成就卓著，在全面推进智能制造这个主攻方向上取得了重大突破。

中国机械工程学会是实施数控一代机械产品创新应用示范工程的一支重要推动力量。4年来，学会发挥人才优势和组织优势，动员和组织学会系统包括各省区市机械工程学会和各专业分会的同志们广泛参与，着重于推动数控一代工程在各行业各区域各企业的立地和落实，为企业产品创新助力、为产业技术进步服务。在这个过程中，学会重视发现典型、总结经验，形成了《"数控一代"案例集》。

《"数控一代"案例集》总结了典型机械产品数控化创新的丰硕成果，展示了各行业各区域各企业实施创新驱动发展战略的宝贵经验，覆盖面广、代表性强，对于实现中国机械产品的全面创新升级有着重要的借鉴与促进作用。

衷心祝愿《"数控一代"案例集》持续推出、越办越好，助百花齐放、引万马奔腾，为数控一代机械产品创新应用示范工程的成功、为"中国制造2025"的胜利、为实现中国制造由大变强的历史跨越做出重要贡献。

2015年4月

前 言

机械制造是制造业最重要、最基本的组成部分。实现由制造大国向制造强国的历史性转变，机械制造必须要先行，必须从模仿走向创新、从跟踪走向引领，必须科学前瞻、登高望远、规划长远发展。

塑性成形是机械工程学科制造学科领域的一个分支。塑性成形是利用材料的塑性，一般通过模具施加作用力，使材料产生塑性变形，在少切削或无切削的条件下，加工出所要求的具有一定尺寸与形状的零件毛坯或零件成品的制造方法。由于塑性成形不但能够制造出各种不同尺寸不同形状的工件，而且通过塑性变形使材料组织改善性能提高，即具有"成形与改性"的双重作用，因而成为生产零件毛坯或零件成品的主要技术手段之一。

随着我国经济的高速发展，GDP总量持续扩大，金属塑性成形行业快速发展壮大，金属塑性成形技术也相应持续发展进步，锻压件总产量达到4千万吨以上，总产值达到6000亿元，无论技术与产业规模总体上都达到了国际制造大国的阶段，但还不是制造强国。

通过几个五年计划我国大锻件行业呈现出强劲发展态势。在大锻件装备方面，国内主要重机企业基本完成了大规模现代化技术改造，进入了世界前列。基本掌握了大型钢锭材料精确控制技术及大锻件材料组织缺陷控制技术。核电AP1000核岛锻件、常规岛电机转子、汽轮机高压和低压转子全部研制成功，被称为核电站"大动脉"的整体锻造主管道首次实现国产化。自主开发了大型船用低速大马力柴油机6拐组合曲轴锻件，曲轴总长8030mm，净重71t，标志着我国船用曲轴产品制造能力打破国外垄断，达到了真正意义的自主化。可以预计，未来20年，我国制造业仍将保持强劲发展的势头，将更加注重提高基础、关键、核心技术的自主创新能力，提高重大装备集成创新能力，提高产品和服务的质量、效益和水平，进一步优化产业结构，转变发展方式，提升全球竞争力，基本实现由制造大国向制造强国的历史性转变。

此次，为了将2012年国家组织实施"数控一代机械产品创新应用示范工程"已取得的成果总结推广，助力塑性工程产业转型升级，中国机械工程学会与其塑性工程分会共同组织相关高等院校、科研院所与生产企业积极参与，总结塑性工程行业数字化技术创新与示范案例，编撰了《"数控一代"案例集（塑性工程卷）》。本卷共收录了35个案例，主要涵盖了板材管材成形、锻造、轧制、特种成形、设备等诸多领域、特色显著的"数控一代"产品的示范应用，体现了塑性工程行业在迈向数字化、网络化、智能化方向的创新发展。从一个侧面反映了自动化、数字化、智能化技术在机械制造业领域实际应用与发展现状及未来发展的趋势。

我们相信，在从"数控一代"迈向"智能一代"的过程中，通过不断总结和推广塑性工程领域"数控一代"案例，推动全行业制造技术升级，进而为我国在"中国制造＋互联网"上尽快取得突破，为实现中国制造迈向中高端起到积极的推动作用。

《"数控一代"案例集（塑性工程卷）》编写委员会
2016年6月

目录
CONTENTS

板材管材成形篇

案例 1　内高压成形技术与数控装备　　　　　　　　　　　/ 1

案例 2　数控精冲机及成套生产线技术　　　　　　　　　　/ 13

案例 3　板式换热器翅片成形自动化生产线　　　　　　　　/ 21

案例 4　全自动精冲生产线装备及精冲成套技术　　　　　　/ 27

案例 5　基于工业机器人的金属板材柔性冲折加工生产线　　/ 31

案例 6　乘用车覆盖件全自动柔性冲压生产线　　　　　　　/ 39

案例 7　高档数控超大型船用卷板机　　　　　　　　　　　/ 47

案例 8　多模数控蛇形弯管生产线　　　　　　　　　　　　/ 55

锻造篇

案例 9 基于现场总线的热模锻压力机锻造自动化生产线　　/ 61

案例 10 汽车转向节锻造自动化生产工艺及装备　　/ 67

案例 11 3.6万t黑色金属垂直挤压机组　　/ 73

案例 12 数字化多工位精锻成形装备　　/ 81

案例 13 巨型重载数控锻造操作机　　/ 91

案例 14 基于精确控温的高效短流程挤压加工技术及装备　　/ 99

案例 15 3000t全自动校直机　　/ 107

案例 16 汽车关键零件智能化精密热模锻成套技术与装备　　/ 113

轧制篇

案例 17 大型数控径-轴向辗环机　　/ 121

案例 18	数控精密轧环装备及自动化生产线技术	/ 129
案例 19	精密铜管铸轧加工自动化与质量控制系统	/ 137
案例 20	铝合金车轮旋转辗锻机	/ 147
案例 21	铝合金车轮强力旋压机	/ 155

特种成形篇

案例 22	三维曲面件多点数字化成形技术与装备	/ 163
案例 23	板料数控柔性渐进成形工艺与装备	/ 175
案例 24	LFT-D 复合材料在线模压成形生产线和数字化联线技术	/ 183
案例 25	化工及空分规整填料自动化生产线	/ 193
案例 26	汽车玻璃托架成形模自动化生产线	/ 199
案例 27	总线控制超强钢热成型成套技术装备	/ 205
案例 28	大幅面绝缘纸板热压机组	/ 215

设备篇

案例 29 SP 型高性能数控伺服转塔冲床 / 219

案例 30 新型交流伺服机械压力机 / 229

案例 31 汽车车身高速冲压装备 / 237

案例 32 汽车大型覆盖件液压机柔性冲压生产线 / 243

案例 33 高精度模具研配液压机 / 251

案例 34 板材高速精密数控冲床 / 257

案例 35 全生命周期设计数控液压机 / 265

案例 1
内高压成形技术与数控装备

哈尔滨工业大学液力成形工程研究中心

内高压成形技术从 20 世纪 90 年代中期开始在汽车工业大批量应用,目前欧美年产均达 5000 余万件,新型轿车 50% 结构件为内高压成形件,主要应用范围包括底盘、车身及排气管件。哈尔滨工业大学液力成形工程研究中心通过 10 余年的系统研究,取得重大突破,在内高压成形基础理论、工艺、模具及大型数控装备研制等方面取得重大突破,研制出具有自主知识产权的系列化大型内高压成形装备,并在汽车、航天、航空等领域关键结构件批量生产中得到应用。

一、导语

结构轻量化是运输工具节约燃料和减少废气排放的主要手段之一。对于轿车,减重10%,油耗降低6%~8%;卡车减重会提高载货量;质量轻,惯性力小,利于提高汽车碰撞安全性。在航空航天领域,减轻质量可提高有效载荷和飞行距离。对于承受弯扭载荷为主的结构,采用空心变截面构件,既可减轻质量又可充分利用材料强度。内高压成形技术可实现空心替代实心、变截面代替等截面、封闭截面代替焊接截面,主要优点包括:比冲焊件减轻15%~30%、大幅提高刚度和疲劳强度、零件和模具数量少、材料利用率90%以上、成本降低30%以上。

内高压成形技术从20世纪90年代中期开始在汽车工业大批量应用,目前欧美年产均达5000余万件,新型轿车50%结构件为内高压成形件,主要应用范围包括底盘、车身及排气管件。国外生产内高压装备的厂商主要有德国Schuler公司和瑞典AP&T公司。用于轿车零件生产的内高压成形设备合模力多为5000 t,最高内压400 MPa,可实现32轴的数控。生产节拍26~32秒/件,可年产25万个内高压件。

哈尔滨工业大学液力成形工程研究中心通过10余年的系统研究,取得了重大突破,在内高压成形基础理论、工艺、模具及大型数控装备研制等方面取得重大突破,研制出具有自主知识产权的系列化大型内高压成形装备,并在汽车、航天、航空等领域关键结构件批量生产中得到了广泛应用。

二、主要研究内容

1. 内高压成形原理

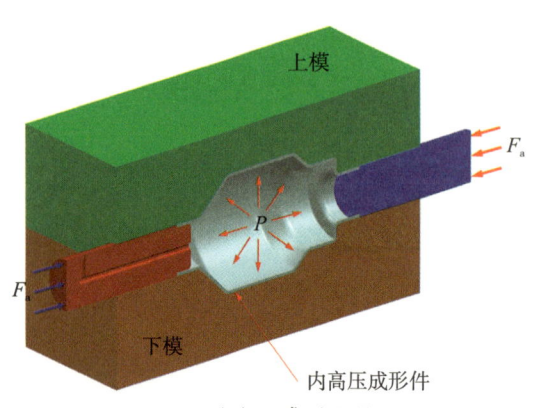

图1 内高压成形原理

内高压成形是制造复杂形状空心轻量化结构的一种先进成形制造技术,其原理是以液体介质作为均布的传力介质代替刚性凸模使管材成形为所需形状的零件。从截面形状看,可以把管材圆截面变为矩形、梯形、椭圆形或其他异形截面,如图1所示。对于弯曲轴线的零件,需要把管材轴线预先弯曲到要求的形状,对于复杂截面形状,还需要预成形工序合理分配材料及确保管材顺利放入模具型腔，工业生产上典型的工序包括弯曲、预成形和内高压成形，如图2所示。

2. 内高压成形基础理论

内高压成形时管材在高压液体与轴向进给耦合下发生变形，其力学本质是复杂应力状态下的塑性变形，塑性应力应变状态和摩擦行为等理论问题十分复杂。

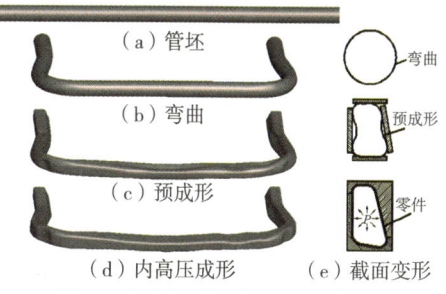

图2 弯曲轴线构件内高压成形

系统地研究了内高压成形变形规律和弹塑性失稳机理，揭示了内高压成形应力应变状态与壁厚变化规律，建立了内高压成形起皱临界应力模型，揭示了加载路径影响以及内高压成形缺陷形成机理。

3. 内高压成形工艺与模具

内高压成形模具承受高内压和大吨位合模力引起的高应力及变形，对模具寿命和成形零件精度影响较大。模具在确保超高压下管端移动密封的同时，还需要同步液压冲孔，导致模具结构十分复杂。

发明了复杂截面形状构件以推代胀低压成形方法，可以降低成形压力50%以上。发明了异型截面密封冲头结构，解决了400 MPa超高压管端移动密封，实现各种截面管端快速稳定密封，管端只需普通锯床下料，材料利用率提高到95%。

研发了多孔同步液压冲孔模具技术，利用高压液体作为支撑凹模，成形后同步冲孔，实现高效率短流程制造（图3）。提出合模力随内压可变技术，降低成形时模具受力，减小模具弹性变形，延长模具寿命，提高零件尺寸精度。

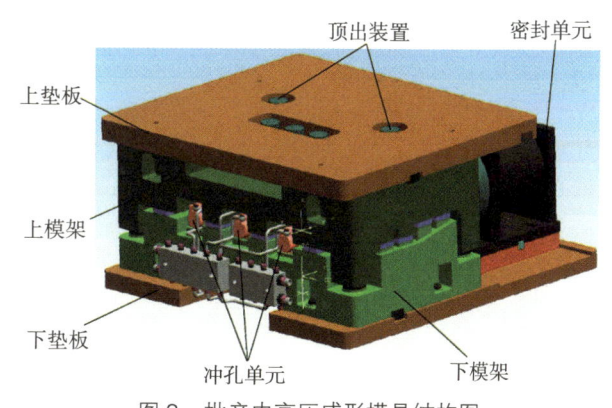

图3 批产内高压成形模具结构图

4. 数控内高压成形装备

内高压成形装备需要在30 s内完成合模、充液、密封、增压、冲孔和卸载等动作，因此完成的动作复杂、精度高、自动化要求高。研究了超高压介质的建立与传输技术，超高压与多轴位移闭环伺服控制技术与数控系统与控制软件技术，研制出全自动化内高压成形机，为内高压成形工艺在工业生产的应用奠定了基础。

内高压成形装备由合模压力机和内高压成形系统两大部分组成，如图4所示。合模压力机为一台立式液压机，其特殊要求是可以在下死点合模保压一段时间；内高压成形系统包括水平伺服缸、高压源（增压器）、液压系统、水压系统和计算机控制系统5个分系统。

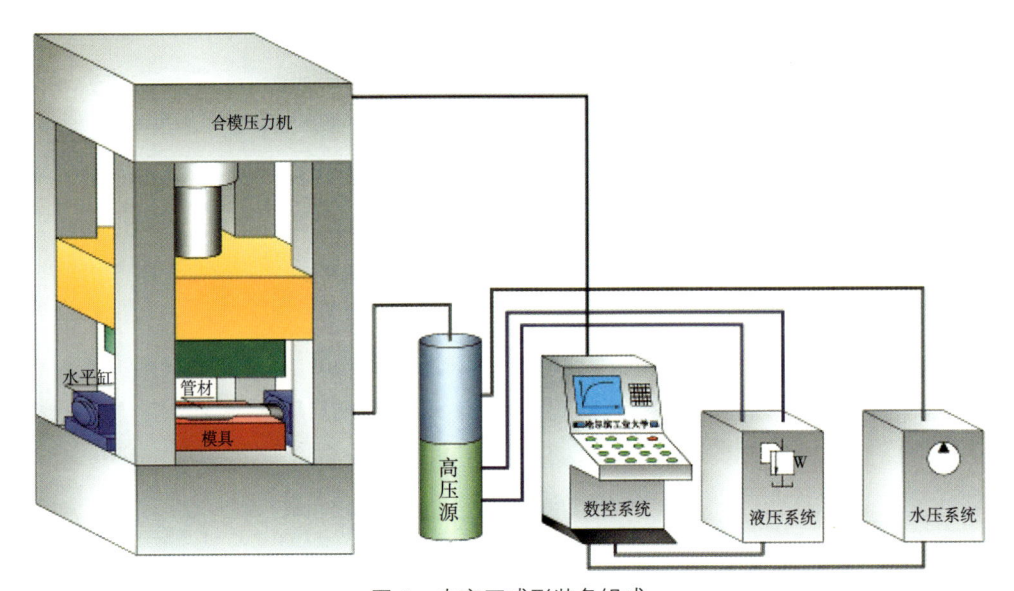

图4 内高压成形装备组成

内高压成形装备可自动实现的工艺动作：合模→施加合模力→水介质填充与循环→判断高压密封→执行加载曲线→同步卸除内压/合模力→退冲头→开模。可执行数字化加载的工艺参数包括：内压、左侧水平缸位移、右侧水平缸位移和合模力。

（1）超高压介质的建立与传输技术。

内高压成形需要的压力往往高达 300 ~ 400 MPa 或更高的压力，需要采用增压器作为高压源。增压器采用乳化液作为加压介质，既克服了液压油压缩量大的缺点，又具有防锈作用。

内高压成形时 10 s 左右完成一个升压、卸载的工作循环，每天 16 ~ 20 h 长期工作，高压密封需要承受频繁加载，要求长寿命；同时，对压力的精确控制需要高压缸体变形小，高压端柱塞缸的动静摩擦力相差较小，以便于提高控制精度。

通过优化高压缸体承载结构，减小加载时缸体弹性变形，给出了符合超高压柱塞缸要求的密封结构以及满足耐磨性与变形要求的密封材料配比。实现了长寿命、动静摩擦力小的增压器密封结构，可以满足内高压成形对增压器的技术要求，增压器原理图与实物分别如图5所示。

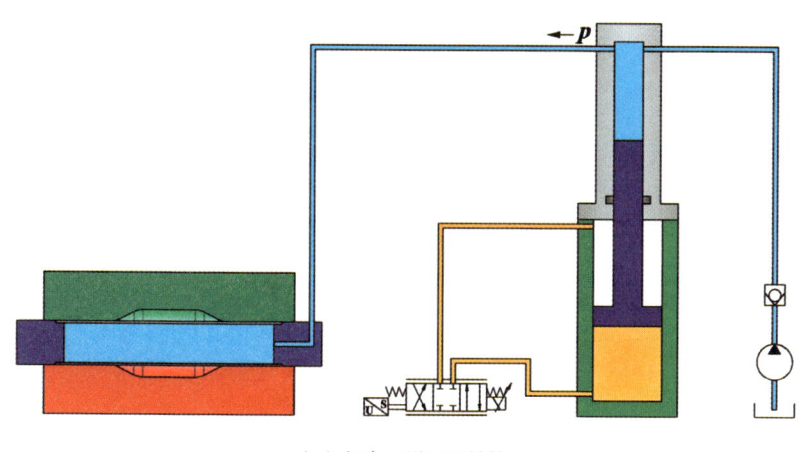

（a）超高压增压器结构　　　　　　（b）增压器

图 5　超高压介质增压器结构与外形

（2）超高压与多轴位移闭环伺服控制技术。

内高压成形时必须实现内压与轴向位移的精确匹配，避免失效形式，才能够顺利成形。执行加载曲线时两个位移轴与一个内压轴共同作用于成形管件上，与常见刚体伺服控制有很大不同。

水平缸的轴向进给会引起管材体积减小，密封工作体积减小，从而使管材内压快速升高，影响内压控制精度。高压下液体体积压缩量较大，也会影响压力控制精度。同时，内压反力作用在水平缸上水平缸受到外力的强干扰，对位移控制系统的响应和刚度要求很高，水平油缸在快进和快退阶段速度要求快，而在工进阶段要求系统有良好的位移控制精度，为保证管材端部密封工进时只能前进而不能后退。

针对内压与轴向位移耦合干扰的问题，采取了鲁棒控制算法解决内高压成形过程不同阶段系统对速度与精度的不同要求，以系统稳定性和可靠性作为首要目标来设计系统目标函数，对控制系统进行离线辨识，从而获得系统的鲁棒 PID 控制器。在系统离线辨识的基础上，引入加速度反馈提高系统的阻尼比，利用滞后－超前配置控制器来保证系统的鲁棒性。采用静态前馈补偿控制策略进行解耦控制，解决内压与轴向位移间互相耦合影响干扰的问题。

控制系统实现了如下技术指标：轴向位移控制精度：0.01 mm；轴向位移速度范围：0～15 mm/s；内压控制精度：0.5 MPa；内压增压控制速度：0.1～50 MPa/s。内高压成形加载曲线阶段时间为 5～10 s，大幅提高了生产效率。

（3）数控系统与控制软件技术。

进口内高压成形机多采用多轴数控运动控制卡，如西门子 840 D 系统，完成内压与位移多轴伺服控制，但该种类型运动控制卡编程规则不适用内高压成形智能控制策略，无法完成特殊要求的设定。因此，基于PLC开发了控制系统与控制软件，该系统的特点：①位移内压曲线加载精度高。控制系统采用多次样条曲线进行插值处理，并提取其中变化量比较大的特征值作为二次特征点进行控制，较好地解决了系统成形工艺曲线的跟踪快速性和准确性之间的矛盾，使成形时间和控制精度达到了国际先进水平；②生产效率高。对成形过程状态监控，实现了内高压成形过程的全自动化生产过程，同时结合不同的成形管件体积留有工艺优化参数设置界面，可进一步提高生产效率；③系统具有高安全性与可靠性：系统采取了多种超限保护措施及安全设计保证设备及操作人员安全性，对所有关键元件采取反馈式设计实时监测工作状态。报警措施根据安全性进行分级控制，在保证系统安全的前提下，又保证了设备的正常工作。

开发的内高压成形机控制系统操作界面（图6），可以实时监控数据，故障诊断，模式监控，系统的可维护性显著提高，现场操作人员可以解决约80%故障，其余故障可通过远程技术人员根据报警号迅速锁定故障点，显著减少维修时间。

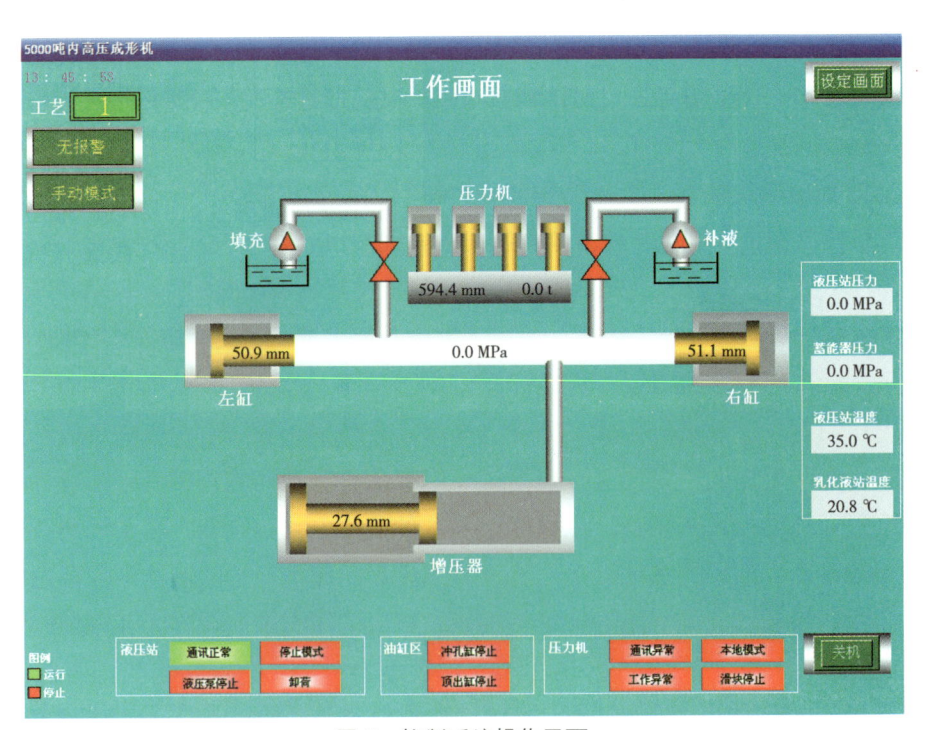

图6 控制系统操作界面

5. 数控内高压成形装备的特点

哈尔滨工业大学液力成形工程研究中心2000年研制出国内首台内高压成形机，至今已发展至第三代数控内高压成形装备，达到国际同类产品的先进水平，具有以下特点：①合模压力机和内高压成形系统具有独立的控制系统。可以联机组成完整的内高压成形机,实现全自动生产;又可以各自独立使用;②合模力随内压可变。内高压成形过程中,压力机的合模力随内压实时变化,大幅度降低模具尺寸、受力和变形,提高零件尺寸精度;③加载曲线闭环实时精确控制,实现数控化加载,在超高压条件下,根据成形工艺要求,内压与轴向位移通过硬件与软件的协同,按设定的曲线,实现数控化加载;④具有自主知识产权的内高压成形数控系统与控制软件。由哈尔滨工业大学独立开发,采用智能控制与PID控制相结合的策略,实现高精度及高效率的控制;采用参数化分级管理方式控制权限,界面形象、操作简单、便于管理,能诊断处理关键参数的异常变化,保护设备正常工作;⑤国产化高压源:高压源(增压器)是内高压成形设备的心脏,增压器的设计制造完全国产化,并经过大批量(20万~30万件/年)生产的考验,安全性高、成本低;⑥节能化设计。液压系统采用油泵+蓄能器的工作方式,大幅降低系统功率。

6. 内高压成形生产线

内高压成形生产工序主要包括:管材弯曲→涂润滑剂→预成形→(如需热处理:清洗→热处理)→内高压整形和液压冲孔→定位孔检测→端部激光切割→清洗。相应地,典型汽车零件内高压成形生产线布置(图7),主要由弯管机、预成形机、内高压成形机、端部切割机与必要的润滑清洗设备组成。

以副车架零件为例,典型的生产过程包括:首先采用数控弯管机将管材弯曲成与零件轴线基本一致的形状,再传递到润滑单元喷涂润滑剂,然后送到预成形机或预成形装置上进行预成形,再将预成形件传送到合模压力机上,在模具中定位后合模进行充液、密封、成形增压整形和冲孔等步骤,获得内高压成形件,然后将零件放到定位孔检测台检测定位精度,再送到激光切割机上切端口,最后进行零件的清洗和摆放。

图7 内高压成形生产线布置

三、主要成果与工业应用

哈尔滨工业大学液力成形工程研究中心经十余年深入系统的研究，建立了内高压成形理论体系，发明了多项原创性工艺技术，获得授权发明专利 35 项，出版了本领域唯一专著《现代液压成形技术》，所研制内高压成形装备核心技术指标达到国际先进水平，打破国外技术封锁和设备垄断，在汽车行业获得大批量应用，并解决了航天、国防多项重大工程关键问题，获得国家科技进步二等奖。哈尔滨工业大学液力成形工程研究中心已成为世界内高压成形技术三大研发基地之一，具备全尺寸模具研发和生产用内高压设备研制的能力。

已经研制出 20 余台用于工业生产的数控内高压成形机系列产品，形成的系列化定型设备产品如表 1 所示。最大合模力 50 MN，单机年生产量达到 25 万件，用于生产各种汽车零件以及航空航天产品，所开发的批量生产用内高压成形机如图 8 所示。

表 1 数控内高压成形装备主要技术参数

序号	技术参数	IHF-5000/400-3-A	IHF-3000/400-3-A	IHF-2000/400-3-A	IHF-1000/400-3-A
1	公称力（×10 kN）	5000	3000	2000	1000
2	最大行程（mm）	1500	1200	1200	1000
3	工作台面尺寸（mm）（左右×前后）	5000×3500	4500×2500	3500×2500	2500×1500
4	最高压力（MPa）	400	400	400	400
5	水平缸推力（×10 kN）	300	200	200	100
6	伺服轴个数	6轴	3轴	3轴	3轴
7	液压冲孔+顶出回路	6+2	4+2	4+2	2+2
8	控制方式	闭环伺服控制	闭环伺服控制	闭环伺服控制	闭环伺服控制
9	总功率（kW）	740	480	360	240
10	总重量（t）	840	450	310	145
11	主机尺寸（m）（左右×前后×高度）	8.5×7×12	6.5×4.5×10	5×4.5×9	4.5×3×8.5

为自主品牌轿车和国际知名品牌轿车研制了多种大批量生产模具，主要有一汽奔腾 B50/B70、马自达、长城哈弗 H6、北汽 B40、克莱斯勒 300C、奥迪 A6L 等多种车型的副车架、控制臂、前支梁、仪表盘支架、底盘前梁、排气管件等零件，累计装车到达 300 万辆，哈工大开发的部分内高压成形汽车零件分别如图 9 所示。

（a）5000 t 三轴数控内高压成形机 　　　　（b）3000 t 三轴数控内高压成形机

图 8　工业生产用数控内高压成形设备

（a）C 级车仪表盘支架 　　　　　　　　　（b）SUV 轿车前支梁

（c）B 级轿车副车架 　　　　　　　　　　（d）轿车副车架

（e）SUV 底盘后摆臂 　　　　　　　　　　（f）MPV 副车架

图 9　哈工大研发内高压成形工艺与模具生产的汽车零件（a）~（f）

9

（g）Audi 排气管　　　　　　　　　　　　　（h）宝马排气管

图 9　哈工大研发内高压成形工艺与模具生产的汽车零件（g）~（h）

四、应用成效分析

内高压成形技术大幅降低了生产成本、节约了材料、提高了技术经济效益。副车架是轿车地盘的关键构件，是保障轿车具有五星级碰撞安全性及整车协调性的关键零件，其制造水平是汽车行业制造水平。以某自主品牌型号轿车副车架为例，内高压件比冲压件减重 1.271 kg，刚度提高 2.3 倍，消除全部焊缝（长度为 3375 mm），弯曲强度提高 3.2 倍，模具寿命提高 85%，对提高碰撞安全性和整车轻量化起到了关键作用。内高压件与传统冲压件的技术指标对比见表 2。

表 2　内高压件与传统冲压件技术指标

序号	项目	内高压件	冲压件	节省
1	零件质量（kg）	5.30	7.12	减重 25.5%
2	焊缝长度（mm）	0	3375	消除焊缝 100%
3	模具寿命（万件）	50	92.5	延长 85%

由于采用特殊异形密封结构，内高压件材料利用率接近 100%，而冲压件仅为 60%，单件节约材料 6.57 kg，材料利用率提高 40%；省去了焊接工序，大幅节约用电量；内高压成形过程没有冲击，模具磨损少，寿命长，生产过程噪声远小于冲压生产噪音，生产环境友好。内高压成形废品率仅为 0.5%，综合起来与进口件相比降低成本 30.8%。2010—2015 年累计制造 339484 件，节约材料 2230.4 t，累计节约成本 3.07 亿元，节约能耗（节电）1690.8 万度（主要包括节约材料和焊接的用电量），经济指标对比如图 10 所示，具体数据如表 3 所示，创造了显著的经济社会效益，为自主品牌轿车与国际知名品牌的竞争做出了重要贡献。

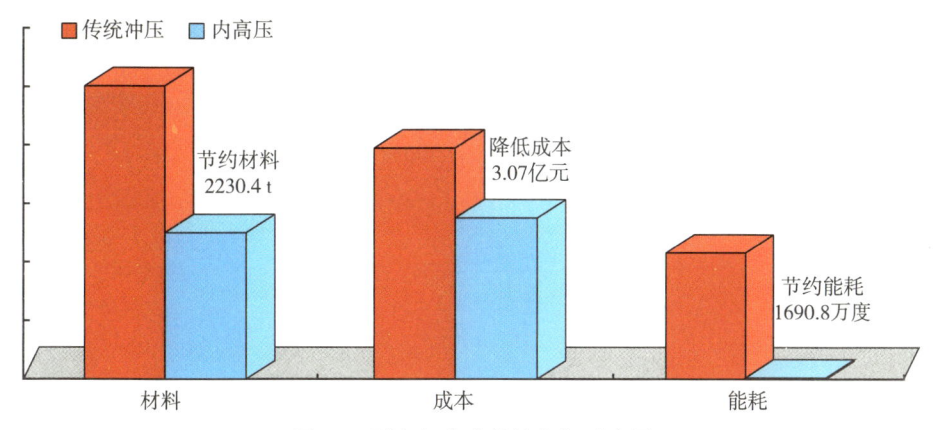

图 10　副车架生产经济指标对比图

表 3　副车架生产经济指标

年份（年）	装车量（件）	节省材料（t）	降低成本（万元）	节电（kW·h）
2010	19413	127.5	1756.6	966532
2011	83904	551.2	7592.1	4178400
2012	52486	344.8	4749.2	2613775
2013	112787	741.1	10205.6	5617887
2014	16282	106.9	1473.3	810385
2015	54612	358.8	4941.6	2719890
合计	339484	2230.4	30718.3	16907590

案例 2

数控精冲机及成套生产线技术

武汉理工大学　黄石华力锻压机床有限公司

精冲机是实现精冲成形的关键设备，在汽车、电子、兵器、航空航天、精密仪器仪表等工业领域得到广泛应用。武汉理工大学与黄石华力锻压机床有限公司开发了精冲专用数控系统与 KHF200～1200 系列数控精冲机，精冲零件总成装配及在线自动检测装备，开发了复合精冲成形自动化生产线，实现了复合精冲成形技术与装备产业化。其中，KHF1200 型数控精冲机是我国自主开发的最大吨位的精冲装备。

一、导语

精冲成形零件精度高（尺寸公差等级 IT6～7，粗糙度 Ra=0.4～1.6μm），可直接互换性装配使用，特别适合于复杂几何形状高精度零件大批量生产，是国际板料冲压领域的重要发展方向。精冲机是实现精冲成形的关键设备，近 20 年来得到了快速发展，在汽车、电子、兵器、航空航天、精密仪器仪表等工业领域得到广泛应用。据统计，目前我国企业拥有各式精冲机数百余台，预计未来几年我国需要 800 多条精冲生产线，精冲装备市场需求非常旺盛。

20 世纪 90 年代至 21 世纪初，我国精冲机主要依赖进口。为了加快精冲技术与装备自主开发，武汉理工大学与黄石华力锻压机床有限公司通过多年产学研合作，研制了精冲专用数控系统与 KHF200～1200 系列数控精冲机，研制了精冲零件总成装配及在线自动检测装备，开发了复合精冲成形自动化生产线，实现了复合精冲成形技术与装备产业化。KHF 系列数控精冲机不仅替代进口，满足了我国精冲装备需求，而且出口国外。其中，KHF1200 型数控精冲机精冲压力 1200 t，是我国自主开发的最大吨位的精冲装备，该设备关键技术性能指标、结构性能和使用功能方面达到国际先进水平，填补了我国大型精冲机的空白，打破了国外大吨位精冲机的垄断。

二、研究内容与主要创新点分析

通过精冲理论、工艺、装备及过程测量控制系统深入研究，发明了三维高精度零件复合精冲成形新工艺，攻克了数控液压精冲机设计制造技术，研制了液压精冲机数控系统。还进一步开发了与精冲成形配套的金属卷料自动校平与送进技术、精冲零件总成装配质量在线自动检测技术，实现了高精度复杂形状零件精密冲压成形大批量生产和广泛应用。

1. 三维高精度零件复合精冲成形新工艺

对于越来越多具有复杂结构特征的板类零件而言，传统制造方法工艺流程长、生产效率低。例如，在板料上成形一定功能配合要求的凸台需要经过多次拉深、冲孔、翻边、整形等多道工序，级进模结构复杂，不仅难于保证尺寸精度和形位公差，而且制造成本高。该类零件可采用板料冲挤复合成形的方法，工艺原理如图 1 所示，在强力压边圈与反顶杆辅助，复合凸模与复合凹模共同作用，使金属板料在强迫压应力状态下实现三维精密成形，可将冲压毛坯生产提升到零件精密制造。

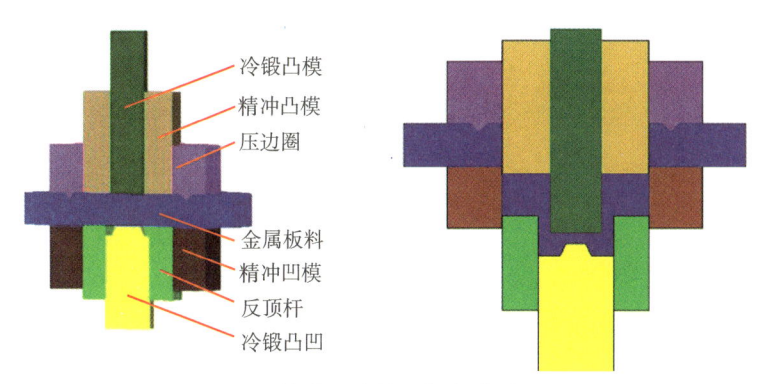

图1 精冲－冷挤压复合成形原理

通过将精冲工艺与金属挤压工艺、传统冲压工艺复合，可实现较少的成形工步制造出形状复杂的零件，既保证了零件表面的高精度和高光洁度，又能复合成形多种不同的几何特征如凸缘、沉孔、压棱角、压印等，典型复合精冲成形生产的零件如图2所示。应用复合精冲成形工艺生产出直接用于装配的成品零件，可以拓宽精冲加工范围，在有效提高产品几何精度的同时，又可以减少成形工序，降低生产成本，提高生产效率，在汽车零件精密成形制造中有着广阔的应用前景，成为国际精冲技术重要的发展方向。

精冲与落料、冲孔、弯曲复合　　精冲与落料、冲孔、镦棱边、挤压复合　　精冲与冲孔、挤压、复合

图2 典型复合精冲成形生产的零件

2. 数控液压精冲机设计制造技术

数控精冲机属于专用压力机，必须满足精冲成形技术特点和要求，以下结合KHF系列数控精冲机予以说明。

（1）能同时提供冲压力、压边力、反压力。

KHF系列精冲压力机压边力和反压力可根据需要无级可调，精冲完毕，精冲机可以不同步地提供卸料力和顶件力，在使压边圈和反压板复位的同时，使废料率先从凸模上卸下，然后工件从凹模内被顶出，且可以根据复杂零件的精冲工艺，配备有第四力、第五力等备用工艺储备。

（2）空程速度快，冲压速度无级可调。

零件精冲过程中，为了避免刃口部位的瞬时温升过高，需要限制冲压速度、改进润滑条

15

件，然而限制冲压速度会降低设备的生产效率，因此要求精冲机的冲压速度无级可调，以适应不同冲压难易程度的需要，即滑块行程速度的变化要满足快速闭合、慢速冲压、快速回程的要求，如图3所示。KHF系列精冲机的快进及返程速度可以控制在200 mm/s左右，冲压速度一般为5～15 mm/s无级可调，工作频率高达75次/分钟。

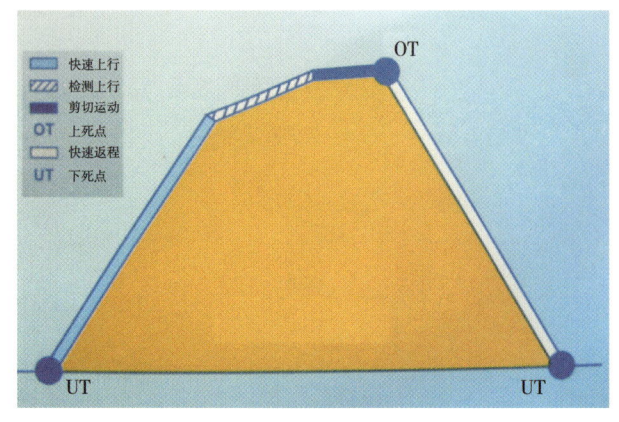

图3 精冲机滑块行程图

（3）滑块的导向精度和刚度好，封闭高度重复精度高。

精冲模冲切零件之间的间隙很小，单边间隙一般为料厚的0.5%～1.0%，为了保证精冲过程中上下模冲切零件精确对中，且滑块在承受偏心载荷时要有足够的刚性，KHF系列精冲机采用了三级导向（油缸–八面导轨–导柱导套）方式，如图4所示，确保精冲压力机的滑块精确导向。由于精冲模冲切零件的间隙小，精冲完毕后不允许凸模进入凹模出现空冲现象，否则会增加工件的毛刺高度，也会降低模具寿命。

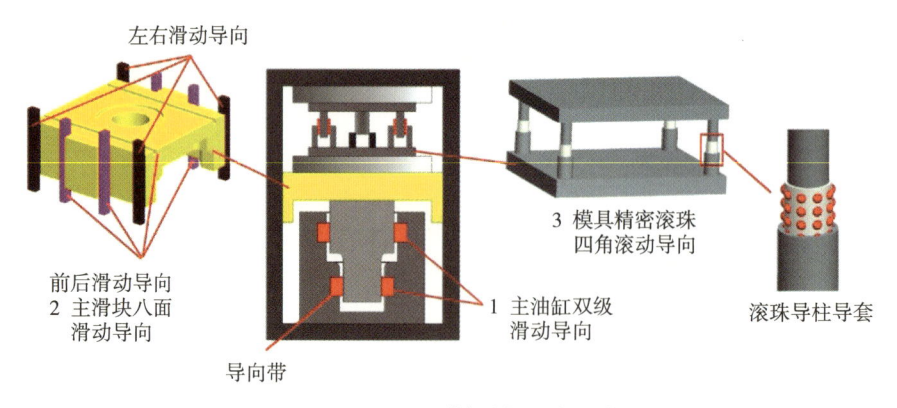

图4 KHF系列精冲机导向方式

（4）机身刚性好，具有抗偏载能力。

精冲过程中，机身必须具有较高的刚性，来吸收液压系统的骤加压力、设备与工件之间的冲压力以及来自机械和液压系统的振动。KHF系列精冲机机身采用闭式结构以提高刚度，如图5所示。为提高机床的抗偏载能力，设计了一套扭轴同步机构，当遇到偏载时，该同步机构可承载偏载力，并强制滑块保持水平上行，从而保证了高精度零件的冲压要求。

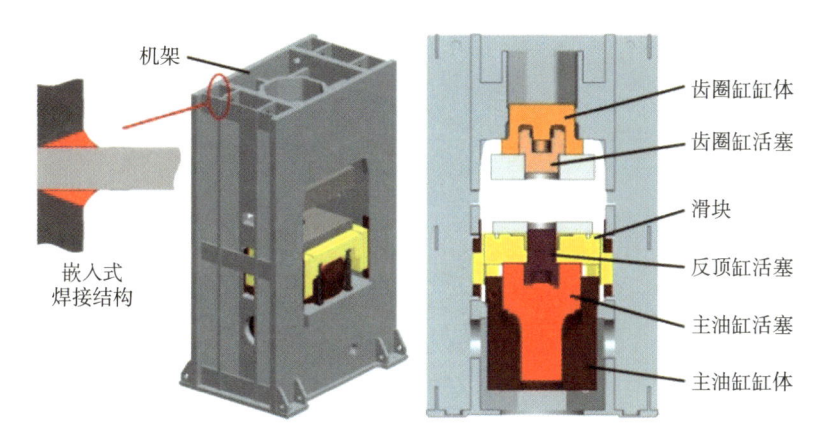

图5 KHF型精冲机结构示意图

3. 液压精冲机数控系统

数控精冲机运行速度快，对系统的响应频率要求高，需要处理的信息量大。所开发的KHF型液压精冲机专用数控系统，采用工控机集中处理，实时扫描周期为2 ms，可实现工艺控制和数据记录，如图6所示。该数控系统可实现精冲过程点动和快进—压边—工进……精冲自动循环工作过程，能显示滑块工作位置（上死点、下死点、工进点）、设备状态（快进、工进、保压、吹气、弹料、快退）、力能参数（工进压力、压边力、反压力）、班次产量等，并根据工艺要求，对冲压力、压边力、反压力等实现精确数字控制。在更换模具时，能够适应机床和模具调整，可按照模具要求的闭合高度来调整滑块行程。具有完善的在线监测、故障报警与诊断功能，可以实现工件检测、叠料检测与保护、尾料检测、板料润滑、故障报警等。此外，系统具有远程监控和诊断功能，可直接通过网络接入远程生产厂家的管理系统，实现网络化监管和维护。

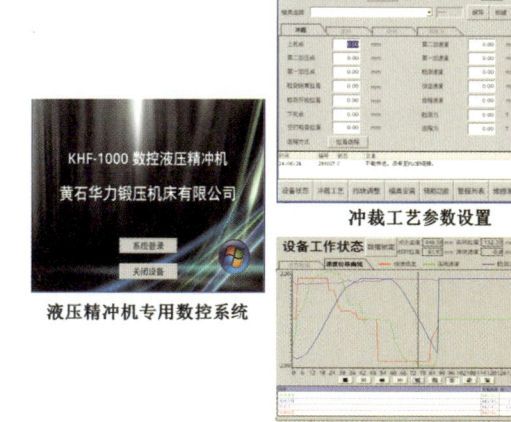

图6 KHF型液压精冲机专用数控系统

4. 金属卷料自动开卷、校平与送进技术

精冲机对冲压频率要求很高，分配到送料上的时间不到半秒钟，而且还要求定位精确，普通的送料方式是不可能实现的。自主开发了自动整平送料设备，适用于精冲机卷材的开卷和矫直送料，如图7所示。该设备由上卷车、开卷机、喂进装置、矫正送料机和托料臂等组

17

成,结构紧凑、一体化程度高。开卷机采用油压内胀紧方式,胀紧可靠,将卷料固定在开卷机上,防止散卷划伤板材表面。卷料送进采用伺服电机直驱夹送,减少了中间环节所产生的误差,最大送料速度可达 1 m/s,且伺服电机能快速精确地自动定位,加速与减速曲线可调,单位送料增量为 0.01 mm,送料出口配有活套深度检测装置,防止板料拉直,配有液压升降的送料臂,适用于厚板的开卷送料。整套自动整平送料系统具有速度快、定位精高、步距不受限制、无极调速等优点。

图 7 数控精冲机自动开卷、校平与送进设备

5. 精冲零件总成装配质量在线自动检测技术

汽车换挡拨叉机构是由多个结构特征相近的精冲件装配而成,在拨叉机构装配时很容易出现组装错误,如果得不到及时的处理,很容易引起汽车安全事故。由于汽车换挡拨叉机构装配错误种类繁多、信息量大,我国在此之前没有相似的检测系统应用于生产,主要依靠人工检测,检查过程费时费力,而且容易漏检,迫切需要专用检测设备。

武汉理工大学自主开发的汽车换挡拨叉机构装配检测系统,如图 8 所示,由上位机、PLC、专用传感器和气动执行机构组成,实现了精冲件装配之后的自动检测和识别,本系统采用"两步防错法"进行检测,首先通过固定的装配台及活动的中心销来限制排除一部分装配错误的特征,在拨叉机构装配完之后,再通过专用传感器来检测拨叉机构剩下的装配特征信息,并将所检测到的特征信息传输给控制系统进行对比、分析,以检查所装配完成的汽车换挡拨叉机构总成是否合格,最后通过人机界面显示检测装配质量的相关信息。目前该自动检测系统为大众全球系列车型变速器配套,每年可检测 MQ200/MQ250 型汽车变速换挡机构总成 40 万套。

图8 汽车变速箱换挡机构装配自动检测系统

三、主要成果

在数控精冲机及成套生产线技术方面取得了如下技术成果：

（1）发明了三维高精度零件复合精密冲压成形新方法。实现了三维冷锻成形与冲裁、拉深、弯曲、翻边等二维冲压成形的复合精密成形，不仅将冲压成形从二维简单形状面内成形扩展到三维复杂零件体积成形，显著扩大了金属板料冲压成形应用范围，而且将金属板料冲压成形从毛坯生产提升到高精度成形制造。采用复合精密冲压成形技术制造的变速换挡零件尺寸精度IT6级，表面光洁度Ra为0.4～1.6μm，达到了精密切削加工水平，实现了冲压成形零件互换性装配。

（2）发明了高精度高刚度精冲机设计与控制技术，开发了系列数控精冲装备。综合机械学、运动学、系统动力学与复合精密冲压成形工艺研究，攻克了高刚度高精度数控精冲机设计优化、制造装配和精冲过程测控关键技术，成功研制了精冲力200～1200 t的KHF系列数控精冲机。精冲力、位移、速度等参数在线设置与无级调控，精冲频率42～75次/分钟，额定负荷下设备弹性变形≤1/10000，精冲运动精度≤5μm，使国产精冲机技术性能达到了国际先进水平。目前，KHF型数控精冲机已系列化批量生产和应用。

（3）发明了复杂零件精密冲压成形成套技术并实现自动化生产。针对我国汽车、能源等发展需求，开发了金属卷料自动校平技术、复合精密冲压成形工艺设计技术、复合精密冲压模具设计制造技术、复合精密冲压零件装配与检测等成套技术，建设了复合精密冲压成形数控自动化生产线，实现了汽车发动机正时系统零件、汽车变速换挡机构、汽车制动器立体刹车片等复杂形状高精度零部件复合精密冲压成形批量生产。

（4）所生产的数控精冲压力机用于大批量生产汽车变速器零件、发动机零件、制动器零件、电机零件等以及燃料电池零件。复合精密冲压成形产品在一汽、上汽、大众、格特拉克、博格华纳、舍弗勒等国内外多家企业得到广泛应用。

（5）本课题获授权中国发明专利多项，发表了系列研究论文，出版著作1本，获得省部级技术发明一等奖。形成了复合精密冲压成形技术与装备自主开发创新能力，促进了我国高精度复杂零件成形制造技术转型升级。

四、当前存在问题和展望

通过近20年的产学研合作开发，实现了KHF系列数控精冲机自主设计制造，达到了国际先进Feintool精冲机的同等水平，有力促进了高精度复杂形状零件精冲成形生产广泛应用，取得了显著的技术经济和社会经济效益。今后还需要在以下方面实现突破：

（1）高碳钢高强度钢精冲成形技术。目前，精冲成形技术主要用于中低碳钢、中低强度钢的精冲成形。随着轻量化技术发展，高碳钢、高强度钢在机械、汽车、舰船、武器装备等工业领域的日益得到广泛应用，迫切需要研究开发高碳钢高强度钢精冲成形技术。

（2）有色金属材料精冲成形技术。铝合金、铜合金、钛合金等有色金属材料复杂形状零件在电气、能源、航空航天等工业领域有着广泛应用，迫切需要该类材料零件的高效高精度成形制造技术。

（3）长寿命精冲模具技术。我国早期引进的Feintool精冲机，配套引进的精冲模具价格通常为每副几十万元至每副一百多万元。国产精冲模具虽然成本有明显降低，但由于模具钢材料、模具强韧化工艺等差距，导致国产精冲模具寿命与引进精冲模具有较大差距。因此，迫切需要研究开发高性能精冲模具钢材料、精冲模具强韧化工艺、精冲模具表面硬质覆层等长寿命精冲模具技术。

（4）精冲机电液核心基础件技术。我国掌握了数控精冲机设及精冲自动化生产线计制造成套技术，但是精冲机电液系统核心基础件如高频电液伺服阀、位移传感器、伺服电机、PLC控制器等仍主要依赖进口，导致精冲机成本较高，迫切需要突破精冲机电液核心基础件技术。

（5）高速精冲机技术。目前，国内外精冲机冲压频率不到100次/分钟。随着国际竞争的日益加剧，制造业对高速高精成形制造提出了更高的要求，精冲频率100次/分钟以上的高速精冲机将会得到用户的欢迎。

案例 3
板式换热器翅片成形自动化生产线

机械科学研究院浙江分院有限公司

本项目主要研究大型空分设备用板翅式热交换器（高压）翅片自动化生产线的开发，该生产线主要适用于高强度、厚材料的翅片自动化生产。项目通过研发一种全自动控制、高生产效率的翅片加工工艺和设备成套生产技术，研制该行业翅片生产技术的新工艺新装备，在翅片制造技术领域实现颠覆性的创新。项目首次将通用化先进的高速冲床和模具技术引入空分翅片制造行业，推动空分行业升级改造和技术进步。

一、导语

换热器是将两种不同性质的热或冷的流体介质,输送到两个不同界面温度专门板(或管)的间壁,通过导热和对流来实现热冷交换的装置。换热器分为管壳式换热器和板式换热器。板式换热器因技术先进、经济性好、安全可靠,以及可规模化生产,已被世界发达国家在逐渐被广泛应用于航天、核工业、船舶及海洋工程、石油化工、钢铁、电力、纺织、农业、制药、食品及环保等各个领域,取代管壳式冷却器用于各种流体介质的各种温度和不同压力状态的冷热交换。板式换热器中又以板翅式换热器最为高效、紧凑、经济。形成规模化的生产条件带来制造成本的进一步降低,也为其进一步扩大应用创造了更加优越的环境和条件。

据了解,西欧国家的柴油发动机公司已将板翅式换热器作为主机的配套设备,随机供货,美国的应用则更为普遍。世界范围内采用板翅式换热器替代和淘汰管壳式热交换器已呈趋势。

板翅式热交换器[见图1(a)]的芯体是在每两层复合板之间紧密地排布不同类型的传热翅片[见图1(b)],在每一层的四周放置封条,层叠组装后,经真空钎焊而成。芯体与封头等其他结构件组装成板翅式热交换器,其具有单位体积传热面积大、传热效率高、流体阻力小、热容量小、结构紧凑及同时允许几种介质进行热交换等特点。

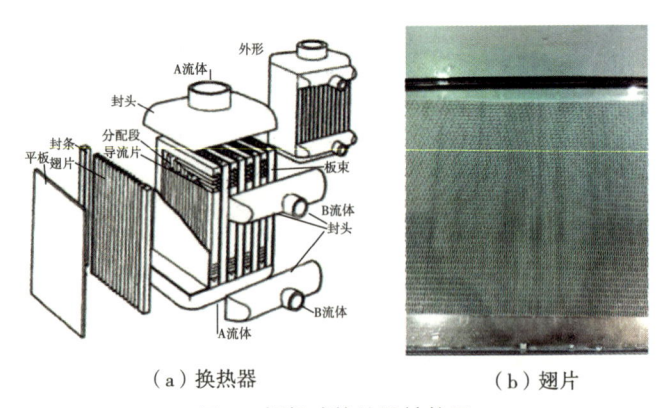

(a)换热器　　(b)翅片

图1　板翅式换热器结构图

国内大型空分企业生产的板翅式换热器主要应用于乙烯装置。目前,乙烯装置规模化、大型化已成为全球发展趋势。为适应新形势,深入开展板翅式换热器生产制造技术研究,开发适用于大型板翅式换热器的新型、高效、高强度翅片成为迫切需求。

本项目主要研究大型空分设备用板翅式热交换器(高压)翅片自动化生产线的开发,该生产线主要适用于高强度、厚材料的翅片自动化生产。项目通过研发一种全自动控制、高生产效率的翅片加工工艺和设备成套生产技术,研制该行业翅片生产技术的新工艺新装备,在翅片制造技术领域实现颠覆性的创新，为企业提升产品开发能力和扩大生产做出了贡献。项目首次将通用化先进的高速冲床和模具技术引入空分翅片制造行业，推动空分行业升级改造和技术进步。

二、主要研究内容

1. 翅片成型技术研究

翅片是板翅式换热器最基本也是最关键的元件，传热过程主要是通过翅片来完成，一部分直接由隔板来完成。由于翅片传热不像隔板是直接传热，故翅片又有"二次表面"之称。翅片常用的有平直翅片、多孔翅片、锯齿翅片及波纹翅片。本项目主要开展适用于高强度、厚材料翅片成型工艺研究和改进、成套装备开发及产业化应用。

（1）直齿型翅片成型工艺改进。

大型板翅式换热器向着大型化发展，新型、高效、高强度、高精度翅片已成为需求。而企业原来分散、生产工艺，落后的生产设备已不能满足需求。本项目主要设计一套适合自动化生产的高压翅片成形工艺，将原来用翅片专机步进拖料改进成送料机自动送料。该工艺在保证精度的同时，可使生产效率大大提高。该工艺适用于厚材料、大节距、直齿的翅片成型。

（2）直齿型翅片高速精密冲床及模具开发和应用。

在直齿型翅片冲压成型中引入通用化高速冲床，并开发成型模具。通用化冲床的使用大大提高了冲床性能和冲压速度，使翅片原材料加工厚度由 0.15 mm 扩大到 0.6 mm，宽度由 300 mm 扩大到 600 mm；翅片模具的开发使用，提高了模具设备的使用寿命，方便维修和更换。并实现了在一条生产线上生产不同规格的翅片。高速精密冲床及成型模具开发使用在保证翅片精度的前提下，使得成形效率比原来提高 6～8 倍。

（3）锯齿型翅片精密冲床及模具开发和应用。

锯齿型翅片生产在沿用原有的成型工艺的基础上，进行数字化改造（图2），实现模高的自动调节，并对成型机构进行优化，实现了从原材料到成品的自动化生产，可成型的锯齿形翅片材料厚度由 0.4 mm 提升到了 0.6 mm，速度由 40 次/分钟提高到 120 次/分钟。该设备和模具的开发在保证翅片高精度的同时大大提高了厚材料、小节距、锯齿翅片的生产效率。

图2 翅片自动化生产线

2. 关键技术及解决后的意义

（1）开发了一套适合自动化生产的高压翅片成形工艺，将原来用翅片专机步进拖料改进成伺服送料机自动送料（图3）。该工艺在保证精度的同时，可使生产效率提高8倍，为翅片高速、自动化生产打下了基础。

图3 送料机构　　　　图4 模具系统

（2）采用成型刀片组合、下模运动成型的结构，创新设计开发了翅片新型成型模具（图4），提高了设备的使用寿命，方便维修和更换，在一条生产线上实现了不同规格的翅片生产，为制造高压翅片提供了先进的工艺和装备。

（3）在原有成型工艺的基础上，进行了数字化改造，实现模高的自动调节，并对成型机构进行优化，实现了从原材料到成品的自动化生产，可成型的锯齿形翅片材料厚度由0.4 mm提升到了0.6 mm，速度由40次/分钟提高到120次/分钟。该设备和模具的开发在保证翅片高精度的同时大大提高了厚材料、小节距、锯齿翅片的生产效率。

（4）在线全自动实现开卷送料、自动冲孔、高精成型、产品精整、程控切断、码垛下线等功能。首次将现场总线控制、信息通信和监控等技术应用于高压翅片生产，具有自动化、信息化和智能化管理等特点（图5）。

图5 具有自动化、信息化和智能化管理等特点的生产线

3. 经济效益和社会效益

（1）经济效益。

板翅式热交换器翅片成型自动化生产线改变了原有的成型工艺，为应用企业节约原材料10%以上；生产线可在线完成翅片的全部生产工艺，生产效率是原来的4～8倍，减少生产员工50%以上。

生产线已在杭氧集团应用，数量达 13 条，杭氧集团应用该翅片自动化生产线大批量生产高压翅片，为大型空分设备配套，实现年产值 4.5 亿元以上。我院将进一步在国内家电、汽车、空分、化工等行业推广应用。

（2）社会效益。

板翅式热交换器翅片成型自动化生产线的开发成功并推广应，可改变目前高压板翅式热交换器依赖进口的现状，提高我国大型空分装备的整体制造水平，对行业的发展具有重要的意义。

4. 主要技术参数及先进性对比

目前国内引进英国的成型专机能冲压的最大料宽虽达 600 mm，最大翅片厚度 0.5 mm，成型速度 40～100 次/分钟。而我院开发的翅片成型自动化生产线生产的翅片在保证精度的情况下，最大料宽 600 mm，最大厚度可达 0.6 mm，成型速度在 120 次/分钟。生产的翅片可耐高压，可用于大型空分设备。

三、主要成果

翅片成型自动化生产线是机械科学研究院浙江分院有限公司自主开发，与该产品相关的技术成果和知识产权归机械科学研究院浙江分院有限公司拥有。已经获得专利授权两项，其中发明专利 1 项，实用新型专利 1 项。将逐渐建立板材类零件自动成型自动化生产装备的品牌，将翅片成型自动化生产线在全国推广应用。

四、当前存在问题和展望

目前国内外各相关行业市场竞争依然激烈，谁不占有价格、质量、品牌的优势，不规避原材料的供应、涨价等制约，谁就可能挤出市场。所以，一些企业纷纷通过开发新产品、先进的制造技术和自动化生产线，节能节材、减少人员，降低成本，提升企业的市场竞争力。

本项目开发的板翅式热交换器高压翅片成型自动化生产线各项指标达到甚至超过了进口设备的性能，其技术处于国内领先水平。但价格却是进口设备的一半，且维修方便，成本低，相比于国外产品具有较大的竞争优势。从市场需求来看，国内家电、汽车、化工和空分装备生产厂家众多，将其在各行业推广，市场前景非常大。

案例 4

全自动精冲生产线装备及精冲成套技术

重庆江东机械有限责任公司

随着汽车行业的高速发展以及汽车零部件对质量的要求提高,尤其是对零件的冲裁断面质量的提高,精冲的优势得到体现。江东机械开发出了经济型精冲机和精密型精冲机两个系列,公称压力 2000～12000 kN,均可实现自动进料、自动冲压和废料处理的功能。条料送料可选配上料机械手,卷料送料可选配二合一送料机或者三合一送料机,一方面降低人工成本,另一方面也提高了生产节拍,提高了零件制造厂的生产效率。

一、导语

据不完全统计，中国精冲件3500～4000种，精冲件需求量约达35亿件，根据每20万辆汽车能养5台精冲机，保守估计精冲机的数量达500台，而实际上，目前国内已有100多台精冲机在生产汽车精冲件，其中包括进口的和国产的精冲机还有用普通压力机改造或加液压模架，吨位一般都在160～1250 t，生产能力只占国外的1%～2%。因此，精冲机的研发具有广阔的市场前景。

精冲压力机的快速发展主要是在欧洲、北美、日本等发达国家，其中国外精冲压力机比较著名的品牌有瑞士Feintool、Heinrich、Schmid，德国SMG-Feintool，英国Fine-O-Matic，日本川崎Kawasaki和森铁工MORIIRON。国内虽然在20世纪70年代初就开始接触到精冲，但是受技术和市场需求的制约，发展相当缓慢，直到近几年，随着汽车行业的高速发展以及汽车零部件对质量的要求提高，尤其是对零件的冲裁断面质量的提高，精冲的优势得到体现，精冲技术才逐步被一些精冲企业所重视，国内的相关精冲配套才逐渐完善，如精冲材料、精冲模具、精冲润滑油等。

随着主机厂对汽车零件的成本降低要求，配套厂也必须随着降低生产成本，而提高生产效率就成为了零件制造厂的首选之一，为了实现这一目标，自动化生产无疑就排在了考虑的前列，一方面降低人工成本，另一方面也提高生产节拍，甚至考虑无人工厂。

重庆江东机械有限责任公司始建于1937年，前身系国民党军政部兵工署第27厂，1951年由南京内迁入川，2001年改制为有限责任公司，为万州区属国有控股企业。通过70年的发展，已经成为中国西部规模最大、综合实力最强的专业液压成形设备制造企业。总公司主营业务为液压机。公司与多家院所合作研发，为产品的创新打下了坚实基础；在产品中广泛采用液压比例伺服控制技术、位置数字控制技术、同步控制技术、PLC触摸屏和工控机控制技术。作为国内液压精冲技术开发领先的企业，重庆江东机械有限责任公司2008年开始从事精冲技术与液压精冲装备研发与制造。目前结合市场的需求，开发出了经济型精冲机（YJK26）和精密型精冲机（YJF26）两个系列，公称压力2000～12000 kN，均可实现自动进料、自动冲压和废料处理的功能。条料送料可选配上料机械手，卷料送料可选配二合一送料机或者三合一送料机。产品用户有：北京机电研究所、烟台安信精密冲压、无锡鹏德汽车、武汉欣洋光精密冲压等。YJF系列作为公司新研发的精冲机，压制的第一条630T全自动精冲生产线已经完成了整线调试，即将进入小批量生产，进行可靠性试验。

二、全自动精冲生产线装备研究

1. 全自动精冲生产线装备的主要功能

（1）自动化生产的实现：具备自动开卷、整平、送料、冲裁、出零件和出废料功能，借助于数字化控制系统，采用进口 PLC 与触摸屏和先进的比例控制技术，轻松实现人机对话，进行参数输入和功能控制；可轻松实现冲裁参数、班产、总产的相关设置，实现无人值守。

（2）高频次冲裁的实现：可实现点动模式、单次模式、自动模式三种工作方式；辅助以自动检测系统，确保生产节拍最大可达 50 次 / 分钟（依零件而定）；完全满足实际的生产需求：滑块快速闭合→检测→冲裁→快速回程。具备快速闭合、慢速检测、冲裁、快速回程以及冲裁速度在参数范围内可调的特点。

（3）确保模具寿命和零件质量：滑块上死点限位采用了刚性挡块，滑块的重复定位精度在 0.03 mm 以内，送料步距精度 ±0.1 mm；加之四角八面的滑块导向和油缸经特殊设计后所形成的双导向结构，使得机床具备更高的精度和抗偏载能力；最大限度地保护了模具和零件质量。

（4）模具保护功能：所采用的位置精度的伺服控制模块通过灵敏的压力＋位置反馈系统，一旦检测到叠料等会造成模具损伤的情况，模具保护系统立即发挥作用，滑块的运动立即反向，到位后停止，直到解除报警信息。

（5）快捷的实时监控和维护（图1）：机床具备 I/O 实时监控、模具参数存储、故障诊断、报警提示功能，便于维护，增强了机床的实用性。

（6）远程诊断技术的配置（图2），极大地为后续的技术服务支持、设备状态监控、生产状况等提供了一个更为便捷的途径，提高了后期维护响应速度，便于生产状况分析，从而进一步优化生产组织。

图 1　YJF26-630 智能操控、实时监控模块

图 2　远程诊断模块

2. 精冲装备开发的技术难点

①高频次下的平稳性控制技术和节能技术；②自我诊断的专家库建立；③整线可靠性、稳定性保障技术；④设备适应柔性化生产的技术；⑤灵敏可靠的模具保护技术。

3. 实际的应用

结合实际的项目，客户提供了 Feintool 公司设计和制造的精冲模具（图3），目标精冲件为发动机信号盘（图4），进行了小批量的生产，经精冲件使用企业用高精度三坐标机检测后，各项指标经达到客户需求。实践证明，YJF26 系列精冲机（图5）的开发是成功的。本项目入选了中国锻压协会在2015年度中国国际金属成形展览会中颁发的"先进液压压力机、自动化装置的重点推荐产品"奖项。

图3 精冲模具

图4 信号盘精冲件　　图5 YJF26-630 全自动精冲生产线

三、展望

江东机械致力于掌握精冲成套技术，包括：精冲设备的开发、精冲成形工艺技术，精冲模具的研究与开发，精冲材料的研究，精冲用油的选择，过程质量检测与控制，精冲件的后续处理等，向用户提供精冲成形成套技术与交钥匙工程。本项目突破了国外精冲机生产企业的技术封锁，打破了价格垄断。所开发的设备，在精度、刚度保证以及滑块的死点位置控制、高频次、平稳性等方面可与其相媲美，但在可靠性和稳定性上，以及对精冲工艺开发、精冲模具开发等方面还存在一定的差距，后续拟成立重庆精冲技术开发圈，联合行业的力量，共同在精冲领域共创辉煌，为中国的高档装备制造业的发展贡献出一分力量。

案例 5

基于工业机器人的金属板材柔性冲折加工生产线

江苏扬力数控机床有限公司

随着钣金加工下游客户对金属板材加工的高质量、短周期、定制要求的提高，以及人力资源的紧张，钣金加工成套装备的应用正处于快速发展阶段。基于工业机器人的金属板材柔性冲折加工生产线，独创了机外模具库提取模具自动换模装置和工件在线检测装置，能有效地保证加工产品的质量和效率；能够自动实现冲裁、切割、折弯等多种工艺能力；根据用户需求迅速高效定制其要求的生产线；具有相当高的柔性，技术优势明显。

一、导语

过去，国内钣金加工主要以单机为主，随着钣金加工下游客户对金属板材加工的高质量、短周期、定制要求的提高，以及人力资源的紧张及用工成本的增加，钣金加工成套装备的应用正处于快速发展阶段。国内钣金加工柔性生产线的高端市场均被国外跨国公司占有，据不完全统计，我国现有金属板材加工生产线 550 条左右，其中 80% 以上为国外产品。目前，中国正从制造业大国向制造业强国迈进，在汽车、航天航空、输变电、家电、计算机、电气等行业的带动下，钣金加工行业正在飞速发展，仅国内钣金加工 2010 年销售额达到 7500 亿元。

目前国际上主要有芬兰 FINN-POWER、意大利 SALVAGNINI、德国 TRUMPF、日本 AMADA 等公司可以提供各具特色的板材加工成套设备，自动化程度较高，可实现冲压、剪切、折弯一体化加工。国内目前有济南铸锻所、扬力、亚威和金方圆等公司生产该类设备，国产生产线大部分只具备冲、剪加工工序，冲压工序中机内、外模具不能自动互换；折弯工序不能连线；缺少工件在线检测功能，难以控制加工工件质量；生产线的自动化、柔性化程度较低。

江苏扬力数控机床有限公司是国家级数控金属板材加工设备产业基地骨干企业，设有经扬州市经贸委认定的扬州市企业技术中心及扬州市科技局认定的工程技术中心。长期致力于数控折弯机、数控剪板机、数控转塔冲床、数控激光切割机及板材加工自动化生产线等设备的研究、开发、制造及销售。开发了基于工业机器人的金属板材柔性冲折加工生产线，独创了机外模具库提取模具自动换模装置和工件在线检测装置，能有效地保证加工产品的质量和效率；能够自动实现冲裁、切割、折弯等多种工艺能力；具有相当高的柔性。该生产线的整体技术水平已满足用户要求。与国外同类产品相比性价比和售后服务优势明显，与国内同类产品相比，技术优势明显。

二、关键技术及创新点

本项目所开发的基于工业机器人的金属板材柔性冲折加工生产线系统结构如图 1 所示。

1. 关键技术

（1）带有自动换模功能的全电伺服数控转塔冲床。

1）全电伺服主传动机构。采用单个大扭矩水冷式伺服电机驱动的曲柄连杆机构作为主

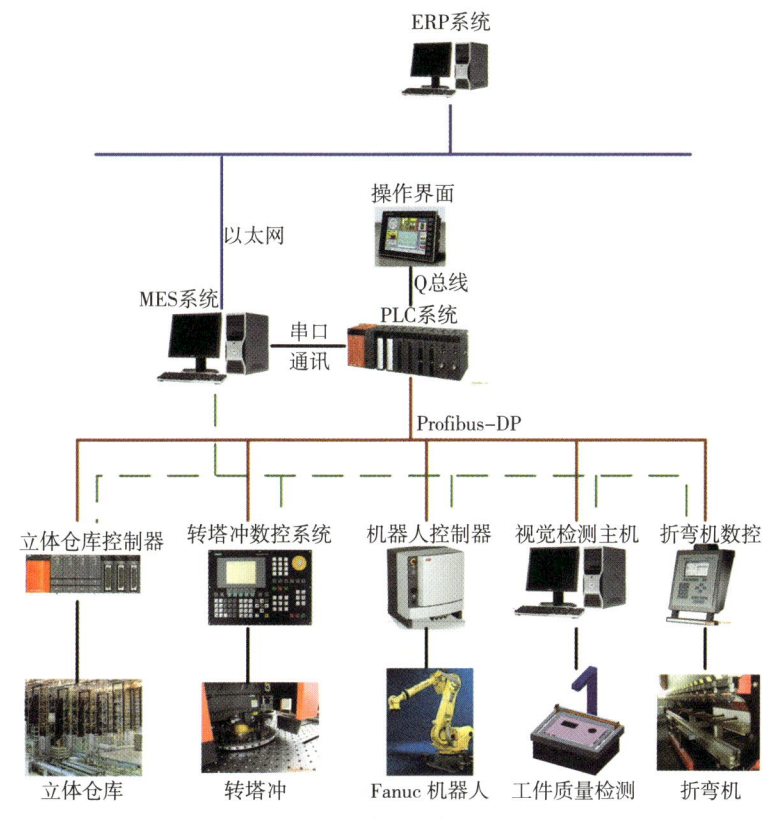

图1 基于工业机器人的金属板材柔性冲折加工生产线

传动机构，负载能力强，响应速度快，控制简单。

2）高动态特性的送料机构。通过对横梁的轻量化设计和对传动系统的优化设计，大幅提升了送料机构的响应速度和定位精度，为高速高精冲裁加工奠定了基础。

3）减振降噪技术。基于数值仿真技术的机床动态分析与优化技术，提升机床的动力学性能。同时，研究静音冲裁模式，采取主动的方式降低振动和噪声。

4）自动换模技术。创造性地研发了一种机内外模具库自动对接的换模技术，在生产线加工过程中，无需停机操作，即可实现模具的自动更换。

5）模具磨损在线监测技术。研发了一种基于冲裁力检测的间接式模具磨损在线监测装置，通过设置在打击头上的压电式传感器实时对冲裁力进行检测，当实际检测到的冲裁力与参考值的偏差超出一定范围时产生报警信息，不仅可以避免模具的过度磨损而产生批量的废品，还能够避免安全事故的发生。

6）柔性冲裁工艺的研究。通过对数控系统的深度二次开发，实现了冲裁时的送料加速度、速度以及冲头加工速度曲线依据加工板材的尺寸、材质及冲裁加工形状的实时动态调整，提升了加工速度和精度，降低了振动和噪声，提高了能源的利用率。

（2）YHB双向泵控电液伺服数控折弯机。

1）泵控技术。泵控技术取代传统的阀控技术，噪声低、精度高、速度快、液压油用量少，更加节能环保，符合绿色设计的理念。

2）挠度补偿。研发了一种闭环控制的斜楔仿形式抗挠度自动补偿装置，能够对折弯过程中折弯机结构部件的变形进行实时动态补偿，提升了折弯角度的精度。

3）随动托料技术。研发了一种半圆弧式折弯机随动托料机构，在折弯加工过程能够对板料重力进行随动支撑，对提高折弯加工精度作用明显，尤其进行大幅面薄板的折弯加工时，效果更为明显。

（3）智能化的机器人折弯单元。

以现代工业机器人为动作执行机构，通过建立工艺专家数据库，对机器人协同随动折弯技术、零件定位技术等关键技术的研究和集成，研制了高柔性的智能折弯机器人单元，实现了生产线的智能化的、柔性化的自动化折弯。

（4）工件质量在线视觉检测技术。

通过超高分辨率摄像机作为图像获取设备，用于实时获取自动生产线上工件的图像，图像采集卡对摄像机所获取的图像数据进行实时采集，并将采集到的数据交由计算机进行处理来检验工件的加工效果，可以大幅度降低劳动强度以及检测成本，提高生产效率，保证加工质量。

（5）智能化的成套设备连线技术。

针对成套设备各主机单元及辅助单元的特点，研究智能化、模块化体系结构，以及各模块单元之间的数据通讯技术，实现了多模块集成的金属板材加工连线系统的开发与应用，提高了生产线的柔性和可扩展性，适应了不同类型工件的生产需求。

2. 创新点

本项目产品集现代材料成形、机械制造、计算机信息技术、机器人、液压、气动、自动装配、在线检测与控制等多种学科先进技术为一体，具有加工效率高、定位精度高、适应性

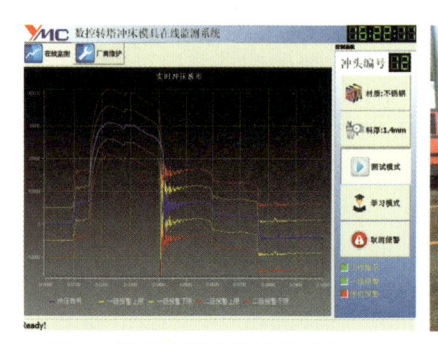

图2 模具磨损在线检测系统界面　　图3 自动换模装置

强等显著特点,是目前国际先进的生产装备系统,可广泛应用于汽车、航空航天、工程机械等领域,具有如下特色和创新之处:

(1) 模具磨损在线监测及自动换模技术(图2、图3)。

生产线加工工程,在不停机的情况下实现了模具磨损的自动检测和更换,自动化水平高,提高了生产线加工效率和稳定性。

(2) 工件质量在线监测技术(图4)。

能够在生产线加工过程中,实现对加工工件质量的自动化检测,在不影响加工效率的前提下,确保了加工质量。

(3) 伺服冲床的工艺柔性化。

针对具体的加工材料对送料速度、加速度以及冲头的速度特性进行实时动态的调整,充分体现了加工工艺的柔性化,提高了加工效率和加工精度,降低了振动和噪声,而且更加节能。

图4 工件质量在线检测装置

(4) 数控折弯机的随动拖料技术。

本项目研发了一种圆弧式板料随动装置(图5),通过该装置,能够在折弯板料折弯成型的过程中在板料重心一侧进行随动支撑,在确保折弯精度的同时,还能防止成型后的板料不会向重心一侧下落。

图5 圆弧式板料随动装置

3. 主要技术指标

主要技术参数见表1~表4。

表1 带有自动换模功能的全电伺服数控转塔冲床

序 号	名 称	单 位	规 格
1	冲压公称力	kN	300
2	一次最大加工板材尺寸	mm	1250×2500
3	最大冲孔厚度	mm	6.35
4	模位数	个	30
5	旋转模位数	个	2
6	数控轴数	个	6
7	板料最大移动速度	m/min	106
8	最高冲孔频率	hpm	1200
9	一次冲孔最大直径	mm	88.9
10	机内、机外模具自动互换时间	s	10

表2 数控折弯机

序号	名　称	单位	规　格
1	折弯公称力	kN	1000
2	最大折弯长度	mm	3200
3	快进速度	mm/s	100
4	工进速度	mm/s	100
5	返程速度	mm/s	100

表3 高柔性智能折弯机器人

序号	名　称	单位	规　格
1	最大抓取重量	kg	50
2	控制轴数	个	6
3	机器人重复定位精度	mm	0.06
4	臂展	mm	2100

表4 工件质量在线监测

序号	名　称	单位	规　格
1	工件检测时间	s	30
2	检测精度	mm	±0.05 mm
3	检测幅面	mm	1850×1250

三、主要成果

（1）已获得知识产权：发明专利5项、实用新型专利8项。核心期刊发表论文6篇。

（2）在本项目实施期间，项目实施小组根据不同的设计、生产、工艺等方面的需求，先后组织了5次180人次的内部培训。

（3）项目立项后，公司就与项目技术依托单位中科院沈阳自动化研究所、扬州数控机床研究院签署对接，两个研究机构派出以研究生为主的研发人员，直接参与项目研究与实施。

四、展望

本项目的研究目标是以公司自主研发的EP型全电伺服数控转塔冲床为冲压加工单元、YHB型双向泵控数控折弯机为折弯加工单元，在模具磨损在线监测技术、自动换模技术、工件质量在线检测技术、智能化的柔性机器人折弯技术等关键技术方面取得重大突破，配以自动化的物料运储设备及计算机控制与管理系统，开发MF-PB/2型基于工业机器人的金属板材柔性冲折加工生产线。

本项目产品广泛应用于汽车、航天航空、输变电、家电、计算机、电气等行业内的钣金制作，与传统单机加工工艺相比，按同规模钣金生产量比较，采用本项目产品可以使金属板材加工制造厂设备投资可减少20%～40%，能量消耗减少50%～70%，综合成本可节约40%～50%，节省大量生产面积，降低工人数量，显著提高生产制造能力和自动化水平，提升产品品质。本项目的实施，在为钣金制作提供高效先进的制造装备的同时，也可大幅拉低进口产品的价格，对加快我国上述产业先进制造装备更新换代的速度发挥巨大作用，有效提高上述工业的装备水平和产品质量水平。

案例 6

乘用车覆盖件全自动柔性冲压生产线

江苏扬力集团股份有限公司

本案例介绍了具有全封闭式防火/防尘且减噪的安全防护技术、具有逻辑控制功能技术的全自动化拆垛机械手技术、智能识别功能的钢铝混合线输送系统、自动识别单双料光学对中系统、全程适时监控系统、八连杆偏心驱动技术的乘用车覆盖件全自动柔性冲压生产线，能够显著提升生产过程的自动化性、可靠性以及生产安全性。该生产线将以优异的功能、优良的品质、较好的性能价格比提供给市场。

一、导语

汽车制造中冲压成形金属零部件占有重要地位，近年来，高速、高效生产冲压件成为冲压企业占领市场的重要指标，自动冲压线的使用成为现阶段冲压零部件企业生产的发展方向。传统的人工线，虽然投资少，但效率低、产品质量稳定性差、单件生产成本高，尤其是大型车身覆盖件生产，单机串联冲压自动化线能弥补这些缺陷。

江苏扬力集团有限公司长期致力于金属板材加工设备的研发、生产和销售，公司主导产品为压力机、数控机床、折弯机、剪板机等，开发的乘用车覆盖件全自动柔性冲压生产线，具有全封闭式防火/防尘且减噪的安全防护技术、具有逻辑控制功能技术的全自动化拆垛机械手技术、智能识别功能的钢铝混合线输送系统、自动识别单双料光学对中系统、全程适时监控系统、八连杆偏心驱动技术，能够显著提升生产过程的自动化性、可靠性以及生产安全性。该生产线将以优异的功能、优质的品质、优良的性价比提供给市场，为改进我国冲压成型工艺水平，提高冲压成型件质量，推动相关行业的发展，替代高价进口产品，节省外汇，具有较大的经济和社会意义。与此同时，将对本公司的产品领域的拓展、技术的提升、新市场的开拓、员工技术素质的提高也具有重大意义。此外，本项目所研究解决的有关控制、结构和工艺等关键技术也可用于其他机电产品和制造设备的研究和开发，这对提升我国制造业水平具有一定的促进作用。

二、主要研究内容

本项目的主要研究内容包括：全自动无人生产模式；全封闭式智能安全防护装置；智能逻辑控制功能技术的全自动化拆垛机械手；智能识别功能的钢铝混合线输送系统；高性能八连杆驱动压力等内容。

1. 全自动无人生产模式

乘用车覆盖件全自动柔性冲压生产线由垛料台车、磁力分张系统、双工位拆垛机械手、双料检测系统、磁性真空上料皮带机、清洗机、涂油机、视觉对中台、6台机器人、线尾皮带机、废料输送系统、全封闭式安全防护装置、1台2000 t闭式四点八连杆压力机和4台闭式四点机械压力机组成。整线由西门子的 CPU 317F-2DP 集成控制，该 CPU 集逻辑控制和安全控制于一体，集合西门子 TP 触摸屏的操作，实现对整线手动、自动的控制。自动化控制系统通过 Profibus-DP 网络，控制分布式 ET200S、ABB 机器人、roland 双料检测、POSITAL

编码器、SMC 阀岛等组件，实现数据计算处理。最终实现垛料小车开进开出→磁性分张→拆垛机械手取料→双料检测→拆垛机械手上料→过渡磁性皮带机→对中台→上料机器人送料（首台压机冲压）→传送机器人取料、送料→压机冲压（根据工件数量循环）→线尾机器人取料、放料→线尾皮带机输送无障碍动作过程（图1）。

图 1 柔性冲压线整体外形

2. 全封闭式智能安全防护装置

本项目为了能够实现低噪音、高效率及防燃火的全自动化无人区生产模式，整线安全防护采用了全封闭式且具有多种安全监测的外围防护系统。内部钢结构采用组件可方便装拆式，型材结构上确保刚度，保证了设备的美观和安全。外围隔音防护用冷轧板弯边成型后，内镶隔音防护的隔音棉选用欧文斯科宁（Owenscorning）品牌的玻璃卷毡，不燃且阻燃，有极好的化学稳定性，吸音效果好。斜梯采用鳄鱼嘴形式的防滑踏板，符合 OSHA 标准。在防护内部及周边各个角落安装了球形探头，工作人员在办公室就可以检测到整线运行状况，真正做到全方位实时监控管理。通过以上各种装置使整线安全防护具有隔音减噪、防尘防火，且有多种安全监控的功能。

3. 智能逻辑控制功能技术的全自动化拆垛机械手

拆垛机械手位于两个垛料台车的上方，拆垛机械手使用 FESTO 公司真空泵和 Roland 双料检测器，在换垛时无需停线就可完成垛料切换，不会造成生产的停顿，机械手可以在首次抓料过程中能够自动检测并定位板料中心，并存储板料中心位置直至完成本垛料的拆垛。机械手在抓料时能够精确智能地判断此次抓料是双料、无料或者是最后一张料，当检测到双料时，首先拆垛手会自己处理，如果仍然检测到双料，将会发出双料报警信息，机械手将双料抓到传送带从反方向把板料输送到废料槽里，当检测到无料或者最后一张料时，将会及时自动调整机械手抓取下一垛料台车上的板料；对于垛料表面不平的情况，机械手通过感应器能够自动调整抓取力度，完全保证板料不会脱落。最终实现整个拆垛、上料全自动化的功能（图2）。

图2 拆垛机械手

4. 智能识别功能的钢铝混合线输送系统（图3）

为了能让整条冲压线能够同时生产钢质材料和铝质材料，上料皮带机首先能够智能识别板材是钢质材料还是铝质材料，如果系统检测出为铝质材料，上料皮带机会自动运行磁性真空吸附系统。为满足用户生产铝板的需要，每条输送皮带的中间设有能够自动调节吸力大小的真空吸入口，当生产铝板时真空风机开动该处产生真空，铝板在真空作用下压在皮带上，增加了铝板与传动皮带之间的摩擦力，铝板在输送中即可平稳的跟随传动皮带移动，从而保证材料输送过程的精度。

图3 钢铝混合线输送系统

5. 自动温控清洗机

自动化线配备 4 m 清洗机，采用大流量清洗泵对板料进行冲刷。送料辊、刷辊、挤干辊为日本进口。挤干辊采用进口无纺布涂覆，保证板料经过清洗机后表面被挤干或保持一定的油膜均厚度，清洗油箱内装有电加热器和温度传感器，实现清洗油的温度控制。采用侵入式加热器，设备通过自动控温功能对清洗机进行加热处理，并根据清洗油当前油温进行自动调整。

6. 高性能涂油机

自动化线配备 4 m 涂油机，选用美国进口雾化喷嘴，涂油部位和油膜厚度 PLC 可调。当板料进入到涂油机时，通风机排出喷淋箱中产生的油雾，将板料均匀涂上拉延油膜。

7. 自动识别单双料光学对中系统

本项目视觉处理单元通过 TCP/IP 直接和机器人连接，视觉对中系统软件采用 StampView 拾取软件，当板料到达视觉皮带机时，做一个短暂停顿。照相机拍照并将照片传送到视觉处理单元中处理，处理单元能够自我判断是单料还是双料。如果是单料，处理器向机器人提供该板料偏移量值，以供机器人准确地抓取板料。如果是双料，视觉对中系统软件将能够准确分析给出这两个零件的各自位置，处理器能够同时向机器人提供两张板料偏移量值，并通知机器人在抓取一件板料后，调整端拾器的姿态，再次抓起第二件板料，将两个零件同时投入首台压力机中。

8. 高性能八连杆驱动压力

线首压力机传动采用八连杆机构，滑块快速下降，而在进行拉深的区域滑块速度低而均匀，拉深完成后，滑块快速回程，满足了低速拉深工艺的要求，又提高了压力机的生产率。同时，该项技术的研制成功打破了国外对多连杆压力机各项技术的垄断（图4）。

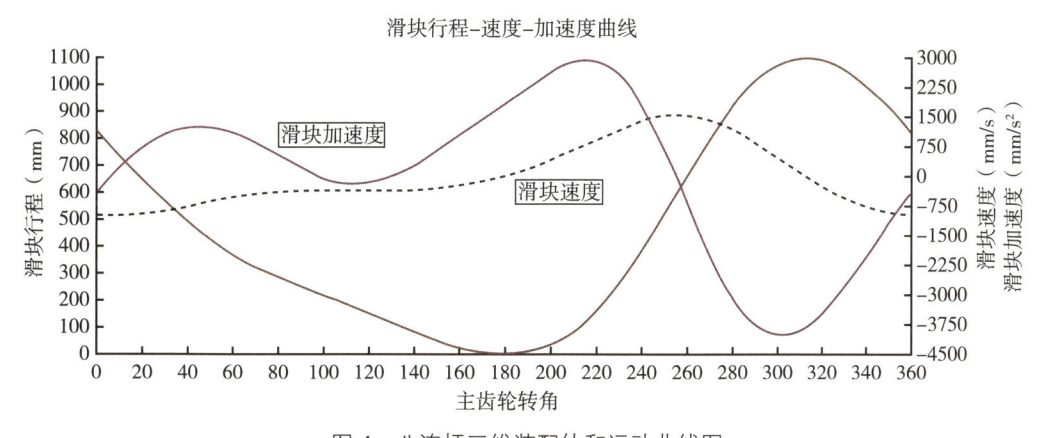

图 4 八连杆三维装配体和运动曲线图

9. 软离合软制动技术的组合式湿式液压离合器

通过对离合器液压控制油压力的控制，并辅以智能压力传感器与流量计的适时监控调节，提供压力机软离合、硬离合和软制动相结合的控制动作，减小压力机运转和停止时刚性冲击波的影响，减小传动轴的角加减速度，从而有效减小传动轴的负载冲击，制动离合时的冲击声波变得相当缓和。

10. 采用转齿加工键槽法技术保证压力机偏心同步

整线所有压力机偏心齿轮传动部分采用异向传动，减小机床工作时的震动。为了保证偏心齿轮的同步，我们研究出一种新型转齿加工键槽的技术。此技术在齿轮加工前必须保证设计时，中间轴小齿轮转齿角度的正确，然后通过加工中心加工键槽，保证精度。在传动部分装配时完全可以保证偏心同步，而且比传统使用的配划键槽法装配周期短、精度高等。

三、生产中遇到的问题及解决方案

1. 各个主传动齿轮加工

偏心齿轮、中轴大人字齿轮、中轴小齿轮、传动轴等齿轮是整线压力机传动中最重要的部件。两个偏心齿轮的四个偏心轮圆心与芯轴圆心连线与齿轮齿厚中心线的重合度要求必须保证在 0.05 mm 以内，我们在传统工艺上进行改进并购买了激光测量仪同步检测，从而保证了重合度要求。为了保证偏心齿轮安装时的同步，我们研究出一种新型转齿加工键槽的技术。此技术在齿轮加工前必须保证设计时中间轴小齿轮转齿角度的正确，然后通过加工中心加工键槽，保证精度。在传动部分装配时完全可以保证偏心同步，而且比传统使用的配划键槽法装配周期短、精度高等。

2. 清洗机涂油油箱加工

清洗机涂油机的油箱密封性要求较高，油箱所有的缝隙都要经过声波泄漏检测，油箱内部及机壳内部使用防清洗油腐蚀的涂层防护。这就要求工人焊接时必须按照规范操作，且要检验人员实时进行检查。最终经检验，油箱各个要求都符合相关标准。

3. 零件装配及调试质量

（1）八连杆压力机杆系的装配。

八连杆压力机杆系的装配是装配之中最难之处，其关键在于必须保证：①连杆有左右前后连杆之分不能误装；②确定安装顺序与方法，多连杆压力机连杆数量比传统曲柄压力机连杆数量要多许多，确定合理的安装顺序如何省力也要重点考虑的，且连杆装配后要灵活。合格的零件保证了合格的装配部件，再加上认真调整，定制必要的检具，边装配边调整，确保其达到了装配工艺要求。③确保多连杆杆系上的润滑管路都安装正确，每根管路必须按照规定的轨迹排管。每组分配器在装配前用特定设备确定分配器能够顺利通油且阻力要在 2 Mpa 以内。

（2）全封闭式安全防护的装配。

所有防护框架直线度不超过 ±2 mm/m，全长直线度偏差在 ±7 mm 内，所有外观钣金件必须进行表面喷塑处理，喷漆和喷塑的零件不得有肉眼可以分辨的色差现象。所有电动门必须上下滑动自如，无卡死现象，手动门必须开启方便、灵活。隔音棉选用欧文斯科宁品牌的玻璃卷毡，不允许有石棉，不允许含有其他对人体有害的化学物质。整个安全防护安装完毕后检验人员站在冲压线各台压机操作面板处向外 1 m、高度距离地面 1.6 m 的位置测量整线带载运行噪音，经检测噪音 ≤ 80 dB。

（3）整线性能调试。

自动化控制系统通过 Profibus-DP 网络，控制分布式 ET200S、ABB 机器人、roland 双料检测、POSITAL 编码器、smc 阀岛等组件，实现数据计算处理。整线是由西门子的 CPU 317F-2DP 集成控制，该 CPU 集逻辑控制和安全控制于一体，集合西门子 TP 触摸屏的操作，实现对整线手动、自动的控制。经过电器工程师多次调试最终实现垛料小车开进开出→磁性分张→拆垛机械手取料→双料检测→拆垛机械手上料→过渡磁性皮带机→对中台→上料机器人送料（首台压机冲压）→传送机器人取料、送料→压机冲压（根据工件数量循环）→线尾机器人取料、放料→线尾皮带机输送→垛料的无障碍动作过程。

四、成果及展望

江苏扬力集团生产的 2000 t 闭式四点八连杆机械压力机为首的乘用车覆盖件全自动柔性冲压生产线，安全保障性高，生产效率高，产品质量稳定性强，单件生产成本低、低噪音、全程生产高柔性高自动化等优点，获发明专利 3 项；实用新型专利 5 项，打破了国外对自动化生产线技术的垄断，并将国内乘用汽车覆盖件冲压成型推向全自动化，智能化，高效率，实现了无人化生产的水平，这将加快自动化生产线的国产化进程，对国家汽车工业的发展会有推进作用。

案例 7

高档数控超大型船用卷板机

泰安华鲁锻压机床有限公司

大型船舶制造迫切需要大尺寸、高强度、超厚板精确卷制成形工艺技术及高档数控超大型卷板成形装备。因此，公司通过对超大型船用卷板机的结构、控制、工艺、传动和设计制造等技术的研究，完成了超大型数控船用卷板机设计制造的十大关键核心技术研制工作，研发出世界首台最大规格、用于大型军用、民用舰船制造的 WEF11K-40×21000 超大型数控船用卷板机，并实现了产业化。

一、导语

海洋是21世纪中国崛起的重要战略空间，我国经济发展与国防安全对海洋经济和海洋安全具有强烈依赖性，对航空母舰、大型船舶、海上平台等的建设具有迫切需求，发展大型船舶是保障我国战略性新兴产业发展和国防安全的重要选择。

大型船舶制造迫切需要大尺寸、高强度、超厚板精确卷制成形工艺技术及高档数控超大型卷板成形装备；但因其技术含量高、制造难度大，我国长期处于空白状态，对大型数控船用卷板机长期依赖进口，并遭到国外技术封锁与市场垄断，这严重制约了我国高技术战略产业的发展和国防安全建设；国家对高档数控超大型卷板机的需求非常迫切。

泰安华鲁锻压机床有限公司始建于1968年，目前已建有7个科技创新平台，包括：国家数控成形冲压装备产业技术创新战略联盟、国家高新技术企业、山东省首批院士工作站、山东省级企业技术中心等，承担完成了国家科技重大专项等国家级、省级科技计划项目70余项。

针对我国军用和民用大型舰船建造急需以及行业共性难题和挑战，国家专门设立了"高档数控机床与基础制造装备"科技重大专项课题——WEF11K-40×21000超大型数控船用卷板机，泰安华鲁锻压机床有限公司牵头承担了该项目。历经3年的艰苦攻关，通过对超大型船用卷板机的结构、控制、工艺、传动和设计制造等技术的研究，完成了超大型数控船用卷板机设计、制造的十大关键核心技术研制工作，攻克了超大跨度上辊和床身挠度在线自动检测及多点高精度自动补偿技术等9个行业共性技术难题，建立了消除产品早期故障、提高可靠性和精度保持性的具体方法和试验手段，起草了国家标准，研发出世界首台最大规格、用于大型军用、民用舰船制造的WEF11K-40×21000超大型数控船用卷板机，并实现了产业化应用。

二、主要创新点分析

1. 技术挑战与总体思路

高档数控超大型船用卷板机的研发面临如下技术挑战：

（1）超大压力下使21 m超长辊挠曲变形严重，超大板材精度很难保证。

（2）29.5 m长的超大构件加工应力很难消除，变形问题严重，精度很难保证。

（3）超大驱动力使驱动系统体积庞大且运行不稳定，故障率高。

（4）超大板材的卷制工艺数据基本空白，实现自动化、智能化卷制非常困难。

这不仅是超大型卷板机面临的技术挑战，而且是整个高档数控成形机床行业面临的共性技术难题。针对这些技术挑战与行业难题，确定总体思路。

2. 创新点与关键技术

（1）创新设计和制造了世界最大规格、国内首创的超大型卷板机；针对卷制过程超长辊变形大及其难以控制的世界难题，发明了超长辊挠度在线检测、补偿技术及板料精确定位技术；突破了超大构件高精度加工的多项重大工艺；解决了我国超重、超大型卷板机精度差的技术瓶颈。

1）创新设计了长 × 宽 × 高达 29500 mm × 4500 mm × 11800 mm、重量 900 t 的超大型数控船用卷板机新型结构。总体结构采用非完全对称式下辊中心距水平可调的三辊结构，有效解决了超大型卷板机存在的刚性不足、加工范围小、可靠性差、用途功能单一的行业瓶颈，扩大了加工范围，显著提高了生产效率；上梁和床身均采用抗弯截面模量高的整体框架式焊接结构，显著提高了整机结构的刚度，保障了大型卷制件的几何精度；两下辊采用变频调速、两侧独立分驱动传动结构，避免了超长辊的机械干涉问题，降低了整机功率；主油缸设计为连体双腔结构，有效解决了单体大油缸难以加工、运输和维修的问题。

2）发明了超长辊挠度自动补偿技术。针对国内外均未解决的 21 m 超长辊挠曲变形难题，在 13 根支承辊上安装独立的位移传感器，实时检测上梁和床身挠曲变形，开发了托辊挠度补偿值模糊算法及 PID 控制方式，13 块斜铁由伺服电机控制，分别调整工作辊不同部位变形量，实现了对上辊挠度的多点、独立、自动快速补偿，极大提高了工件卷制精度和效率。

3）研发了超大结构件高效精密制造技术。自主研发了多人多层、对称分段、边时效边焊接的大型结构综合焊接新工艺，超长焊缝采取分段分序和工艺支撑杆辅助的焊接技术，实现了大型构件的焊接成形，并有效控制了大型构件的焊接变形问题；开发了大功率激振器多次多点多频振动复合的时效工艺，最大限度地消除了残余应力。针对超长辊（图 1）加工精度难以保证的难题，开发了超长辊高精度加工工艺技术，采用一夹一顶并在卡爪与超长辊之间垫入开口钢丝圈的装夹方案，减少了接触长度，消除了过定位及弯曲变形，使 21 m 长辊圆度 < 0.05 mm、圆跳动 < 0.15 mm。

4）自主研发了板料精确定位及大型模具设计制造技术。针对超长板料加工不易精确定位和反复定位效率低的问题，研发了直边进料液压挡板精确定位技术及斜

图 1 加工的高精度超长辊

边进料激光定位技术，大幅度提高了定位精度与定位效率。开发了超大型卷板机组合分体折弯模具，克服了整体式模具柔性差的缺陷，为用户节省了2台1200 t双机联动折弯机（约800万元），单件重量15 t工件的折弯效率由原来的2件/天提高至10件/天，生产效率提高4倍。

（2）发明了卷制过程弧面包络防振技术、新型可变辊距驱动技术、动力源异侧配置主驱动技术及液压马达故障在线检测技术；解决了国内超大型卷板机传动系统体积庞大、运行不稳定及液压系统故障率高的技术难题，显著提升了超大型板材卷制的平稳性与可靠性。

1）研发了多点支撑及弧面包络防振技术（图2）。托辊处设置对称包络面，将超长辊上下波动量控制在25 mm内，实现了上辊抖动缓冲和振动的适度衰减，保证了上辊防振装置及挠度补偿装置同时移动，解决了超长辊高速运行时冲击大、整机不稳定、精度难以控制的难题，大幅度提高了整机可靠性和安全性。

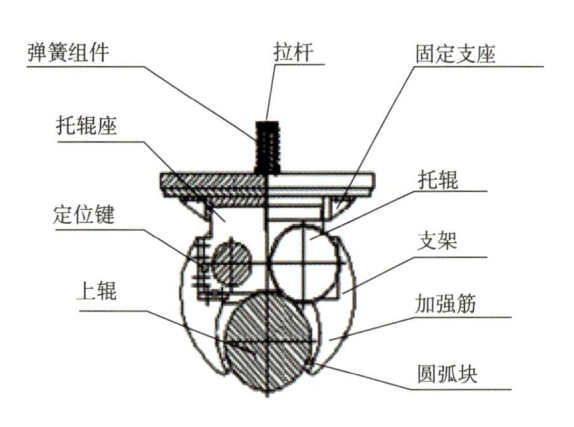

图2 多点支撑、弧面包络防振技术原理图及应用

2）发明了动力源异侧配置技术。两套驱动系统异侧设置，主传动由电机通过硬齿面减速机与下辊直联，保证了工作辊转速的均匀和恒定，解决了超长辊远端扭转变形大和旋转滞后的难题，保证了板料两端卷制的同步性和平稳性，显著提高了整机的可靠性和卷制精度。

3）创新研发了新型可变辊距驱动技术。采用下辊轴头与下辊驱动装置马达减速机输出轴头直连结构，减速机座两端腰孔滑道与两个固定滑块配合，机座及下辊驱动装置通过滑道前后滑移，两下辊既可独立移动又可同时水平移动，解决了大型卷板机变辊距系统体积庞大、传动效率低的技术难题，效果远优于传统的齿轮副驱动方式及万向联轴器驱动方式。

4）研发了多液压马达故障在线检测技术及其系统（图3、图4）。在合流驱动的4个马达出入口设置独立的流量和压力传感器，实时检测液压马达的流量和压力变化趋势，开发了基于故障树的液压马达故障智能诊断方法及其控制模块，实现了马达故障的实时诊断，有效防止了单个或多个马达出现故障时对工件和设备造成的损害。

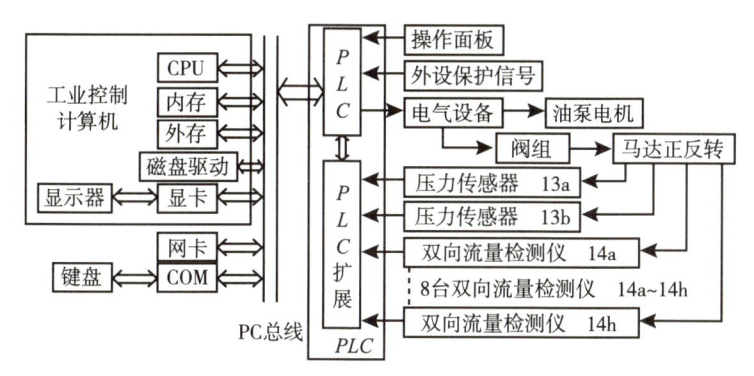

图 3　通讯检测原理图

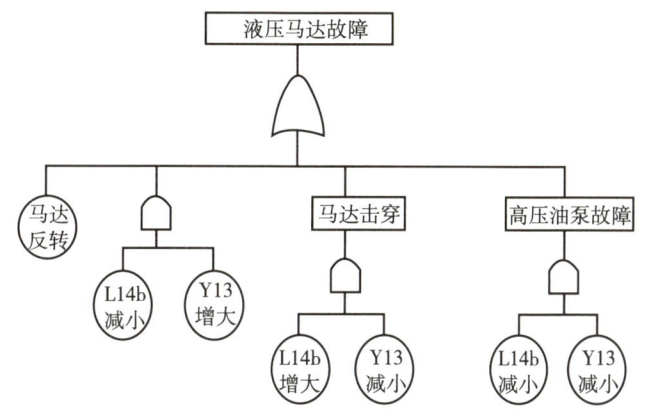

图 4　故障诊断原理图

（3）自主研发了卷板全程自动控制、运行状态远程监测、故障快速智能诊断、卷制工艺智能选择等关键技术；开发了先进的超大型数控卷板机专用智能控制系统，使我国该类装备植入了"中国大脑"，改变了国产大型数控船用卷板机数控系统功能薄弱、智能化程度低的技术现状。

1）研发了卷制全程自动控制技术及软硬件系统。研发了超大型板材卷制全程自动控制软硬件系统，底层采用自由口通讯协议，上位机在VC环境下编程，底层用汇编语言对PLC通讯编程，通讯速度比标准协议提高100倍，自由度高，快速处理庞大数据。实现了进料、定位、上辊移动、下辊转动、变形补偿、卷制工序排布全流程自动化控制，极大提高了卷制效率与卷制精度。

2）研发了远程监控技术。采用加密网络安全技术，数控系统内嵌监控界面，通过Internet/Intranet对卷板机进行远程监控，在全球任何网络环境下都能远程监视和控制卷板机工况，并能在线诊断故障，远程指导用户改进卷制工艺，提高了本产品的科技含量，增强了产品的综合竞争力。

3）研发了故障智能诊断技术。建立了故障树、知识库、规则库，开发了故障实时监测软硬件系统，可自动存储故障出现的时间及次数，并智能分析故障产生的原因；实现了设备故障的自动实时报警，并根据故障类型自动向用户提供故障原因以及维修方法，指导用户及时对机床进行维护保养。

4）研发了卷制工艺智能排布技术建立了不同材料超大型板材卷制过程几何数据、矢量力矩及卷制半径与压下位移、压下力、卷制速度、成形次数等工艺参数之间的多元非线性数学模型和统计学模型，开发了超大型板材卷制工艺数据库；可对工艺参数进行综合分析、优化和自动计算，并确定出修正值，实现了卷板工艺智能化排布及超大板材的高精度、高效率卷制成形。图 5 数据库建立及工艺智能排布。

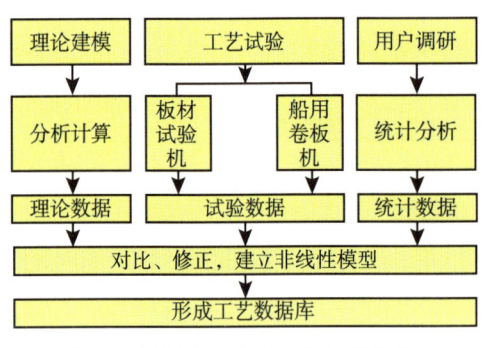

图 5 数据库建立及工艺智能排布

3. 实施结果

泰安华鲁锻压机床有限公司自主开发的高档数控超大型船用卷板机经国家机床检测中心检测，卷弧最大能力 40 mm×21000 mm，上辊定位精度 ±0.1 mm，下辊定位精度 ±0.2 mm，工件直线度 ±5 mm/全长，达到国际领先水平。用户使用以来反映良好，项目通过了国家科技重大专项办组织的验收。本成果入选"2014 中国机床行业十大新闻事件"，并被评为"2015 年山东省科技进步一等奖"和"2015 年山东省专利二等奖"。

项目产品填补了国内空白，打破了国外垄断，在国际市场上使国外产品的价位下降了 30%，完全替代进口。青岛扬帆船舶制造有限公司等多家用户认为产品精度高、故障率低、智能化程度高、性价比高，引领了行业技术进步。2014 年中国机床工具工业协会统计数据表明，本项目产品国内市场占有率 92%，实现了我国高档数控机床与基础制造重大装备的国产化，为满足国内外大型高档船舶制造装备的需求和提升行业国际竞争力做出重大贡献。

三、主要成果

本课题成果入选"2014 中国机床行业十大新闻事件"。并获得 2015 年度山东省科学技术奖一等奖、2015 年山东省专利二等奖、2015 年山东省企业技术创新优秀论文一等奖、2015 年泰安市专利一等奖。

本课题授权专利 20 项（发明专利 4 项），起草了 4 项国家标准和 5 项行业标准，获得计算机软件著作权 2 项，发表论文 6 篇，培养中高级人才 20 名。

研究成果突破了国内外高档大型数控卷板机开发的技术瓶颈，打破了国外先进锻压企业的技术垄断，大大提高了我国在该领域的研发与制造技术水平。同时，该技术的产业化应用对于改变国内外大型卷板机市场格局、降低大型数控船用卷板机价格、抵制进口将具有十分重要的意义。

四、展望

目前，课题成果不仅在超大型船用卷板机领域实现了产业化应用，而且相关核心技术已扩展应用到其他系列的大型数控成形机床；成果的进一步推广、应用将在我国航空母舰、大型船舶、海上平台、军工、大型工程结构等领域的建设与发展中发挥越来越重要的作用。

案例 8
多模数控蛇形弯管生产线

长治钢铁（集团）锻压机械制造有限公司

　　数控蛇形弯管生产线是国内外电站锅炉制造企业关键的核心设备。公司通过创新研发以多台数控弯管机为核心设备，在水平移动装置、垂直升降装置的驱动和数控系统的控制下，依次到达工作位置，完成工件的多模弯曲，并配备送料小车、自动翻管等辅助设备，实现多R蛇形管件的全自动生产。该多模数控蛇形弯管生产线在整个弯管过程实现十轴以上伺服控制，技术领先、自动化程度高、生产效率高。

一、导语

数控蛇形弯管生产线是国内外电站锅炉行业关键的核心设备，标志着企业的工艺水平、产品质量与生产效率。目前，该类设备主要采用国外进口，长治钢铁（集团）锻压机械制造有限公司于 2010 年为武汉锅炉厂研制的数控蛇形弯管生产线只能实现一根工件上弯曲半径相同的蛇形工件的弯曲。多模数控蛇形弯管生产线的研发目前在国内还是空白，国外设备虽然自动化程度较高，但价格昂贵，产品售后服务与故障处理技术改造不及时等原因成为制约锅炉制造企业正常生产的不利因素。随着国内锅炉行业的快速发展与国家对重大数控装备制造业支持力度的加大，公司在数控蛇形弯管成套技术多年探索的基础上，研制出了目前国内自动化程度最高、多项技术填补国内空白的多模数控蛇形弯管生产线。

二、主要研发内容

本项目的主要研发内容包括多模数控蛇形弯管生产线的设备组成，伺服驱动技术的研发，多轴伺服控制技术的研发。

1. 多模数控蛇形弯管生产线的设备组成

多模数控蛇形弯管生产线（图 1）主要由小 R 弯管机、大 R 弯管机、末弯机、送料小车、翻管装置、环向推管装置、液压部分、气动部分及 CNC 电气控制部分组成。

三台主机结构大体相同，均由主传动部分、分合模部分、导向部分、床身部分、水平移动部分及垂直升降等部分组成。在小 R 弯管机上采用了顶镦式的弯管工艺，增加了顶镦装置，在末弯机上增加了一套导向装置，可以在一台机器上实现管子的左右弯曲。

图 1　多模数控蛇形弯管生产线

2. 各部分功能

主传动部分（图 2）是整个弯曲过程的关键环节，是完成弯管功能的动力部分。它主要由弯曲油缸、弯曲回程油缸、链轮等组成的开式连接。弯曲油缸带动链轮旋转，链轮与主轴固定，带动主轴旋转，弯曲模通过定位盘固定在主轴上，弯曲模随主轴一起旋转，使得管子弯曲成型。弯曲主轴下端装有同步带轮，通过同步齿形带带动小带轮，小带轮与光编连接，将弯曲角度通过光编传送给计算机。弯曲和返回的动作采用比例换向阀控制油缸来实现，从而控制弯曲速度，保证了弯曲过程的定位精度和重复精度。

图 2　主传动系统

分合模部分（图 3）主要完成管件的夹紧和管子的出模功能。它主要由安装在主轴下的合模油缸、安装在主轴内的芯轴组成。合模油缸的动作由普通电磁换向阀控制，油缸上腔进油，活塞杆带动芯轴下降，将弯曲模上下模合住，实现管子的夹紧。油缸下腔进油，活塞杆带动芯杆上升，将弯曲模上下模分开，实现管子的顺利脱模。

图 3　分合模部分

导向及侧推部分主要完成管子在弯曲过程中压紧管子及侧向助推功能。大R弯管机中导向油缸、侧推油缸的动作由普通电磁换向阀控制。小R弯管机的导向及侧推部分与大R弯管机结构相同，但在小R弯管机中，增加了顶镦夹紧部分，顶镦夹紧部分安装在侧推油缸固定座上，所以此时的侧推油缸不仅承担着侧推作用，并承担着在管子轴向上助推的作用，即常规顶镦作用，此时的侧推油缸采用了比例减压阀来实现顶镦曲线的变化，实现了小R弯曲半径的厚壁管的高难度的弯制。末弯机采用两套压紧导向装置，对称布置，左弯时，对面导向装置落下，左弯导向装置工作；右弯时，左面导向装置落下，右面导向装置工作，它可以实现一根管形的左右弯制，避免了最后的翻管动作。

床身部分的水平移动和垂直升降装置上装有滑动轴承，滑动轴承在四个固定的立柱上的异形直线导轨上移动。床身通过伺服电机带动减速机及固定在床架下端的滚珠丝杠而实现上下移动。立柱固定在移动底盘上，移动底盘通过伺服电机带动减速机及固定在移动底盘下的滚珠丝杠而实现床身的水平移动。机器的水平移动及升降运动通过伺服电机的控制可实现机器高精度的控制。

气动部分由气源三联体、精密减压阀、溢流阀等几部分组成，它控制四个气缸的升降运动，对丝杠的升降起到了保护作用。机器的上升和下降过程气动系统始终是供气状态。

液压部分主要由恒压变量泵，电液比例换向阀、电液比例减压阀、回油冷却装置等组成。恒压变量泵是一种具有压力和流量自动反馈的高性能的液压泵，在保证设定压力的条件下，其流量随工作油缸的速度变化而自行调整，避免了多余油液通过溢流阀流回油箱造成能源损失和油液发热现象。通过使高精度、速度响应快的电液伺服阀，可以满足在弯管过程中顶镦油缸的运动与弯曲速度的匹配，从而得到高质量的弯曲。

此弯管线的主要工作过程如下：首先由送料装置将管子送至红外感应处，小车抓住管，根据所弯管子需要输送的距离，由伺服电机带动小车将管子输送到弯曲位置，伺服电机带动所需的弯管机上升至管子弯曲平面，水平移动至弯管位置，完成合模，导向进、模具夹住管子，小车松开管子，管子开始弯曲。一弯成形后，导向退，随动退，合模开，小车抓住管子继续送管至下一个弯曲位置，继续弯曲。此时如果要改变弯曲半径，另一台弯管机在水平移动装置和垂直升降装置的驱动下，进入弯管位置完成弯管工作。如果两个弯之间存在空间角度，则翻管装置将管子翻管装置将管子翻转到指定位置，进行反方向弯曲。为了减少翻管次数，在末弯机上配备了两套导向装置，可以根据需要实现管子的双向弯曲，为了减少管子在弯曲过程中管子与平台之间的摩擦，提高弯管效率，在生产线上还配备有环向推管装置，在管子的弯曲过程中始终给管子一个辅助推力，保证管子弯曲的顺利进行。

3. 伺服驱动技术的研发

该生产线采用伺服电机控制与气动、液压等传动相结合的传动方式。气动、液压及伺服电机的合理配置，即为运动件提供了足够的驱动力，又有效解决了由于偏载而引起的丝杠卡死等问题，大大降低了伺服电机的功率，同时又保证了运动件的定位精度。此种结构形式已经在此条数控蛇形弯管生产线床身的上下升降运动中进行了初步尝试，取得理想的效果。在下一步的技术研发中，将进一步加大对此项技术的研发积累经验，推广到重型数控弯管设备的其他伺服运动中，来进一步优化重型数控弯管设备的结构，降低制造成本，提高运动精度。

4. 多轴伺服控制技术的研发

该数控蛇形弯管生产线采用德国西门子公司生产的SINUMERIK828D数控系统及SINAMICS S120交流伺服系统，SIMATIC CPU 317T、TP1500触摸屏等组件通过PN/PN总线耦合器，将SINUMERIK828D和SIMATIC CPU 317T按入PROFINE，实现两者之间的网络通讯。其中，SINUMERIK828D是基于面板的数控系统（Panel processing unit），将CNC、PLC操作面板和轴驱动控制盒通讯任务集成在一个单元中，通过PLC外设模块PP72/48DPN实现数字量输入/输出控制，SINAMICS S120电源模块和电机模块及IFT7交流伺服电机组成伺服系统实现管子送进即X轴进给控制。

SINAMICS S120交流伺服系统由SIMATIC CPU 317T、CU320控制单元，电源模块和电机模块及IFT7交流伺服电机组成，分别实现大R弯管机机床的垂直升降（A轴），水平横移（B轴），小R弯管机机床垂直升降（C轴），水平横移（D轴），末弯机机床的垂直升降（E轴），水平横移（F轴），通过高速计数器确定弯曲角度大小，模拟量输入输出来控制比例伺服阀开口大小来实现大R弯管机、小R弯管机及末弯机角度的精确定位控制。

为实现管排连续弯制及工艺上的需要，确保产品质量，减轻工人劳动强度，本生产线还设有强送、下料横梁、翻臂、环向推管等辅机装置，均由数控系统对生产线上所有装置按管排制作流程进行顺序控制。

该系统具有全自动、MDA、JOG三种控制操作功能，在TP1500触摸屏上，可以实现管子参数设定、修改和存储等功能，可以很方便地进行精确定位。在828D触摸屏上可以很方便地进行用户程序编程。

该数控系统具有动态诊断功能，当机床出现故障时，可以通过报警提示来分析故障原因，方便机床维护和使用。

该数控系统功能齐全，系统复杂，但效率高，解决了整条弯管机生产线的伺服与液压、气动的配合问题，实现可弯不同半径及不同方向的管形的弯管工艺、功能要求，电气控制技术上达到国内先进技术水平。

5. 本项目的技术先进性

（1）同时满足大R、小R厚壁管的左右方向弯曲，实现了一根管件上多种不同弯曲半径左右方向的连续弯制，弯曲效率非常高。

（2）机器通过采用十多轴伺服控制，保证了运动的精度、弯管质量和整条生产线的效率。

（3）采用伺服电机控制与气动、液压等柔性传动装置相结合的传动方式，提高运动的平稳性与运动精度。

（4）该机采用恒压变量泵、高性能的电液压比例换向阀、电液比例减压阀，控制精度高、响应速度快，满足了不同管径、壁厚、R/D值等参数变化的弯曲管子的需要。

三、展望

多模数控蛇形弯管生产线的研制成功，解决了锅炉行业中复杂管形、厚壁小R弯曲的问题。此弯管线在经过哈尔滨锅炉有限公司试运行后，其各项技术指标均达到用户要求，性能完全可以与国外先进国家的技术水平相媲美，完全可以替代进口。其产品研发的多项关键技术在其他弯管机上均有推广价值，随着锅炉、电站等行业的快速发展。

本项目突破了传统弯管机的弯制工艺过程，实现了一根管件的多个不同弯曲半径、不同的弯曲方向的连续高效弯制。实现了整条线十多轴动作均采用伺服控制，提高了机器的运动精度和生产效率。解决了锅炉、电站等行业复杂管形弯曲的高难度的问题。机器性能达到了国外先进国家技术水平，填补了国内空白，对弯管行业的技术进步具有重要的推动作用，随着我国锅炉电站等行业的快速发展与国家对高端数控装备支持力度的加大，具有广阔的市场前景。

案例 9

基于现场总线的热模锻压力机锻造自动化生产线

北京机电研究所

伴随着制造业的不断发展,企业引进自动化生产线所带来的优势表现的越来越明显,自动化生产线生产不仅提高了产品生产率,缩短了生产周期,提高了产品质量,更直接提高了企业的经济效益,在人员成本越来越高的今天,企业实现柔性自动化生产更是刻不容缓,直接影响着企业的发展、企业的未来。

一、导语

锻造自动化生产线经历过如下几个阶段:单机设备自动化、生产线刚性自动化、生产线柔性自动化,而未来的发展趋势必然数字化智能化。单机设备自动化,过分依赖人的参与,辅助时间长,加工效率低,产品质量与品质难以保障。生产线刚性自动化,单元生产设备之间的连接也是以简单的 PLC 的 I/O 硬件连接方式完成,这种方式生产设备之间易形成"自动化孤岛效应",缺乏信息资源的共享和生产过程的统一管理,已无法满足现代工业生产的要求。

基于现场总线的柔性自动化控制系统,是将单个设备网络化连接起来的更高一级的控制,对所有生产单元和其间的相互作用进行监控。是操作人员的中心出发点,所有重要的生产信息都可从系统中获得。在出现故障时就可进行快速诊断,产品更换、单独生产单元的基本和启动位置、整条生产线的启动与清空,以及中心参数的设置等操作都可按优化的时间实施。

二、柔性锻造生产线的工艺流程和设备配置

以北京机电研究所最早建成的柔性锻造生产线,桂林福达 8000T 热模锻压力机生产线(图 1)为例。工艺过程如下:下料→加热(1250 kW 中频感应加热装置)→2 道次精密制坯辊锻(ø1000 mm 加强型自动辊锻机)→整体模锻(8000T 热模锻压力机)→切飞边热校正(2150 热模锻压力机)→热处理。

自动生产线以 8000T 主机(图 2)为中心,将一组自动机床和辅助设备按照工艺顺序联结起来。其中,桂林福达 800T 生产线包括的设备有中频感应加热装置出料机器人、辊锻机配套辊锻机器人、8000T 压力机上料机器人、8000T 压力机出料机器人、喷雾润滑机器人、2150T 压力机上料机器人、2150T 压力机出料机器人,共 7 台机器人,其布置见图 3。

图 1 8000T 热模锻压力机生产线　　　　图 2 8000T 主机

案例 9

基于现场总线的热模锻压力机锻造自动化生产线

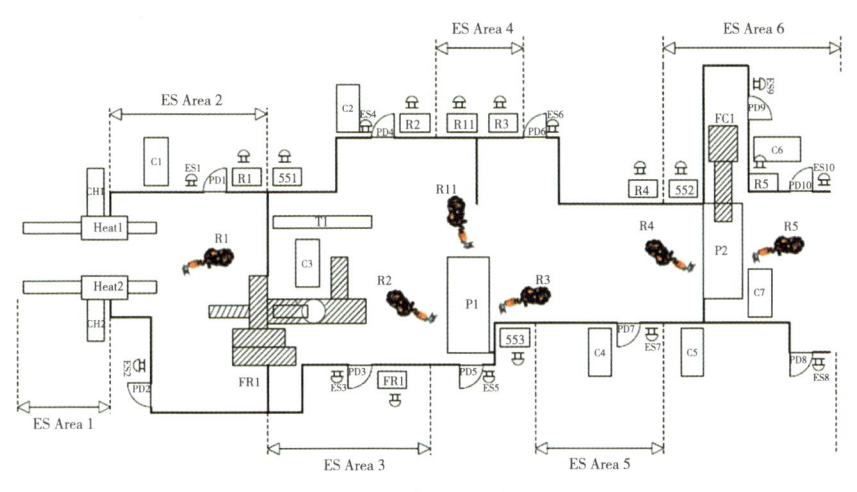

图3 生产线机器人布置图

三、基于现场总线的柔性锻造生产线控制系统的网络结构

总线控制系统采用两层总线结构（图4）。上层采用工业以太网网络，下层采用 PROFIBUS — DP 现场总线和 SafetyBUS P 安全总线。将锻造生产线的加热炉、辊锻机、主压力机、切边精整压力机、机器人等连接起来，进行控制和管理。

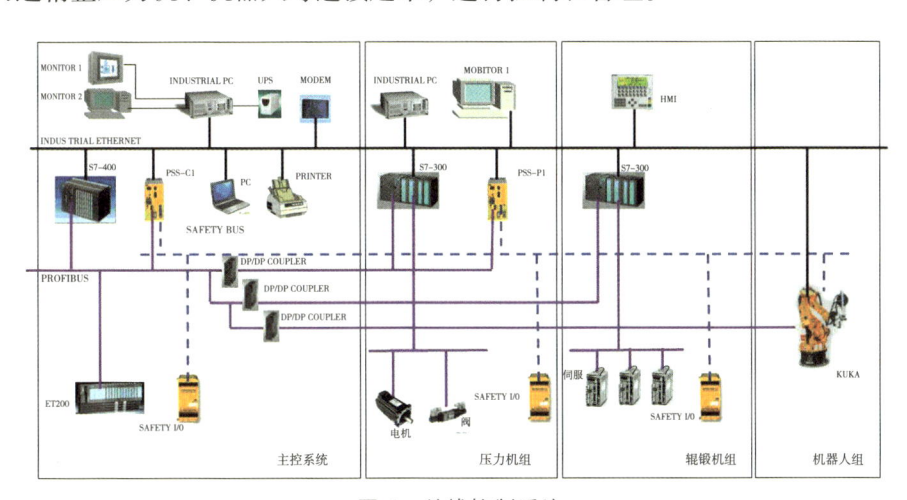

图4 总线控制系统

1. PROFIBUS – DP 现场总线

PROFIBUS-DP 网络目前是在制造业生产过程中最稳定、最可靠的现场总线。它传递总控系统与各单机控制系统的所有控制信号（动作信号和状态信号）并连接分布式从站。网络

63

中采用诊断中继器，主要是起到网络诊断和信号放大作用，可以适时地监控通讯状态，如有问题可以及时地发现处理。另外，由于各个单机设备的控制系统既独立控制，又相互联系，所以，选用 DP-Coupler 耦合器来进行不同 CPU 之间的通讯，实现数据交换。

锻造生产线现场布线路径复杂，使得 PROFIBUS-DP 总线绝对长度增加，对提高总线通信速率造成障碍；同时，现场存在中频感应加热炉、大功率变频器、伺服电机驱动器等谐波干扰源。针对上述技术难点，完善网络拓扑结构，合理应用，才能做到整个设备现场总线合理分配网段，根据设备类型和安装位置把生产线上总线设备分配到不同的网段，需要电气隔离的特殊设备分配到单独网段。使 PROFIBUS-DP 网络结构和质量得到很好的改善。

2. SafetyBUS p 安全总线

总控安全 PLC 通过 SafetyBUS p 安全总线连接分布式安全输入/输出模块，安全模块以双回路的形式与各单机设备连接急停及安全门信号，并与现场的安全门锁、安全光栅、急停按钮连接。采用这种安全总线方式可以确保安全等级达到四级。

在压力机与机器人这种高速重载和现场设备离散分布的复杂环境下，一旦出现重大事故对人员和设备的伤害都是巨大的。要实现现场的各种安全功能，对于传统的集中布线来说及其困难，而且系统中存在着极其复杂的逻辑关系，因此采用了 PSS 可编程安全系统和 SafetyBUS p 安全总线系统。PSS 可编程控制器可以简便的实现复杂的逻辑关系。SafetyBUS p 安全总线可以实现将分散在现场的安全输入信号通过电缆集中到 PSS 主站进行统一控制，确保设备和人员的绝对安全。

四、控制系统的软件构成

1. 上位机监控软件

工控机采用 WINCC 作为上位监控软件，WINCC 是在生产和过程自动化中解决可视化和控制任务的中性系统。该软件具有使用简单、组态方便、性能可靠、功能齐全等特点；它有大量的通讯接口，可以和各种智能设备相互通讯。

工业以太网将各个单机设备的故障报警、工艺参数及测量结果等数据量比较大的数据传递给总控系统的工业计算机。WINCC 在系统中承担了数据管理、工厂数据采集、报警、趋势、数据记录及中文报表等工作。操作员通过操作终端可详细了解全厂生产运行情况，实时监控现场设备，实现全厂自动化控制。如图 5 所示。

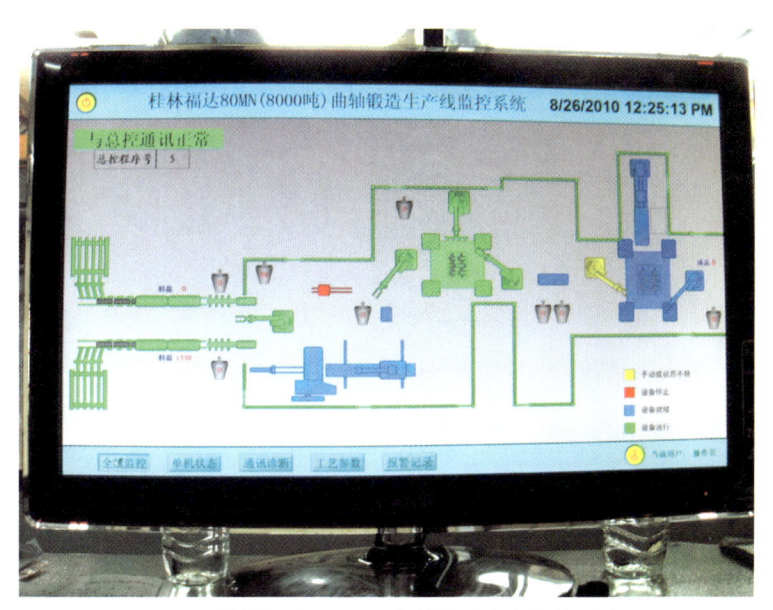

案例 9
基于现场总线的热模锻压力机锻造自动化生产线

图5 桂林福达8000 t曲轴锻造生产监控系统

2. PLC的模块化编程

发展柔性锻压成形系统（应用成组技术、快速换模等），使多品种、小批量的锻压生产能利用高效率和高自动化的锻压设备或生产线，使其生产率和经济性接近于大批量生产的水平。这就要求8000T生产线能够实现柔性化生产，而柔性化生产的前提就是柔性化编程。

模块化编程就是根据系统工作原理及工艺流程，对控制对象处理的工艺流程划分归类，借助类似高级语言面向对象的思想，将系统控制对象抽象提取模块控制属性，对类不同的对象构建同一控制模块，对系统环节中需要实现的不同任务划分不同功能，采取模块化、结构化编程方式。西门子STEP7支持及提供的块有OB（组织块）、FC（功能）、FB（功能块）、DB（数据块）、系统功能及功能块（SFC/SFB）等，用户做的主要工作是根据设备工艺特点把系统控制任务合理地划分不同功能和功能块。用户不需要设计操作系统调用程序、系统循环扫描监控出错等额外程序，但这些系统都能提供接口做到对用户透明，尽量减轻用户编程负担这为系统PLC程序的设计实现模块化、结构化处理提供很大的支持及系统优势。如图6和图7所示。

图6 机器人启动功能块　　图7 接收发送功能块

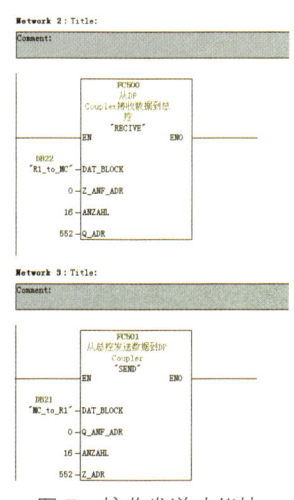

五、经济性、环保及节能节材

自动化锻造生产线，通过精密的控制系统确保了较低的材料消耗、较快的生产效率、提高了产品质量：

（1）机器人等自动化设备广泛用于自动化生产线上，锻造生产线的节拍现阶段已达到几十秒到几秒的一件。

（2）自动化生产线能及时将设备检测数据反馈给操作人员，提高了设备和模具的使用寿命25%。

（3）自动化生产线引入小型化（少用料）、多功能化（一物多用，少占地），可回收利用（减少废物数量和污染），同时在生产技术上，追求节能、省料，无废少废的综合性强的锻造设备、生产工艺流程和精确控制系统，有效实现既节能又符合绿色制造的概念，同时又保证了经济性。

六、展望

在锻造过程中，材料性能波动、材料尺寸波动、模具行腔的变化、机械设备状况的变化（油温、气压、摩擦系数、运动间隙）、锻件和模具温度的变化以及模具润滑状况，都会对金属流动产生影响，导致飞边的形状、大小难以控制，严重的会出现粘模现象，最终导致机器人抓取不准或无法正常放入下模腔，自动化生产很难正常进行。针对上述现象，更要充分发挥智能制造感知、决策、执行的核心理念。在锻造生产线上安装各种智能感知传感器，例如对粘模或锻件未能放入下模腔，采用激光对射传感器，对锻件位置偏移采用图像对比技术，对模具型腔的变化采用二维激光扫描技术，对锻件和模具温度实时检测，对辊锻机、压力机重要成型设备的输出能量和打击力实时采样记录。开发锻造专家决策系统，传感器通过总线系统将感知到的信息和数据上传给综合数据库，经由推理机和解释器分析出故障点，从知识库中索取由锻造工艺、设备及自动化专家所提供的故障解决方案。将所做决策经由现场总线发给执行机构，并将推理结果同时反馈给专家。

案例 10
汽车转向节锻造自动化生产工艺及装备

北京机电研究所

重型汽车转向节锻造生产线是吸取国内外各类生产线的优点，结合转向节成形工艺的特点，在反复论证的基础上确定的。它克服了锻件形状复杂、成形工序较多、主要成形工步排列不在一条直线等诸多难题，实现了工艺与机械手、压力机之间的一体化。整个生产线布局紧凑、物流合理、便于观察，在生产过程中只需少量人员监控和操作。同时，也为今后的扩展、升级留有充分余地。

一、导语

为了满足大批量和可靠性的需要，汽车产品的零部件中大量使用锻件，尤其在转向系统、发动机、变速箱中大部分零件都要通过锻造生产来提供。随着我国汽车产量的快速增长，其对锻造生产的效率和锻件的质量提出了越来越高的要求。转向节是汽车（尤其是载重汽车）用于前轮转向的重要安全零件，也是锻造生产中常见的复杂零件。通常情况下转向节零件截面变化很大，几何形状不对称，表面及内在质量要求很高。汽车转向节的锻造成形是锻造行业公认的工艺难点之一。

20世纪90年代我国从国外引进了某重型载重汽车的先进车型，该车使用的转向节因其锻造成形难度高、内部质量要求严而主要依赖进口。为了尽快实现零部件的国产化，北京机电研究所开展了汽车转向节锻造自动化生产工艺及装备的课题研究，并在此基础上由北京机电研究所作为技术总负责单位承建的以生产重型汽车转向节为主的热模锻压力机锻造生产线在中国重汽济南汽车厂（简称"济南重汽"）投入使用。该锻造生产线采用了创新的成形工艺、机械手自动化操作及计算机联线控制等先进技术，起点高、难度大，在转向节类锻件成形技术及生产中取得突破。由于注重科研开发、技术发展水平与生产实际的紧密结合，提高了整条生产线的可靠性和实用性，稳定大批量生产的转向节锻件完全取代了进口锻件。该锻造生产线的建成也为其他转向节以及类似锻件的生产提供了可借鉴的、宝贵的技术积累。

二、汽车转向节锻造自动化生产线的技术特点

汽车转向节锻造生产线是由大型锻压设备组成的，集锻压工艺、设备、模具、自动化装备、计算机控制等多专业为一体的综合工程项目。济南重汽转向节锻造生产线主要由1000 kW中频感应加热炉（带有自动上下料、温控及毛坯分选装置）、6300 t热模锻压力机、800 t切边压力机、操作及传送机械手和设备间的坯料输送装置组成。该生产线是国内第一条生产转向节的自动锻造线，第一次采用挤压-模锻复合工艺生产重型转向节，第一次应用由北京机电研究所自主开发的生产线控制技术。

1. 创新的转向节成形工艺

根据各类转向节的几何形状，其成形方式大致分为两种：一种是卧锻，另一种是立锻（竖镦），即杆部轴线平行于设备打击力方向，济南重汽所生产的引进车型转向节就属于后者

（图1）。该转向节锻件重33 kg，锻件杆部较长，盘部近似不规则的矩形，中心凹陷很深。国内小批量试生产的原工艺是在自由锻锤上拔长杆部并镦头，在对击锤上立放终锻成形。整个成形工序过程需两次对毛坯加热，毛坯材料重41.5 kg，全部为手工操作。该工艺能耗高、劳动强度高、生产效率低、成品率低。

图1 某重型载重车转向节锻件

北京机电研究所为该型转向节制定了全新的工艺方案：挤压–模锻复合工艺（图2）。其工艺过程是在6300 t热模锻压力机上镦粗（毛坯翻转90°）、闭式挤压、预锻、终锻，在800 t切边压力机上切边、校正，其中切边、校正采用单工位复合模具。

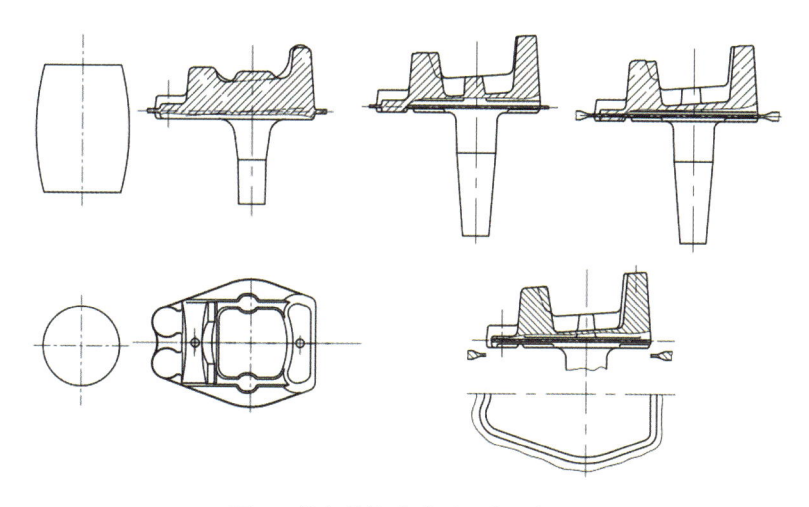

图2 转向节锻造成形工步示意图

采用这种工艺方案后，毛坯只需一次加热，也省却了制坯预成形设备。毛坯材料重38.5 kg，比原工艺节省了3 kg材料，达到了节能节材的目的，并为自动化操作奠定了基础。在确定模具最佳几何参数、分析锻件产生缺陷原因的过程中，北京机电研究所利用自主开发的塑性有限元程序，在计算机上采用有限元模拟方法，选取锻件典型截面，进行了成形过程模拟。这为现场工艺模具调试的顺利完成，并最终成功生产出合格锻件提供了有效的指导和帮助。

2. 合理的生产线整体设计和布局

转向节锻造生产线的设计方案是在没有任何可直接借鉴先例的情况下，吸取国内外各类生产线的优点，结合转向节成形工艺的特点，在反复论证的基础上确定的。它克服了锻件形状复杂、成形工序较多、主要成形工步排列不在一条直线等诸多难题，机械手可以在任何工步抓取锻件,实现了工艺与机械手、压力机之间的一体化。整个生产线布局紧凑、物流合理、便于观察,在生产过程中只需少量人员监控和操作。由于投资的局限,生产线尽可能采用简单实用的联线设计,达到了在满足工艺要求的前提下实现自动化、机械化操作的目的,同时也为今后的扩展、升级留有充分余地(图3、图4)。

图3 转向节锻造生产线现场

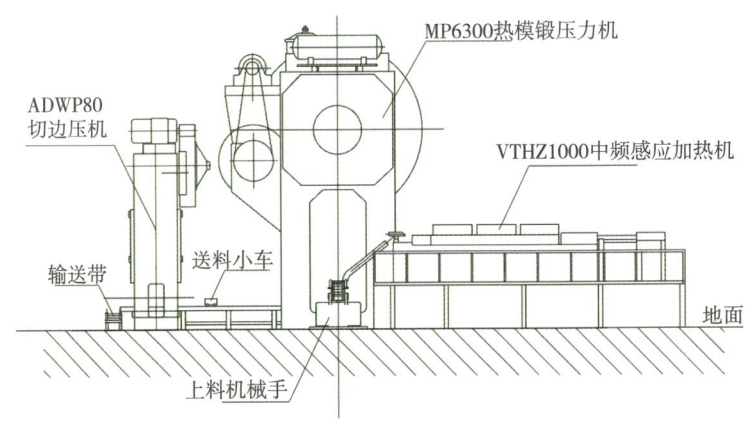

图4 转向节锻造生产线示意图

3. 先进的自动化装备

先进的成形工艺为实现锻造生产的自动化提供了可能。在生产线6300 t压力机的两侧配置了两台极坐标式机械手,分别承担将毛坯送入压力机、压力机中工位间锻件的传送以及从压力机取出锻件放入送料车的任务,实现了转向节锻造生产自动化(图5)。

生产线中配置的机械手是在借鉴当时国外先进技术的基础上结合转向节锻造

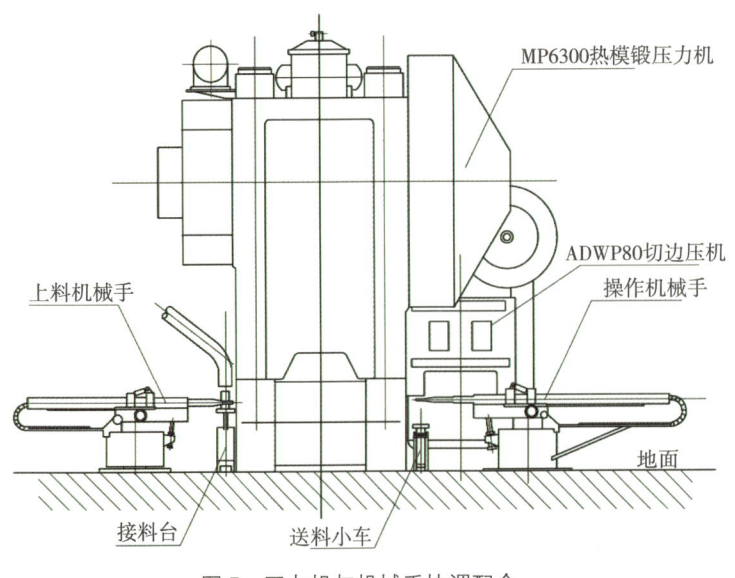

图5 压力机与机械手协调配合

的特殊性加以改进、创新，由北京机电研究所自主设计和制造。基于转向节复杂的外形及锻造工艺的特殊要求，夹钳头和钳口采用了侧向抓取、轴向回转等独特设计，适应了各工位毛坯形状不同的要求。尽管压力机中上料、镦粗、挤压、预锻、终锻等工步不在一条直线上，机械手仍能抓取自由、快速准确。机械手主要采用液压传达，可编程序控制器控制，运行平稳、定位精度高、夹持可靠。在计算机程序的控制下可实现手臂的伸缩、升降、回转、扭转及夹钳的张开和闭合，完全能满足转向节生产工艺的要求（图6）。

图6 计算机控制的锻件传送机械手

4. 可靠的生产线控制技术

转向节锻造生产线不仅能实现计算机对单机的控制，而且能实现联机自动控制。通过调整计算机程序可以改变机械手动作的顺序、速度和时间。机械手手臂可以实现高速运动和慢速运动的切换，这样就可以在同一行程中实现变速运动。在计算机的控制下，设备之间实现了连锁保护。当某台设备出现故障时，通过设备间的信号传递可立即暂停或终止其他设备的运行，加热炉也停止送料，避免因误动作（尤其是压力机与机械手之间）而造成损失或者造成人身伤害，从而保证了运行的安全可靠。整个控制技术和方案充分考虑了可靠性和实用性，核心器件－可编程序控制器选用了国外的先进产品。自主开发的计算机软件程序完全能满足大批量生产的条件，操作人员易于掌握、使用和维护（图7）。

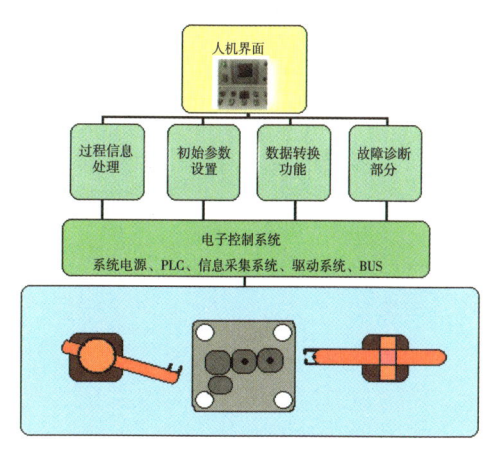

图7 生产线自动控制系统示意图

三、主要成果及经济效益、社会效益

汽车转向节锻造生产线的技术水平不仅在国内处于领先水平，也达到了当时国际同类生产线的先进水平。它的建成为提高我国锻造行业的整体实力做出了贡献，也为其后设计建设大型锻造生产线，特别是自动化生产线提供了宝贵经验。在这个项目中获得的科技成果得到了行业专家和国家主管部门的认可，分别于1996年和1997年荣获机械工业科技进步一等奖和国家科技进步二等奖。

济南重汽转向节锻造生产线建成后，转向节锻件的质量和生产能力得到很大提高。与原工艺相比，每件毛坯节约 3kg 材料，按 1995 年需求 6 万件计，仅该零件一年可节省钢材 180 t 以上；锻件毛坯一次中频感应加热取代了原有工艺的两次加热，降低了能源消耗；由于锻件切削余量减少，使后续机加工时间减少 20% 以上。如再考虑其他型号转向节及类似锻件在生产线上生产的话，将能够获得更加可观的效益。生产线采用热模锻压力机及中频感应加热，大大降低了原有锻锤及燃油炉的噪声和空气污染，改善了环境条件。生产线采用机械手传送锻件，操作人员只需监控并及时排除故障，大大改善了工作条件。自动化操作带来的另一个好处是生产节拍稳定，避免了人为因素造成的产品质量波动，降低了锻件的废品率。

四、技术发展趋势

汽车转向节的类型很多，其几何形状通常都比较复杂，转向节的锻造成形及其生产线，尤其是自动化生产线的研制始终会遇到各种技术难题。这就需要行业的技术和从业人员始终坚持技术创新，不断攻坚克难，提升整体水平，满足市场需求。展望未来转向节成形技术及装备的发展主要有以下两方面：

（1）在成形技术方面继续发展精密近净成形技术，使锻件的几何尺寸更加接近最终的零件；塑性成形过程向着数字化和可控化发展，通过有限元模拟等数字化技术的应用，使工艺模具的开发更加符合金属流动的实际情况；复合成形技术的应用在转向节锻造领域也将越来越引起重视。

（2）在成形设备和生产线方面则是注重发展高效、柔性的自动化装备和先进的控制技术。转向节锻造生产线通常都采用大规格、大吨位的压力机，自动化装备必将从机械手向六自由度机器人转化，传动技术也从液压传动到电液结合，再发展到采用电伺服驱动技术；锻造生产线也将越来越多地采用基于总线控制的自动控制技术，生产线的控制将更加精确、安全、快速。

案例 11

3.6万t黑色金属垂直挤压机组

内蒙古北方重工业集团有限公司

本项目介绍了世界上最大的3.6万t钢丝预应力缠绕剖分-坎合结构垂直挤压机，这被列为我国新时期十大标志性技术装备，取得了大型锻压设备设计、制造技术的重大突破和创新。它具有：预应力钢丝缠绕"剖分-坎合"重型承载结构；超大、超重结构缠绕施工及整体安装技术；大规格、高性能难变形金属的挤压工艺体系；重型挤压工模具体系等技术特色。

一、导语

材料是各领域孕育新技术、新产品、新装备的"摇篮",是所有战略性新兴产业发展的基石。金属材料及其成型技术是解决国民经济建设和国防建设所需关键材料的必备关键技术,支撑着兵器、航天航空、船舶、化工、能源等行业的发展。重型挤压技术是高性能、难加工材料的核心加工技术,工艺复杂、设备建造难度大,长期被美国Wyman-Gordon公司独家垄断,并称其为国家的核心技术,不对外转让。2003年,中国工程院《发展我国大型锻压装备研究》咨询组的调研报告中明确指出:建设可提供三向压应力的挤压机,以解决难变形高温合金(含粉末高温合金)的挤压成材问题,是发展高性能航空发动机及其他军事装备动力装置用难变形高温合金的重要措施;难变形合金挤压机在我国还是一个空白,已经制约了相关武器装备尤其是军用先进航空发动机的发展。

中国兵器·内蒙古北方重工业集团有限公司具有特种钢冶炼、重型挤压、铸造、精锻、热处理、机械加工、电器控制、液压零部件制造及总装调试能力。拥有国家级企业技术中心、设有特种材料院士工作站。多年来,形成了军品、特种钢及延伸产品、矿用车及工程机械三大核心业务,产品广泛分布于航天、航空、船舶、电力、核电、矿山等20多个市场领域,为国家国防建设和国民经济建设做出了重要贡献。

2004年开始,内蒙古北方重工业集团在国家科技支撑计划、重大科技专项及省市科技计划的支持下,以产学研为依托,突破一系列重大技术难题,超过处于垄断地位的美国Wyman-Gordon的3.15万t挤压机组,成功地制造出世界最大的3.6万t钢丝预应力缠绕剖分-坎合结构垂直挤压机,列为我国新时期十大标志性技术装备,取得了大型锻压设备设计、制造技术的重大突破和创新。

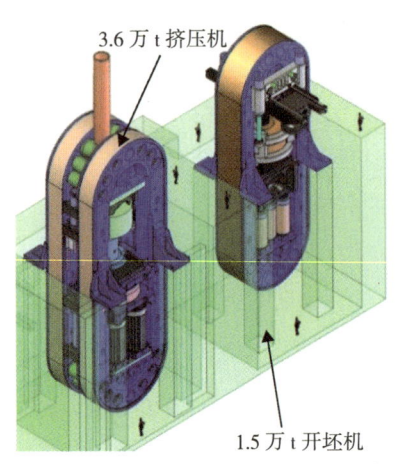

图1 3.6万t黑色金属垂直挤压机组效果图

二、主要技术创新点

1. 创新点

自主建造世界上最大的黑色金属垂直挤压机(图1),存在巨大的技术困难。首先,国内当时仅有进口德国的3150t小型卧式热挤压机;其次是国外只有美国Wyman-Gordon公司拥有3.15万t垂直挤压机,对它的了解几乎是空白。项目针对大型垂直挤压机存在的可靠性、可制造性、经济性、制造周期等问题,在结构设计、制造安装、挤压工艺和工装模具等方面开展如下创新。

(1)预应力钢丝缠绕"剖分–坎合"重型承载结构。

重型承载结构的传统设计是通过加大零部件结构重量、增强材料性能、提高连接结构(如焊接或螺栓等)强度的方法来提高结构的承载能力。本项目突破了传统设计思路和理论,将预应力钢丝缠绕技术首次应用到超大、超重重型承载结构的设计中。通过高强度钢丝的缠绕预紧,对结构施加巨大的预紧力,改变其受力状态,使结构始终处于压应力保护下,充分发挥钢铁材料在压应力状态下优良的抗疲劳性能,提高其承载能力。同时,开创了无需焊接和螺栓连接的预应力钢丝缠绕"剖分–坎合"连接技术,减小了零部件的单件重量,降低了制造成本和风险。

"剖分–坎合"连接技术,就是利用预应力钢丝缠绕产生的巨大预紧力,将承载结构分解成较小的子结构;在子结构的结合面上进行坎合表面处理,制作出多峰微结构,并夹上较软的ST14钢板,构成具有高抗剪切能力的预应力界面——坎合面。坎合面上的坎合系数(相当于静摩擦系数)可达0.7。这一结构无需焊接或螺栓连接,就可保证子结构间不分离、不错移。

为解决预应力钢丝在热加工设备上受热蠕变问题,本项目对65 Mn钢丝的低温蠕变特性及其对预紧结构的影响进行了深入研究,钢丝在100℃以下累积140 h后即进入稳定蠕变期。制定了预应力钢丝缠绕设计规范:钢丝许用压力[s]=800 MPa < 0.5ss,使用温度低于75℃。

在上述重型结构的设计理论、规范的基础上,设计了3.6万t挤压机双牌坊承载机架和1.5万t穿孔制坯压机单牌坊承载机架等重型结构。

3.6万t挤压机机架,其预紧系数取h = 1.5,整个机架的预紧力为5.4万t,预应力结构的刚度比C = 0.12143。即3.6万t满负荷工作时,仅有0.39万t载荷由施加预紧力的钢丝层承受。钢丝层在5.4万t预紧力的基础上仅增加了0.39万t载荷,载荷波动比:a = 3.48% < 5%,波动比很小,接近于静载作用。满载时机架仍有2.19万t的预紧力,整个机架仍处于较大的预紧力保护下,抗疲劳破坏性能好。

3.6万t挤压机双牌坊机架总重2700 t,其上、下半圆梁各重约584 t(直径7.4 m,纵向厚5 m)。采用预应力剖分–坎合结构设计,剖分为拱形梁+组合垫梁结构,零件重量50~90 t(图2),方便了制造、运输。

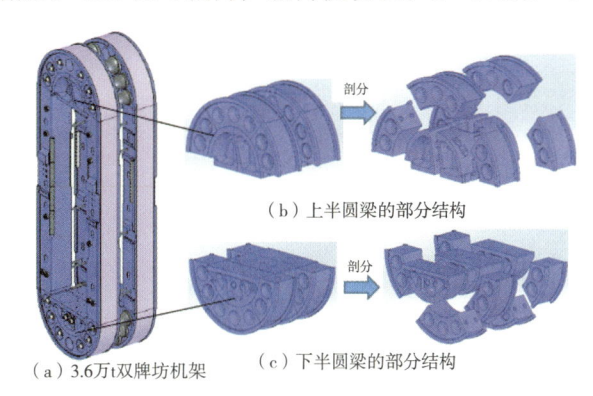

(a)3.6万t双牌坊机架　(b)上半圆梁的部分结构　(c)下半圆梁的部分结构

图2　3.6万t机架上下半圆梁的剖分结构设计

（2）超大、超重结构缠绕施工及整体安装技术。

3.6万t垂直挤压机和1.5万t制坯机共有3个机架牌坊，长度分别为22.5 m和20.5 m，单机架重量约1000 t，每个机架牌坊需要施加的预紧力达2.25万~2.7万t。国外没有报道过如此巨大的缠绕结构及其缠绕施工方法。本项目创造性地开发了机器人原位施工技术，即在挤压厂房内完成机架牌坊的缠绕施工，解决了重型部件的运输难题。开发了缠绕机器人，解决了张力控制、张力测量、自动排线等核心问题，实现了计算机（PLC）自动控制，彻底改变了沿用40年的重锤塔架和手工调速方法，大大提高了钢丝张力的控制精度和分辨率，甚至可以在缠绕完的机架上进行缠绕施工。实现了钢丝预应力缠绕技术的重大创新。

缠绕组装后的3.6万t挤压机机架重达2700 t，要将其树起并安装到15 m深的地坑中，国内没有先例。项目中首创了液压爬行器/提升器的整体水平滑移和在深窄地坑中的吊装技术（图3），有效地解决了重型整体结构的安装施工难题，创造了重型超大型机架整体安装先例。

图3 重型机架整体吊装入位

该技术突破了国内外同类零部件及结构的设计制造极限，历经5年的生产实践，上述机架结构未发现有破坏和界面开缝或错移，其可靠性得到充分验证，使我国的重型装备的设计制造水平实现了跨越，整体技术水平国际领先。形成了"重型结构剖分－坎合技术——原位预应力钢丝缠绕——超重机架液压提升安装"完整的技术体系，解决重型液压机设计与制造问题有效性和先进性的同时，探索出了一条具有中国特色的重型装备制造的技术路线。

（3）大规格、高性能难变形金属的挤压工艺体系。

大规格高合金钢、高温合金等高性能、难加工材料由于其铸锭尺寸大、凝固组织复杂、塑性低，成形温度区间小，其重型挤压工艺极其复杂，属我国空白。

项目针对高合金钢铸锭表面缺陷的遗传问题，首创了空心坯热修形技术，突破了传统缓冷－机加工艺。开发了大型多棱钢锭及空心坯料的高压水除鳞、玻璃润滑喷涂、大型玻璃垫制备等关键技术。构建了独具特色的技术体系:（电炉冶炼→炉外精炼→浇铸钢锭）→火焰切割钢锭冒口→钢锭加热→除鳞→喷涂润滑剂→15000 t压机闭式镦粗＋反挤压冲孔制坯→热修磨（去除钢锭遗传缺陷）→补热→除鳞→喷涂润滑剂→36000 t挤压机挤压成型→退火→喷淬热处理→精整加工→理化检测→无损检测→尺寸和外观检测→喷标入库。形成了具有自主知识产权、节能、高效、绿色的工艺规范，生产的P92等高端钢管各项指标达到ASME SA335等标准，完全替代进口，使我国具备了电力用全品种大口径厚壁钢管的生产制造能力。

基于上述研究和创新，突破了我国长期缺乏的高合金钢、高温合金等高性能、难加工材料的重型挤压技术，3.6万t挤压生产线线实现了重型挤压技术上的跨越发展（图4）。

图4　3.6万t挤压生产线　　图5　批量生产的无缝钢管　　图6　首台国产化示范项目——南通电厂百万千瓦超超临界机组并网发电

（4）重型挤压工模具体系。

挤压筒/镦粗筒是热挤压工艺中最为贵重的工模具，是工装模具的核心。筒的内径500～1700 mm，外径3000～4000 mm，高1800～2000 mm，重80～190 t。国内无制造经验，国外技术也没有文献参考。若采用传统多层过盈套装的传统技术，存在巨大制造难度。

项目首创了钢丝预应力剖分结构的重型挤压筒/镦粗筒，挤压筒和镦粗筒由内衬、中衬和外筒3层以及缠绕在外筒外侧的预应力钢丝层组成。内衬和中衬都采用模具钢整体锻制；而外筒则对称地剖分成四瓣，每瓣重约25 t（不同规格重量有所差别），由铸钢制成。在外筒的外面缠绕了预应力钢丝，钢丝产生的预紧力使剖分了的外筒牢固地制成一个整体，并对内部的中衬和内衬施加预紧力。在中衬和外筒之间，夹一层隔热陶瓷，以防止筒内的高温传递到钢丝上，避免其受热发生蠕变。该结构的挤压筒/镦粗筒经5年生产考核，满足生产要求，技术状态稳定，形成了独具特色的模具体系。

2. 主要技术参数

与美国Wyman-Gordon公司31500 t挤压机相比见表1，本项目机组公称吨位高出4500 t；机架结构、液压系统优于国外设备；结构形式与国外相当，但运动质量更小；重量仅为外国设备的54%。

表1　中美两台设备比较

技术指标	威曼·高登（Wyman-Gordon）	内蒙古北方重工	性能对比
公称吨位	31500 t	36000 t	高4500 t
结构形式	下拉式，低的结构稳定性	上推式布局，高结构稳定性	运动质量更小
机架结构	厚钢板叠板结构+叠板间焊接技术	采用剖分-坎合技术，预应力钢丝缠绕	先进
液压系统	水压，泵蓄能器传动	油压，泵直接传动，高精度	先进
设备重量	7180 t	3900 t	轻

3. 实施效果

（1）经济效益。3.6万t挤压机组设备经费3.4亿元，国际著名的重型装备设计制造公司SMS MEER公司（2005年）的报价0.9亿~1.1亿欧元，自研成本仅为国外报价的1/3。项目投产以来，产品覆盖了超（超）临界机组全规格高端大口径厚壁无缝钢管，每年为国家节约资金40亿元，创造了巨大的经济效益。

（2）社会效益。在电力用关键材料方面：P92钢管（图5）已成功运用于南通100万千瓦超超临界机组（图6）四大管道，解决了高端电力管道自主供应这一重大问题。在航空用关键材料方面。实现了飞机发动机高压涡轮盘高温粉末合金挤压技术的突破，支撑着CJ1000等多个军民发动机的研发，其间接经济效益无法估量。在舰船用关键材料方面。开发的大规格钛合金管材，已为解决核潜艇高压空气系统材料技术瓶颈提供了强力支撑。

（3）推动行业技术进步的效果：开创性设计制造出首台首套3.6万t钢丝预应力缠绕剖分–坎合结构热挤压机，总体技术达到国际领先水平。打破了美国垂直挤压技术独家垄断，大大提升了我国在世界锻压界的学术地位，极大地推动了行业的科技进步。

三、主要成果

项目取得发明专利8项，实用新型专利9项，形成国家标准1项、企业标准15项，发表论文53篇。"垂直挤压大口径厚壁无缝钢管制造方法"发明专利荣获内蒙古自治区重大自主知识产权成果。3.6万t黑色金属垂直挤压机组的研制获2012年内蒙古自治区科学技术进步奖一等奖，"3.6万t垂直挤压工艺及装备"获2014年中国机械工业科学技术奖一等奖。"3.6万t黑色金属垂直挤压机成套装备与工艺技术研发及产业化"获2015年国家科技进步二等奖。

四、当前存在的问题及展望

项目研发过程中，为应对技术风险，保证关键技术的突破，遵循了创新性与成熟性相结合的研发路线，成功设计建造了3.6万t黑色金属垂直挤压机，研发了全套工艺装备，实现了产品批量生产，使我国站到了世界重型挤压技术的前沿。在取得巨大成绩的同时，还存在如下问题：

一是红热件尺寸检测技术不完备，靠人工抽检，工件温度高，检测工具简单，较为恶劣的劳动环境和劳动条件，这些都影响了检查效率和检测可靠性。

二是挤压成形靠的是工模具，每一个规格的产品都需有相应的模具配套，工模具保有量大。大型模具的延寿和模具的再制造技术需要进一步开发，以降低模具消化、节约生产成本，持续提升竞争能力。

三是重型挤压产品的特点是多品种、小批量，材质繁多，涉及耐热钢、模具钢、不锈钢、高强结构钢、高温合金、钛合金等，造成工艺技术的复杂性、艰巨性和长期性。需针对产品个性化需求，不断优化工艺参数。

随着上述配套技术的进一步完善和工艺技术的持续优化，3.6万t黑色金属垂直挤压机必将为我国军民事业的发展做出更大、更突出的贡献。

案例 12
数字化多工位精锻成形装备

华中科技大学

本案例介绍了自主开发的数字化多工位精锻成形装备，采用多工位精锻成形，锻压形状尺寸精度高，可大幅度节材节能，省去了部分中间工序及工序间检查、搬运、堆放等辅助操作，提高了生产效率和产品质量，减少占地面积并降低成本。该装备包括：开发适用于多工位精锻的成形工艺，形成数字化的多工位成形工艺设计系统；开发出适应多工位成形的专用数控压力机；适用于精锻件自动化生产的传输装置，与压力机协同工作。

一、导语

锻造行业是应用最广的基础制造业之一，锻件品种数量多，需求量大。随着社会的发展，制造中能源消耗与排放要求越来越低，产品的使用性能要求越来越高，集成的功能也越来越多，结构越来越复杂，越来越多的锻造产品需要采用多个塑性成形工步来完成。对这些产品，国内主要采用传统模锻方法生产，而德国、日本等工业发达国家经过多年的研发，均成功实现了各具特色的多工位精锻自动化生产技术。

多工位精锻是通过多工位压力机，将坯料在多个工位上分步逐次成形，并最终获得近/净成形产品的方法。与常规模锻工艺相比，采用多工位精锻成形，锻压形状尺寸精度高，可大幅度节材节能，省去了部分中间工序及工序间检查、搬运、堆放等辅助操作，提高了生产效率和产品质量，减少占地面积并降低成本。使用机械式的多工位冷精锻专用的压力机每分钟可达20余件，液压式的也可达到每分钟12件左右。因此，自主开发多工位冷精锻技术与自动化生产线，不仅能极大推动我国冷精锻技术的发展，并且可以带来丰厚的社会经济效益，由单工位生产转向多工位生产成为精锻工艺发展的必然趋势。

要实现多工位精锻自动化生产，需要开展以下几个方面的工作，包括：①开发适用于多工位精锻的成形工艺，形成数字化的多工位成形工艺设计系统；②开发出适应多工位成形的专用数控压力机，提供设备的保障；③研发适用于精锻件自动化生产的传输装置，与压力机协同工作。华中科技大学联合多家装备与零部件制造单位，在工艺设计、装备及其自动化等方面展开了一系列的攻关，并成功开发出多工位精锻装备及成套技术。

二、主要研究内容

1. 多工位精锻成形的数字化工艺设计系统

精锻成形工艺技术是实现多工位成形的基础。通常的锻造成形工艺主要根据锻造经验采用试错法确定，这种方法存在效率低、周期长等不足，对于单工步或者多工序单工位成形的工艺设计尚可满足要求，而对于多工位锻造，不仅要考虑成形，还必须考虑多工位间锻件的传输、定位、工位的安排及偏载等问题，因此不能满足多工位精锻成形工艺设计的要求。本项目基于实验，研究一些典型零件多工步成形的金属变形过程及各自的流动规律；分析实验数据与实验现象，总结出各种成形的许用变形程度、缺陷的形成机理与对策。并最终根据塑性变形稳定理论，以变形规律为基础，建立锻件形状尺寸与锻造工位数之间的关联函数。同时，将装备总吨位、刚性参数、许用抗偏载能力等作为约束边界条件，获得装备压力中心两侧的变形量与载荷分配的初始值。在此基础上，考虑硬化效应、硬化梯度分布，及其在各工位间的传递与定位，得到优化的工位数及各工位间载荷与变形量的分配，并最终开发出多工位精锻工艺设计的数字化优化设计系统，如图1所示。

图1 多工位精锻成形工艺系统

2. 多工位精锻装备系统构架

多工位冷精锻液压机自动化生产线由多工位数控精锻液压机、多工位精锻模具、多工位传输机械手和其他辅助装置所组成，其装备结构以及系统框架如图2所示，其关键技术包括各组成部件，包括压力机、传输机械手、成形模具工装等，特别是传输机械手与主机以及模具之间运动关系的协调，即该系统各运动部件的逻辑控制设计及其协同运作的时序实现。

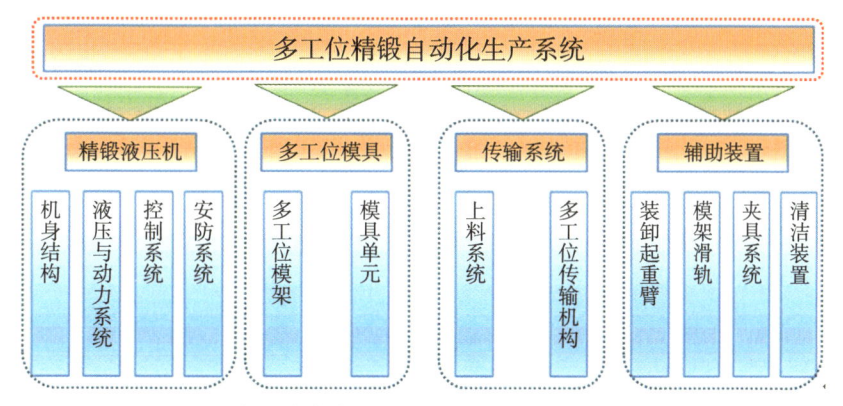

图2 多工位冷精锻液压自动化生产线的系统框架

3. 多工位精锻压力机

多工位成形压力机相较于单工位成形压力机，其特点是设备吨位大，工作台面大，偏载严重，因此必须具有高刚度和强的抗偏载能力。

（1）控制系统及专用程序。

针对多工位压力机开发了专用的数控系统，采用PROFISAFES协议通过PROFIBUSDP进行与安全相关的通讯，连接带有安全相关的模块和分布式I/O站。具有快速、坚固、配置灵活、功能强大、通讯便捷的特点，针对该机床的功能动作开发的软件，在压力及位移传感器检测下，经伺服阀的控制，可实现两主油缸同步，返程方式采用位置返程和压力返程双重设置并用；能实现调整、手动、半自动和程序自动的各种工作方式；能方便地进行动作转换及手动干预；能清楚地显示滑快位置、工作力、过程记录等工作参数；能预设滑快终点位置及位置转换点，实现多项控制功能；导轨润滑采用集中式压力润滑，工作时各导轨的需油量可通过系统自动调整。控制系统界面如图3（a）所示。

（2）高刚度大台面机身结构。

常规锻造成形装备采用全预紧框架整体结构进行设计时，通常将上、下横梁简化为刚性体来计算预紧系数，并很少考虑滑块在载荷下弹性变形的影响。由于与实际锻造过程存在偏差，使得传统方法设计的成形装备存在刚性不足，且还会在使用阶段因变形而发生刚性与精度逐渐降低的问题，尤其是在多工位精锻时，需要的工作台面更大，偏载更严重，导致的问题更突出。

为此，在常规考虑立柱预紧稳定性和拉杆强度的基础上，结合弹塑性理论与有限元分析，提出考虑偏载并耦合滑块与横梁在载荷下的弹性变形，以梁柱全接触面压应力为约束条件，获得了真实的立柱与拉杆变形规律，建立整体框架结构的真实预紧曲线。在此基础上，采用加长整体滑块与加厚横梁结构，发明了内置多工位上下液压顶料机构的高刚度整体框架式机身，提高了机身结构刚性；同时，将平–弧面结合的特殊导向结构用于加长八面精密导板上，提高了抗偏载能力，实现了高精度导向［图3（c）］。研制的精锻成形装备产品［图3（b）］，具有高的耐用性及精度，满足了精锻生产的要求，主要技术参数及性能达到国外同类设备的先进水平。

（3）抗偏载多缸闭环同步控制系统。

通常情况下，为降低成本，大吨位的液压机油缸一般为柱塞缸，这种结构定位精度低，抗偏载能力差。在多工位数控冷精锻液压机上采用双缸驱动，两个主缸采用多级导向方式的活塞缸，用于滑块的工进及返程，并配有两小缸用于滑块的快下。

考虑到多工位压力机的台面大、偏载力大，除增加滑块的刚性和导向长度，在主油缸的控制上采用闭环同步控制系统即通过两个高性能大通径的伺服阀分别控制两主缸的进油量，两个位移传感器分别检测两缸的实时位置，控制系统通过内部程序，分别增大或减小伺服阀的进油量实现两缸的过程同步及精确定位。

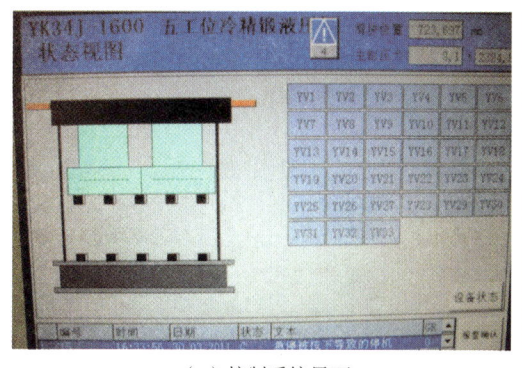

（a）控制系统界面　　　　　　　（b）压力机　　　　　　　（c）导向机构

图 3　数字化压力机

4. 全数控自动传输机械手

全自动传输装置是实现多工位精锻的关键之一。传输装置的设计必须考虑设备结构及模具尺寸位置，数控成形装备与机械手的协调运动，并根据夹持对稳定性的要求，考虑顶出弹性力，优化上、下顶料机构的动作，保证多工位自动生产线的协调运行，确保锻件在各工位间的准确夹持与传输移动。

（1）机械手结构设计与功能。

多工位步进式传输机械手由末端执行器（爪钳）、横梁、纵梁、传感器、各方向上驱动元件以及驱动箱等部件组成如图 4（a）所示。其功能在于准确快速地传输各工位的工件，其动作过程为：上料摆臂完成上料动作后，机械手的预备工位爪钳夹持坯料，并送入多工位冷精锻模具的第一工位下凹模中；同时，其他工位爪钳将已经由前一工位成形完毕的预锻件送入下一工位的下凹模中。依此循环，每个坯料都逐一历遍所有工位，终锻成形完毕。最后精密锻件由最后工位爪钳送入出料口。在此过程中机械手完成夹持→上升→进给→下降→张开→回复等动作，如图 4（b）所示。

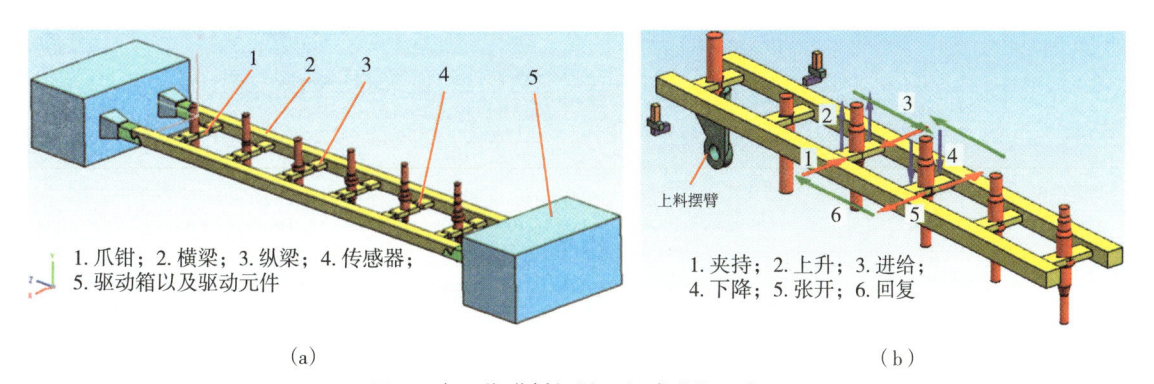

1. 爪钳；2. 横梁；3. 纵梁；4. 传感器；
5. 驱动箱以及驱动元件

（a）

1. 夹持；2. 上升；3. 进给；
4. 下降；5. 张开；6. 回复

（b）

图 4　多工位进料机械手组成动作示意图

（2）机械手各运动部件的控制逻辑。

机械手控制逻辑设计要充分考虑联锁与保护。保护分为设备保护和人身保护。安全防护门罩和栅栏只能在物理上保障人身，设置必要的检测系统和安全联锁系统，实时反馈系统运行状态，是实施设备保护的有效办法。图5中的爪钳检测包括：判断横梁之间是否有异物；判断爪钳是否已经夹持到工件；判断爪钳与上凹模是否干涉；判断机械手各同组的驱动电机是否同步等。机械手与相关部件的传感器检测与控制逻辑如图5所示。

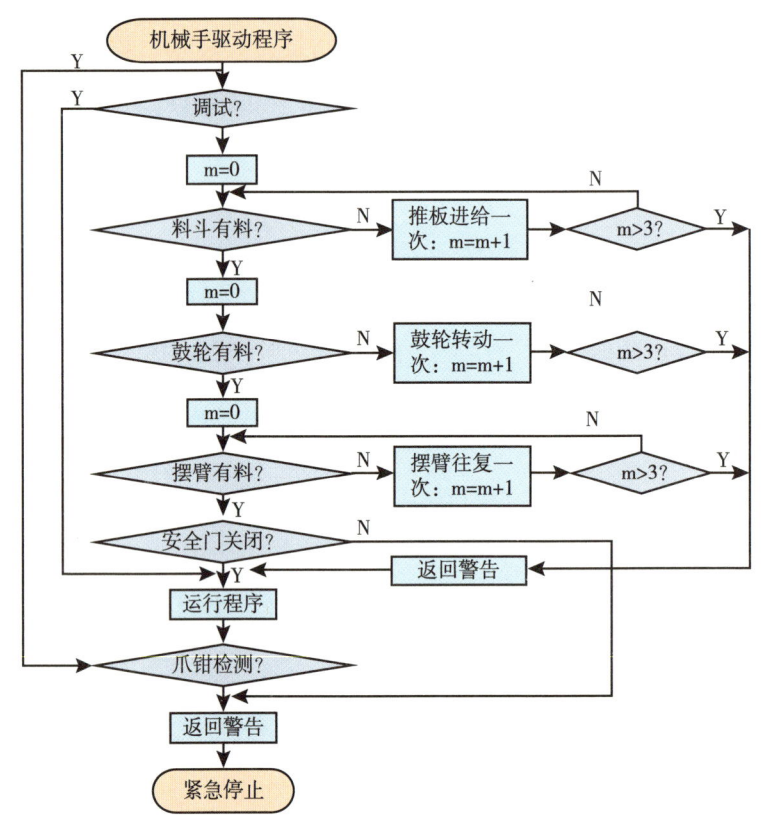

图5 机械手与其他相关部件检测与控制逻辑流程图

（3）多工位步进式传输机械手与主机各部件的协调运动关系。

多工位冷精锻自动化生产线的关键技术在于协调机械手与主机以及模具之间运动关系，实现自动化生产线各部件协同运作，提高生产效率。设备各运动部件的动作时间和顺序进行的设计称为"时序设计"。机械手时序设计的内容包括：分析机械手与主机各运动部件的运动规律；计算机械手运动所需空间与时长；各部件运动方程的行程时间曲线；根据工艺要求规划各动作的次序，约束各运动方程；调整待定参数，根据运动约束条件拟合出各部件的运动关系图线；对各运动部件进行逻辑控制设计。

1）机械手与主机各部件的行程 – 时间曲线。

（a）主滑块行程 – 时间曲线。主滑块的运动过程分为三个阶段：空程下降—工进速度下降—空程回升，而且每一个阶段都经历起动加速—等速运动—减速制动（空程段）或等速运动—减速制动（工进段）。

根据不同的加速度特征，把主滑块的运动过程分成9段，建立运动方程如图6（a），并获得了滑块的运动曲线如图6（b）。将速度对时间积分，即可得行程 – 时间曲线；将速度对时间微分，即可得加速度 – 时间曲线。

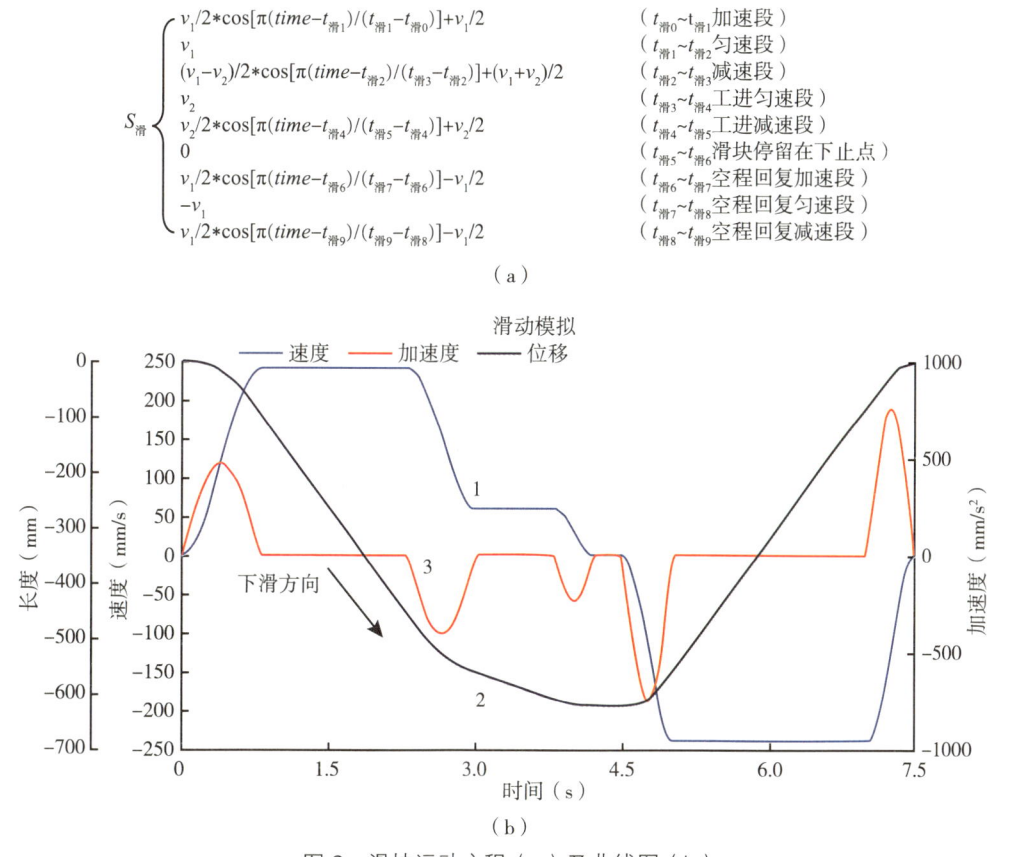

$$S_{滑} \begin{cases} v_1/2*\cos[\pi(time-t_{滑1})/(t_{滑1}-t_{滑0})]+v_1/2 & (t_{滑0} \sim t_{滑1} \text{加速段}) \\ v_1 & (t_{滑1} \sim t_{滑2} \text{匀速段}) \\ (v_1-v_2)/2*\cos[\pi(time-t_{滑2})/(t_{滑3}-t_{滑2})]+(v_1+v_2)/2 & (t_{滑2} \sim t_{滑3} \text{减速段}) \\ v_2 & (t_{滑3} \sim t_{滑4} \text{工进匀速段}) \\ v_2/2*\cos[\pi(time-t_{滑4})/(t_{滑5}-t_{滑4})]+v_2/2 & (t_{滑4} \sim t_{滑5} \text{工进减速段}) \\ 0 & (t_{滑5} \sim t_{滑6} \text{滑块停留在下止点}) \\ v_1/2*\cos[\pi(time-t_{滑6})/(t_{滑7}-t_{滑6})]-v_1/2 & (t_{滑6} \sim t_{滑7} \text{空程回复加速段}) \\ -v_1 & (t_{滑7} \sim t_{滑8} \text{空程回复匀速段}) \\ v_1/2*\cos[\pi(time-t_{滑9})/(t_{滑9}-t_{滑8})]-v_1/2 & (t_{滑8} \sim t_{滑9} \text{空程回复减速段}) \end{cases}$$

（a）

（b）

图6 滑块运动方程（a）及曲线图（b）

（b）机械手各部件的行程 – 时间曲线。根据多工位传输机械手的运动规律分析可知，机械手进给/回复、上升/下降、张开/夹持等方向的动作均可简化为：工作—待命—复位—待命；规定工作阶段完成进给、上升、张开等正方向动作，复位阶段则完成回复、下降、夹持等反方向动作。

根据不同的加速度特征，把任选一个方向的动作过程分成8段，建立通用运动方程，如图7（a），并获得了滑块的运动曲线，如图7（b~d）。将速度对时间积分，即可得行程 –

时间曲线；将速度对时间微分，即可得加速度－时间曲线。

$$S_{机} = \begin{cases} v/2*\cos[\pi(time-t_{机L1})/(t_{机L1}-t_{机L0})]+v/2 & (t_{机L0} \sim t_{机L1} \text{加速工作段}) \\ v & (t_{机L1} \sim t_{机L2} \text{匀速工作段}) \\ v/2*\cos[\pi(time-t_{机L2})/(t_{机L3}-t_{机L2})]+v/2 & (t_{机L2} \sim t_{机L3} \text{减速工作段}) \\ 0 & (t_{机L3} \sim t_{机L4} \text{停留待命}) \\ v/2*\cos[\pi(time-t_{机L4})/(t_{机L5}-t_{机L4})]-v/2 & (t_{机L4} \sim t_{机L5} \text{加速复位段}) \\ -v & (t_{机L5} \sim t_{机L6} \text{运输复位段}) \\ v/2*\cos[\pi(time-t_{机L6})/(t_{机L7}-t_{机L6})]-v/2 & (t_{机L6} \sim t_{机L7} \text{减速复位段}) \\ 0 & (t_{机L7} \sim t_{机L8} \text{停留待命段}) \end{cases}$$

（a）运动方程

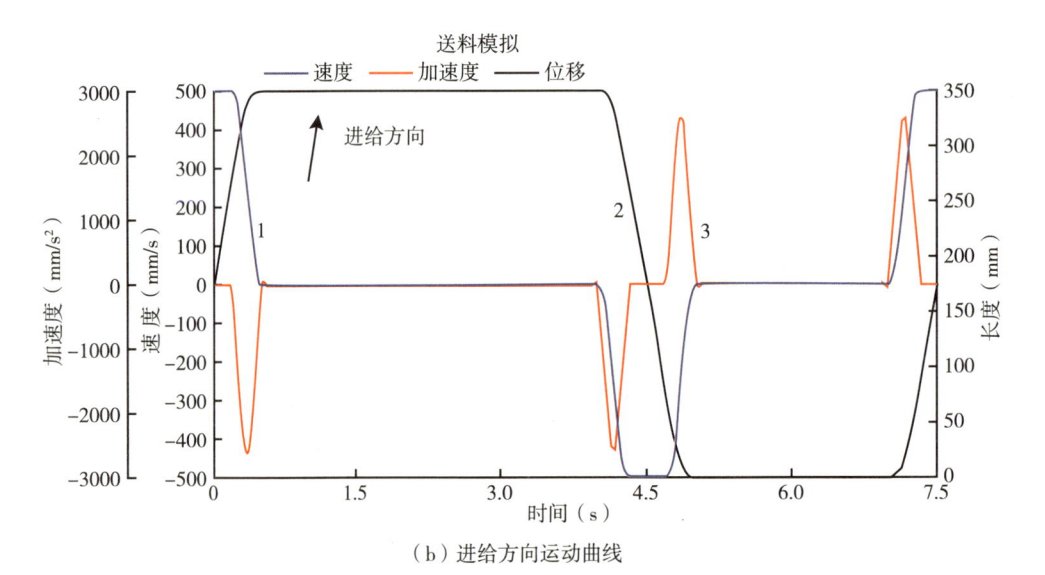

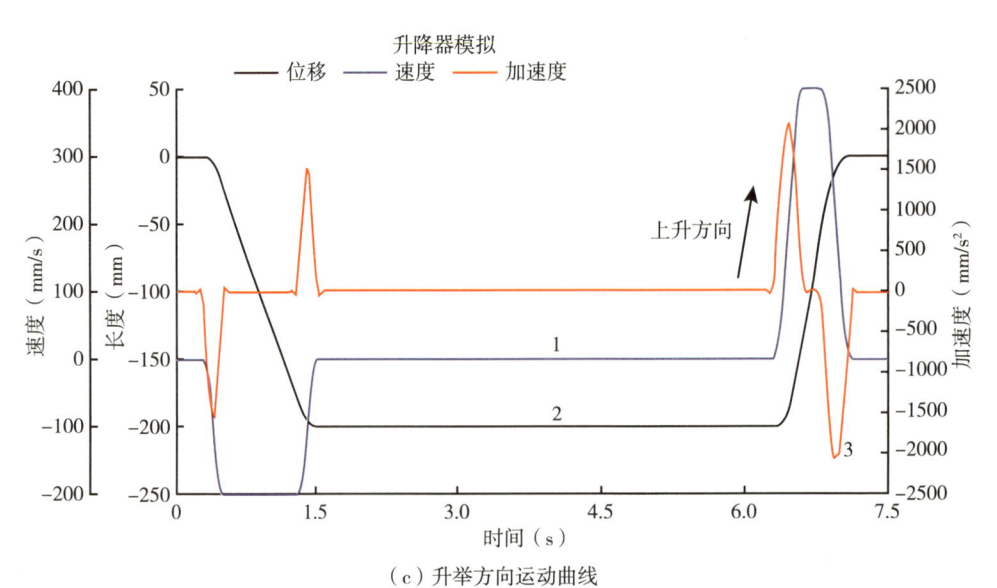

（b）进给方向运动曲线

（c）升举方向运动曲线

图7 机械手运动方程与运动曲线图（a）～（c）；

(d) 夹持方向运动曲线

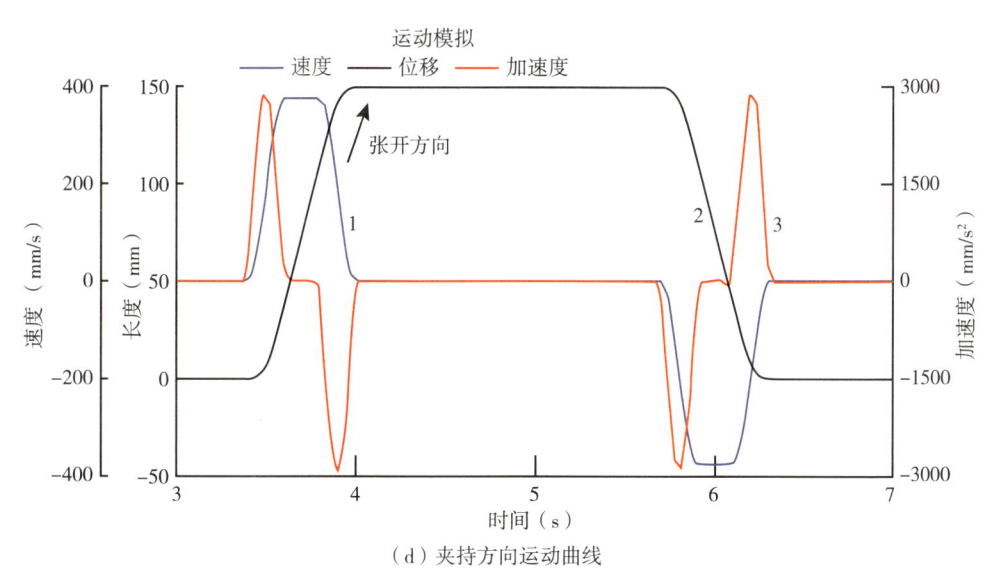

图 7 机械手运动方程与运动曲线图（d）

2）一个工作循环内机械手与滑块的运动关系。

在一个工作循环中，主滑块开始从上止点下滑，经历空程下降—工进速度下降—空程回升等动作，而机械手则要经历进给/回复、上升/下降、张开/夹持等动作。要提高效率则机械手和压力机制件必须协同动作，不能让机械手等待压力机或者让压力机等待机械手的动作，或者让等待的时间尽可能短，同时要保持机械手、工模具以及压力机之间的安全距离避免干涉。

根据"保证安全距离，防止干涉；动作紧凑，提高时间利用效率"两大原则，结合主滑块与机械手各部件之间的运动约束条件，可安排出各运动部件的动

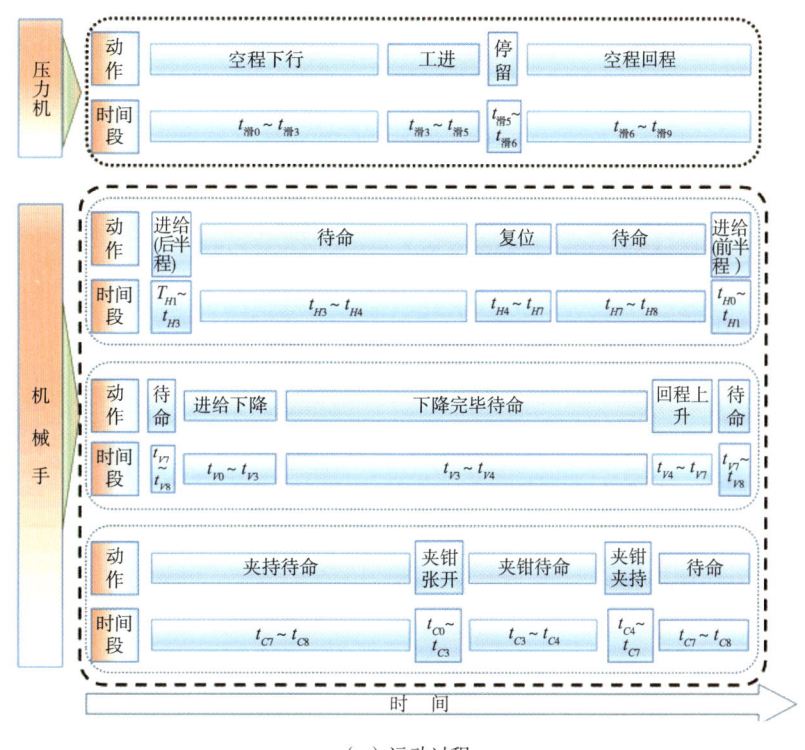

(a) 运动过程

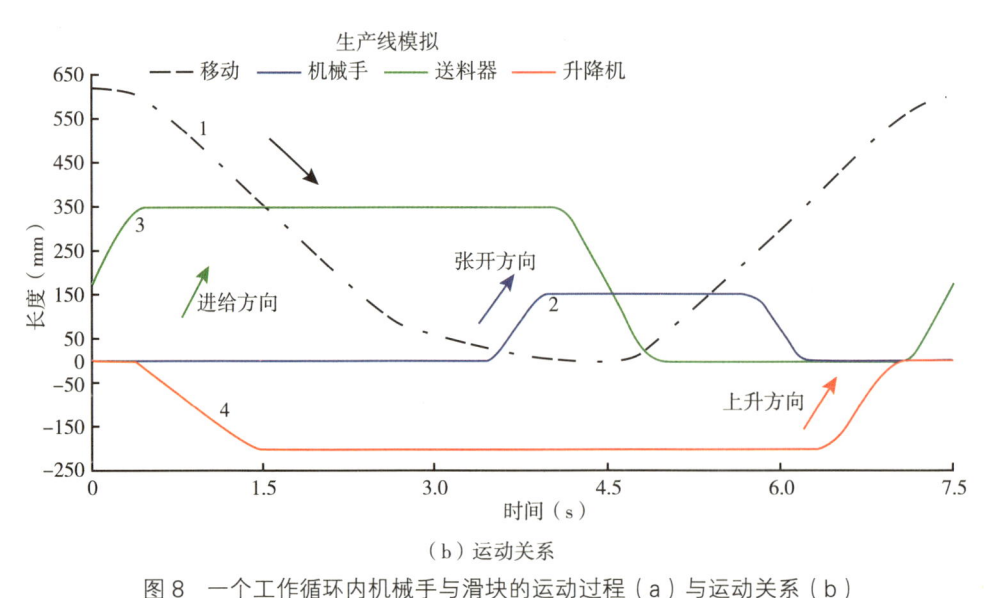

图8　一个工作循环内机械手与滑块的运动过程（a）与运动关系（b）

作次序。机械手与滑块的运动过程以及运动关系曲线如图8所示。

三、成果与展望

项目培养一批研究生和企业工程技术人员，新增数百个就业岗位。项目研制的数控装备及高端零部件产品实现了批量出口，取得了显著的经济效益与社会效益。

本项目攻克了多工位精锻的成套工艺、自动化设备、系统控制等技术难题，开发出具有自主知识产权的多工位自动化精锻的成套技术及装备，建成多工位精锻自动化生产线，提高了我国锻造行业工艺装备水平，推进锻造行业向数字化、绿色化、节能化方向发展，促使传统锻造产业转型升级，大幅提高生产效率，对制造行业技术进步具有重要推动作用，具有明显的经济与社会效益。

案例 13

巨型重载数控锻造操作机

上海交通大学　中国第一重型机械股份公司

长期以来，我国大锻件生产依赖"压机－行吊"模式，与国际"压机－操作机"先进模式相比技术水平差距明显。上海交通大学、中国第一重型机械股份公司突破巨型重载锻造操作机构型难题，建立了巨型重载操作机构型自主设计技术；突破巨型重载操作机承载和缓冲及抗倾覆设计难题，突破巨型操作机超大型复杂零部件铸－锻－焊工艺技术和装配工艺难题，研制出我国首台自主设计的 400 吨米巨型操作机。

一、导语

核电、能源、化工、冶金、船舶以及国防等行业重大工程装备开发迫切需求制造高品质大锻件。长期以来，我国大锻件生产依赖"压机–行吊"模式，与国际"压机–操作机"先进模式相比，锻造精度低、效率低、能耗高，技术水平差距明显，缺乏巨型重载锻造操作机自主设计能力。

为全面提升我国大锻件制造能力，在国家"973"和"863"计划支持下，中国一重集团和上海交通大学密切合作，突破巨型重载锻造操作机构型难题，建立了巨型重载操作机构型自主设计技术；突破巨型重载操作机承载和缓冲及抗倾覆设计难题，完成400吨米（4000 kNm）巨型操作机结构与驱动系统设计；突破巨型操作机安全作业和对大锻件延展的顺应控制难题，提出锻件重力和惯性动态特性以及锻件–砧台–压机接触力的实时在线辨识方法；突破巨型操作机超大型复杂零部件铸–锻–焊工艺技术和装配工艺难题，2011年研制出我国首台自主设计的400吨米巨型操作机。

二、主要创新

1. 巨型重载锻造操作机构型设计技术

巨型重载操作机构型是自主发明设计高性能操作机并获取自主知识产权的关键。虽然国际上机构构型研究提出了多种方法，但仍缺乏综合考虑机构输入和输出关联关系的构型方法以及优选构型的评价方法，给定输入与输出关联分组解耦要求的巨型重载操作机构型设计是一个挑战性难题。

提出操作机输入输出关联关系模型为 $I_{in} \Leftrightarrow [r] \Leftrightarrow O_{out}$，其中驱动输入为 $I_{in}=(q_1,\cdots\cdots,q_n)$、末端输出为 $O_{out}=(T_a,T_b,T_c;R_\alpha,R_\beta,R_\gamma)$、关联关系为 $[r]=[a_{qi}\ b_{qi}\ c_{qi}\ \alpha_{qi}\ \beta_{qi}\ \gamma_{qi}]_{i=1-6}$。由于锻造操作机夹持锻件重达数百吨，夹钳末端具有六维运动输出，希望输入与输出关联关系解耦，以实现操作机各向异性设计并减少伺服控制联动轴数。为此，把输入与输出关联关系分组为三种形式，即一元夹钳轴向旋转 $(R_\alpha)\Leftrightarrow[r]_{1\times1}\Leftrightarrow(q_1)$、二元左右移动和摆动 $(T_a,R_\beta)\Leftrightarrow[r]_{2\times2}\Leftrightarrow(q_2,q_3)$、三元主运动 $(T_b,T_c,R_\gamma)\Leftrightarrow[r]_{3\times3}\Leftrightarrow(q_4,q_5,q_6)$。对于操作机主运动关联关系 $[r]3\times3$，配置元素得到VI、V型、IV、III四种类型（表1），共计17种操作机主运动构型，从而求解出输入输出关联关系满足一元、二元、三元分组解耦的17种操作机机构类型，为自主设计操作机获得构型知识产权提供了实用方法。

表1 锻造操作机主运动机构输入输出关联关系矩阵

类型	输入输出关联关系	主运动机构构型
VI型	$\begin{pmatrix} R_\gamma \\ T_b \\ T_c \end{pmatrix}^T \Leftrightarrow \begin{bmatrix} 1 & 1 & 1 \\ 0 & 1 & 1 \\ 0 & 0 & 1 \end{bmatrix} \Leftrightarrow \begin{pmatrix} q_4 \\ q_5 \\ q_6 \end{pmatrix}^T$	
V型	$\begin{pmatrix} R_\gamma \\ T_b \\ T_c \end{pmatrix}^T \Leftrightarrow \begin{bmatrix} 1 & 1 & 0 \\ 0 & 1 & 1 \\ 0 & 0 & 1 \end{bmatrix} \Leftrightarrow \begin{pmatrix} q_4 \\ q_5 \\ q_6 \end{pmatrix}^T$	
V型	$\begin{pmatrix} R_\gamma \\ T_b \\ T_c \end{pmatrix}^T \Leftrightarrow \begin{bmatrix} 1 & 0 & 1 \\ 0 & 1 & 1 \\ 0 & 0 & 1 \end{bmatrix} \Leftrightarrow \begin{pmatrix} q_4 \\ q_5 \\ q_6 \end{pmatrix}^T$	
V型	$\begin{pmatrix} R_\gamma \\ T_b \\ T_c \end{pmatrix}^T \Leftrightarrow \begin{bmatrix} 0 & 0 & 1 \\ 0 & 1 & 1 \\ 1 & 0 & 1 \end{bmatrix} \Leftrightarrow \begin{pmatrix} q_4 \\ q_5 \\ q_6 \end{pmatrix}^T$	
IV型	$\begin{pmatrix} R_\gamma \\ T_b \\ T_c \end{pmatrix}^T \Leftrightarrow \begin{bmatrix} 1 & 0 & 0 \\ 1 & 1 & 1 \\ 0 & 0 & 1 \end{bmatrix} \Leftrightarrow \begin{pmatrix} q_4 \\ q_5 \\ q_6 \end{pmatrix}^T$	
IV型	$\begin{pmatrix} R_\gamma \\ T_b \\ T_c \end{pmatrix}^T \Leftrightarrow \begin{bmatrix} 1 & 0 & 0 \\ 0 & 1 & 0 \\ 0 & 0 & 1 \end{bmatrix} \Leftrightarrow \begin{pmatrix} q_4 \\ q_5 \\ q_6 \end{pmatrix}^T$	
IV型	$\begin{pmatrix} R_\gamma \\ T_b \\ T_c \end{pmatrix}^T \Leftrightarrow \begin{bmatrix} 1 & 0 & 0 \\ 0 & 1 & 1 \\ 0 & 0 & 1 \end{bmatrix} \Leftrightarrow \begin{pmatrix} q_4 \\ q_5 \\ q_6 \end{pmatrix}^T$	
III型	$\begin{pmatrix} R_\gamma \\ T_b \\ T_c \end{pmatrix}^T \Leftrightarrow \begin{bmatrix} 1 & 0 & 0 \\ 0 & 1 & 0 \\ 0 & 0 & 1 \end{bmatrix} \Leftrightarrow \begin{pmatrix} q_4 \\ q_5 \\ q_6 \end{pmatrix}^T$	

为从17种操作机构型中优选实用机型，提出考虑输入与输出操作机性能耦合复杂度指标，表示为 $\Re_{KC}=\Re_{KCs}+\Re_{KCe}+\Re_{KCd}$，其中 $\Re_{KCs}$ 表示操作机机构控制模型复杂程度，$\Re_{KCe}$ 表示机构输入输出耦合程度，$\Re_{KCd}$ 表示操作机构型分组解耦程度：

$$\Re_{KCs} = \frac{N}{N_{\max}} = \frac{N}{n \times n} \quad \Re_{KCe} = \frac{\sum_{i=2}^{n-1} N_e^i}{\max(\sum_{i=2}^{n-1} N_e^i)} = \frac{\sum_{i=2}^{n-1} N_e^i}{0.5 \times n(n-1)(n-2)} \quad \Re_{KCd} = \frac{\sum_{i=1}^{n} N_d^i}{\max(\sum_{i=1}^{n} N_d^i)} = \frac{\sum_{i=1}^{n} N_d^i}{0.5 \times (n+1)n}$$

$\Re_{KC}$ 取值0～1，数值小表示构型复杂度低、解耦性好。利用该指标优选出400吨米巨型锻造操作机实用构型。

2. 巨型重载操作机承载和缓冲及抗倾覆设计技术

操作机设计要求铅垂方向高刚度承载和水平方向高柔性顺应，本项目提出操作机水平与铅垂方向刚度各向异性度的评价模型 $\mu_K = \min(K_h/K_v)$，其中 K_h 和 K_v 分别表示水平方向和铅垂方向操作机驱动机构刚度。当 μ_K 取最小值时，优化设计出的操作机构在铅垂方向具有高刚度大承载能力，而在水平方向具有高柔性缓冲顺应能力。

抗倾覆稳定性评价是巨型锻造操作机安全性设计的重要技术指标，本项目提出考虑支撑多边形、质量分布及大小、外力和外力矩及惯性力和惯性力矩等静态与动态因素影响的操作机动态抗倾覆力-力矩比稳定性衡量指标，即 $\eta_{FMRS} = \eta_s/\eta_{s_{morm}}$，其中，名义稳定性系数 $\eta_{s_{morm}} = \eta_{f_{morm}}\eta_{d_{morm}}$ 表示力稳定性裕量 η_f 和力矩比 η_d 范数之积，力-力矩比稳定性系数 $\eta_s = \min_i(\eta_{fi}\eta_{di}), (i=1,2,\cdots,n)$ 表示操作机相对支撑边的综合稳定程度，反映支撑多边形、系统整体质心位置、外力外力矩以及各部件质心加速度和角加速度等影响。该指标描述出操作机系统重载大惯量加速运动的动态稳定性裕量，与国际上能量稳定性裕量、零力矩点、倾覆力矩和稳定力矩比等稳定性指标相比，具有远离临界稳定区更"宽容"而靠近临界稳定区更"严格"的特点，适于操作机高安全可靠性设计和抗倾覆稳定性控制。

操作机与压机、锻件构成一个复杂的多体弹塑性动力学系统，操作机结构和液压系统设计依赖锻造过程操作机载荷力能参数，锻件-压机-操作机之间力流传递关系是求解该参数的关键，提出以锻件为中心的压机-锻件-操作机复合刚度模型 $k=g(k_x, k_e)$，揭示了操作机和压机分别与锻件构成的弹性变形区、法向塑性变形区和轴向塑性变形区对力能参数计算的影响，首先根据锻件变形速度计算出操作机关节驱动力 τ_i 和操作空间刚度 k_{xi}，再求出夹钳顺应速度 $\dot{x}_i = (k_{xi}+k_e)^{-1}k_e\dot{x}_i^{-1}$ 和夹钳位移 $x_{i+1} = x_{xi} + \dot{x}_i\Delta t$，最终求出夹钳与锻件之间作用力 $f_{i+1} = f_i + \bar{k}_{xi}dx = f_i + \dfrac{k_{xi}+k_{x(i+1)}}{2}dx$，实现了锻压过程中操作机以及锻件延展与回弹位移、速度、力参数计算，为操作机机械与液压缓冲系统设计以及锻造全过程数字模拟提供了力能参数计算依据，完成了400吨米锻造操作机机械与驱动系统设计（图1）。

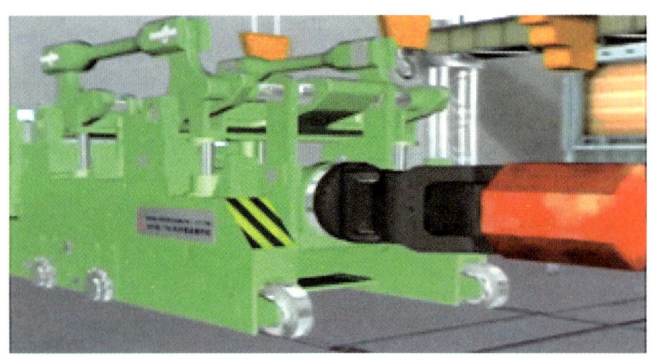

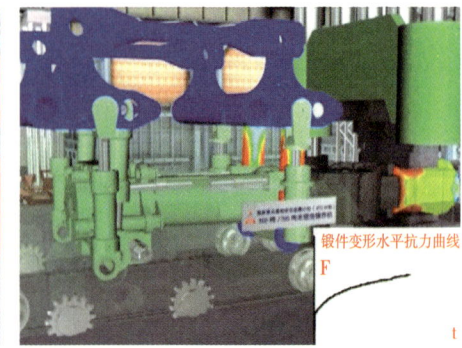

图1 操作机数字仿真模拟

3. 巨型操作机安全作业和对大锻件延展的顺应控制技术

在锻造过程中，操作机需要感知锻件动态惯性参数以及与砧台、压机的接触载荷，实现操作机作业的动态稳定性和缓冲顺应性控制。利用分布式驱动力信息辨识出锻件质心、重量、惯量、惯性力、变形速度以及与砧台、压机的接触载荷，并结合操作机动态稳定性模型建立了操作机动态稳定性控制算法，开发出锻造操作机对锻件变形延展顺应的缓冲控制技术，使操作机具有为适应锻压过程中工件延展与自由回弹而产生的缓冲顺应运动能力。提出锻件抓－持－握－放分段模式力位混合切换控制策略，自主开发出大锻件在线测量系统，实现了 400 吨米锻造操作机大锻件抓取、锻件保持送进、握住锻件旋转、锻件变形延展回弹时操作机缓冲顺应、锻造完成后取放锻件等锻造作业（图 2）。

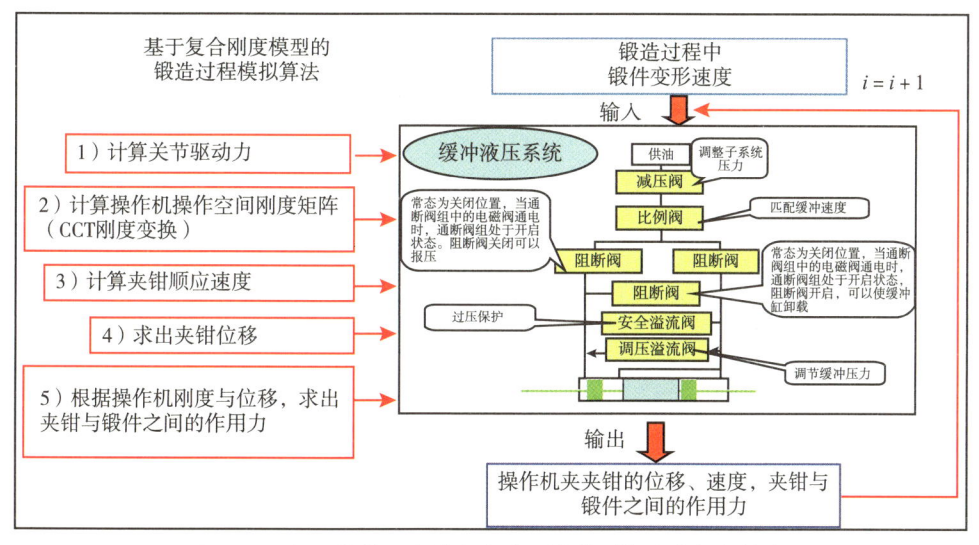

图 2　压机－锻件－操作机复合刚度模型与顺应控制技术

4. 巨型操作机复杂零件制造和装配工艺技术

操作机自身总长超过 20 m、高 9 m、宽 8 m，重近千吨，操作机零部件尺度巨大、形状复杂、制造困难，是极端制造中的难题。利用铸型温场优化、特殊冷却芯棒和焊接路径优化等方法建立了操作机超大型复杂零部件铸－锻－焊工艺技术，解决了夹钳和钳杆座、超长钳杆的缸体和空心轴、超大型箱式车架等大型复杂结构件制造难题，攻克了巨型重载锻造操作机超大复杂零部件的极端制造工艺难题。

操作机零部件多、形体巨大、质量重、惯量大，吊装困难、安装复杂，利用操作机数字化装配技术优化装配工艺，模拟操作机装配全过程，检验了操作机设计的合理性和完整性，保证了操作机成功安装（图 3）。

图3 操作机数字化装配技术优化装配工艺

三、推动行业技术进步的效果

在巨型操作机构型、结构设计、作业控制、制造工艺等方面取得主要科技创新，形成了我国巨型重载锻造操作机自主设计、控制与制造核心技术，2011年成功研制出我国首台具有自主知识产权的400吨米锻造操作机，与万吨压机组成现代锻造系统运行至今，高效高品质锻造出核电压力容器整体顶盖、转子、一体化接管段，水轮机大轴、低压和高中压转子、大型轧辊、加氢反应器筒节、大型船用锻件等11类30多种锻件产品（图4）；与行吊模式相比，锻造能力由年均5万t提高到12万t；使锻件精度由±15 mm提升为±3 mm，锻件收得率（钢锭/锻件）平均由2降低到1.5，年节约钢水2.1万t，减少冷加工工时30%；锻造余量减少了30%，提高锻造生产率70%～100%，人员减少50%；锻件加热火次减少30%，年节约煤气4650万 m^3，明显提高了大锻件制造质量和生产效率，有效减少了锻件制造对生态环境的影响，对国内重机行业具有示范应用作用，在核电、火电、化工、造船、航空航天、军工等领域取得了良好的社会效益。近3年，累计新增销售额8.9亿元，新增利润1.1亿元。

AP1000锥形筒体锻造　　高中压转子　　石化加氢反应器

船用舵杆　　冶金设备支承辊　　AP1000接管段

图4 大锻件产品

本项目在实施过程中取得了以下社会效益：

（1）推动了科学技术进步：本项目成功研制的400吨米锻造操作机不仅实现了操作机构型创新，而且实现了综合性能跨越，提升了我国巨型重载复杂高端装备自主设计能力；同时，推动了我国机构学、机器人学、自动控制、机械制造等相关学科的科技进步，提升了国际影响力。

（2）保护了自然资源和生态环境，降低了大锻件生产对大气环境的污染排放：本项目研制的操作机投产以来，在大锻件生产程中，锻造余量减少30%、锻造生产率提升70%~100%、锻件加热火次减少30%，有效降低了锻件生产过程对大气质量和生态环境的负面影响。

（3）保障了国家和社会安全：本项目研制的操作机已累计锻造出11类30余种锻件产品，有效满足了核电、能源、造船、化工、冶金、国防等重要行业的发展需要。

四、主要成果

项目获授权发明专利10件，出版专著1部、发表论文15篇，其中SCI论文12篇，制定操作机产品检验、操作规范、系列规格等技术标准4项。2012年，应邀在美国机械工程师学会（ASME）国际会议做大会主题报告，应ASME会刊JMD主编邀请在该刊发表 Design in Mainland China 文章。该成果2015年获首届"中国好设计"十项金奖之一；获美国ASME2014年度达·芬奇设计与发明奖；获上海市科技进步一等奖和中国机械工业科学技术进步一等奖。本项目开发的400吨米操作机及其核心技术提升了我国巨型重载复杂高端装备自主设计能力，扩大了我国重型装备设计的国际影响。

培养了一支能从事大型操作机创新研发的科技人才队伍：通过本项目研究，培养了8名博士生和多名硕士研究生，其中2名博士毕业后到中国一重设计院工作，加强了企业研发力量。同时，通过双方联合攻关，也为合作双方培养锻炼了一支能从事大型操作机研发的科技人才队伍，形成了巨型重载锻造操作机产品自主创新研发能力。

五、当前存在问题和展望

本项目在巨型操作机构型发明、结构设计、作业控制、制造工艺等方面取得的主要科技创新，形成了我国巨型重载锻造操作机自主设计、制造与控制等核心技术，成功研制出我国首台具有自主知识产权的400吨米锻造操作机，与万吨压机组成现代锻造系统，使我国大锻

件生产进入了国际先进行列。但如何充分发挥巨型锻造操作机作用,需要进一步深入研究下述问题:

(1)将虚拟现实技术和锻造过程测量的大数据相结合,进一步优化锻造工艺,提升大锻件制造控形控性质量。

(2)将大锻件制造过程中的在线测量与实时控制相结合,进一步提高大锻件锻造品质。

(3)研究大锻件工序自动锻造技术,进一步减少人工操控,从而提高锻造效率。

案例 14
基于精确控温的高效短流程挤压加工技术及装备

湖南大学汽车车身先进设计制造国家重点实验室
湖南经阁铝业　湖南仲腾汽车技术有限公司

本项目针对汽车、轨道交通等领域对高性能低成本铝合金产品的迫切需求，系统地开展了材料热变形理论和仿真建模研究，成功地实现了复杂型材挤压过程的精确、快速仿真优化，有效地保证了挤压过程中工件温度的稳定性；发明了一系列高效短流程挤压加工新工艺、新装备，通过有效利用材料变形余热将挤压和后续加工过程有机结合起来，使生产效率得到显著地提高，降低了制造成本。

一、导语

挤压加工是有色金属，特别是铝合金的重要加工方法，主要应用于生产管材、棒材和型材。经过几十年的快速发展，我国就已成为全球铝挤压生产和销售第一大国，据中国有色金属协会统计，目前我国铝挤压生产厂家达 800 余家、产量为 1400 万 t，占全球总产量的 1/3 以上、产值超 5000 亿元，在国民经济中占有重要地位。然而，我国还远称不上挤压加工强国。主要体现在：装备落后、自动化程度低，国内挤压机单机产量只有意大利同吨位机型的 30% 左右。工艺落后，成品率低，产品结构不合理。我国生产的铝挤压材主要集中在低端的民用建材，高附加值的工业材相对较少，我国挤压材建材的比例高达 67%，而日本仅为 16%。国内大型轨道车辆型材成品率平均不到 50%，比发达国家低 20% 以上。国外在汽车用铝合金挤压型材产品设计、成形工艺及服役性能等方面已形成了完善的体系，而国内在这方面仍处于起步阶段。因此，我国挤压加工产业虽然体量大，但仍属于技术含量低、生产成本高的劳动密集型低端产业。必须依靠科技创新来调整产业结构，提升国际竞争力。

与普通建材相比，汽车用铝合金型材要求性能高、一致性好，且生产成本低。现有的加工工艺和装备很难同时满足这些要求。本项目在多项国家计划的支持下，针对汽车用的高性能铝合金加工困难的问题，系统地开展了材料变形机理和精确仿真建模研究，开发了包括基于数值仿真的等温挤压、挤压 – 弯曲 – 淬火一体化成形和低塑性材料连续挤压等一系列高效短流程加工新工艺、新装备，并成功地制备了不同用途的高性能产品。在保证产品质量的同时，大幅度提高了生产效率、节约了能耗，降低了制造成本。

二、主要研究内容

1. 开发了一种基于数值仿真的高强铝合金等温挤压加工技术及控制系统

项目组通过引入一种改进的刚性面处理挤压变形模拟中的对称问题，采用 Lagrange 法对工业规模的挤压变形全过程进行了模拟仿真。创新性地将 PID 控制的思想引入挤压成形过程的模拟仿真控制，建立以模拟出口温度和设定出口温度之间的偏差为输入变量，以挤压机主柱塞行进速度增量为输出变量的控制模拟模型，成功地实现了等温挤压工艺参数的快速仿真获取。将仿真得到的等温挤压速度曲线直接输入挤压机的控制系统，通过逐步降低挤压速度，使得挤压变形热被温度相对较低的工模具吸收，保证型材的出口温度维持稳定，避免了传统测温调速方法存在的测温不准和调速滞后的问题。

通过控制挤压机的挤压速度使模具出口温度恒定的方法是，根据待加工工件性能和挤压初始条件（如挤压坯料和工具温度等），设定目标出口温度。当实际出口温度偏离目标出口温度后，进行 PID 控制，连续地调节挤压速度，直到挤压过程结束，进而准确、高效地得出与所述待工工件性能相适应的模拟等温挤压速度变化曲线。并将模拟等温挤压速度变化曲线输入到挤压机的速度控制系统，在铝镁合金的实际生产中控制挤压机主柱塞的速度使出口温度维持恒定。PID 控制器是一种线性控制器，它根据目标出口温度值 $r(t)$ 与实际出口温度值 $c(t)$ 构成控制偏差：

$$e(t) = r(t) - c(t) \tag{1}$$

可得离散的 PID 表达式：

$$u(k) = K_P e(k) + K_I \sum_{j=0}^{k} e(j) + K_D \left[e(k) - e(k-1) \right] \tag{2}$$

同时，针对复杂的挤压非线性过程，进一步对 PID 控制参数进行的整定，将不依赖于系统模型的工程整定法应用于等温挤压控制模拟模型。K_P、K_I、K_D 三个参数值通过挤压模拟实验来确定，并在挤压过程中根据温度变化情况实时改变参数值，实现变参数的 PID 控制过程。

通过对不同工艺条件下的挤压过程进行仿真优化，得到了相应的等温挤压速度曲线，并建立了一套完善的数据库。通过从数据库中调用模拟得到的等温挤压速度曲线，使得挤压出口温度的波动均能控制在 ±10℃左右（图1）。经权威机构检测，宽幅型材的各项尺寸精度均优于国家标准要求。相对于常规等速挤压，由于平均挤压速度提高，生产效率提高了 15% 以上，成材率提高 15%～20%。

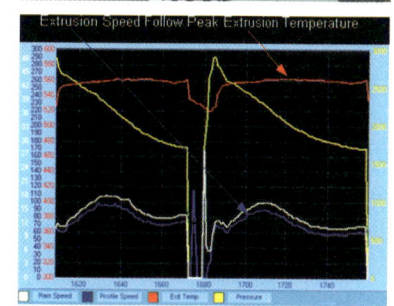

图 1　等温挤压系统

为了确保模拟仿真精度，项目组通过系统的研究材料热变形机理，探明了材料流变应力行为与组织演变之间的本质联系（图2），建立了一种基于动态回复、动态再结晶、动态析出和位错密度演变的本构模型，并采用结合 BP 神经网络技术和优化算法的反分析方法对模型参数进行高效、精确的求解。相对于

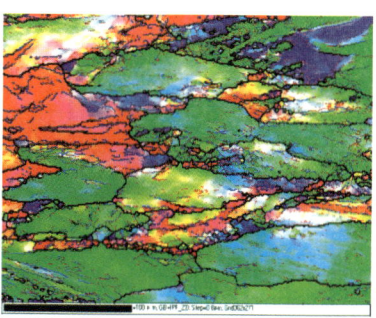

图 2　Al-Mg 合金热变形组织和位错结构

传统的经验模型，采用所建立的本构模型使仿真精度提高了20%以上（图3）。

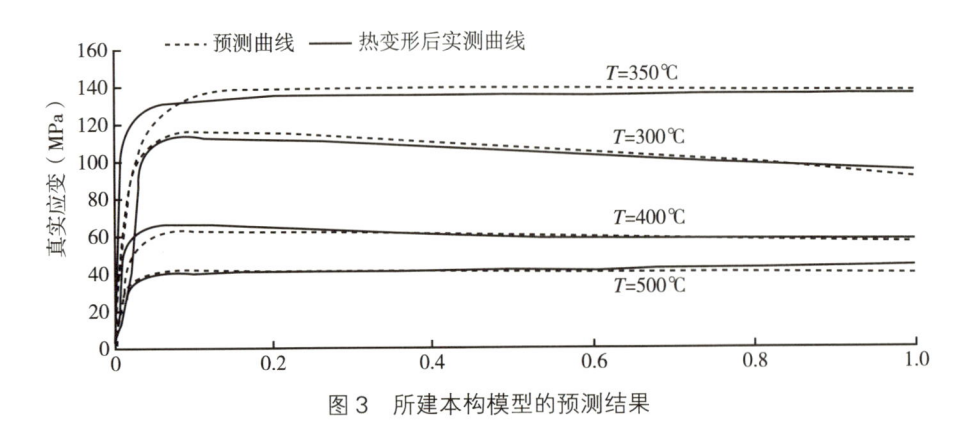

图 3 所建本构模型的预测结果

2. 开发了一种挤压－弯曲－淬火一体化加工技术与装备

汽车车身用铝、镁合金型材往往需要后续弯曲加工。现场在传统冷弯变形过程中会产生回弹和截面变形等问题，很难达到汽车装配精度要求。为了保证尺寸精度，奥迪汽车A8全铝车身空心型材在弯曲加工过程中，先将低熔点聚合物熔化后注入型材，然后冷却凝固，使型材处于实心状态下弯曲变形。弯曲完成后，重新加热将聚合物倒出。该方法加工流程长，生产效率相当低。

针对以上问题，项目组发明了一种挤压－弯曲－淬火一体化加工新技术。通过在常规挤压机出口位置直接添加一套位置和旋转角度可调、并且与型材外轮廓相适应的导向装置，使型材挤出后直接发生弯曲变形（图4）。由于型材弯曲变形是在温（热）状态下进行，同时通过挤压模的设计可以使材料流动朝弯曲方向偏转，从而可以避免冷弯加工中常出现的回弹和界面变形的问题。

为了防止弯曲变形区温度过高，在挤压机出口位置同时还添加一套在线淬火装置，通过

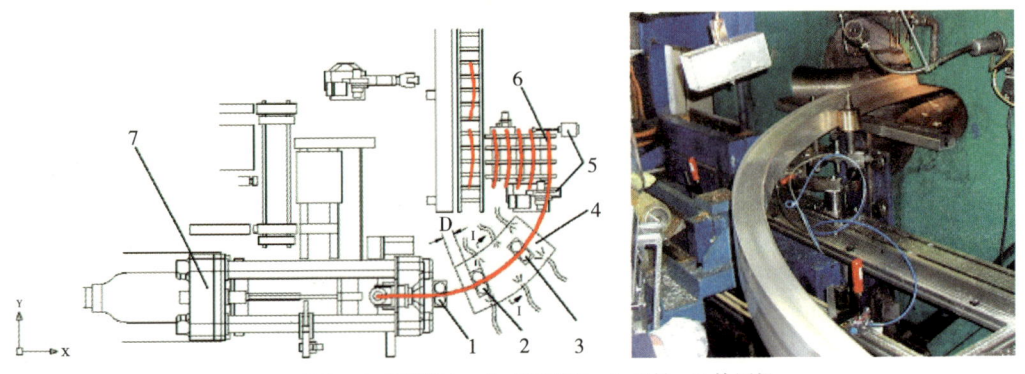

1、2、3.导向；4.在线淬火；5.在线剪切；6.型材；7.挤压机
图 4 挤压－弯曲－淬火一体化成形原理与装备

调整弯曲装置和淬火装置的相对位置以及淬火介质的种类和流量，将弯曲变形区的温度控制在所需合理范围内。达到既能使挤压型材实现在线淬火，并淬透，又能保证材料具有良好弯曲成形性，同时还具有足够的强度、刚度和硬度，避免了弯曲过程中表面划伤和截面压塌等问题。

其技术特点是：在挤压机出口布置一副为箱体式结构的在线淬火装置（图 5），其左右、上下都装有小喷嘴。根据挤压型材的合金种类、截面和壁厚等合理控制节淬火装置喷嘴的淬火介质、淬火速率控制型材进入弯曲变形区的温度在 250 ~ 380℃。使型材在后续二维和三维两道次加工过程都具有良好的弯曲变形性，克服弯曲回弹，同时又可防止温度过高型材发生截面塌陷和表面划伤。

在淬火装置后面安装一副由多组辊轮和控制系统组成的 CNC 多辊弯曲装备。通过控制系统精确调节辊弯装备某一压辊在弯曲变形第一道次的压下量来成形三维变弧度型材 XY 平面的第一个弧度。在多辊弯曲装备后方安装一个带有数控程序系统的水平面和高度方向可移动的液压导向装置。在弯曲变形第二道次，导向装置沿弯曲型材第一个弧度方向可精确定位。控制导向装置在高度方向的压下量和施力大小来成形三维变弧度型材在 Z 方向的弯曲弧度。

根据理论和三维软件进行计算，由控制系统精确控制辊弯装备某一压辊和导向装置在两道次的压下量、位置、施力大小和停留时间，协调运动，实现三维变弧度型材的弯曲加工。弯曲成形结束后，通过三坐标测量仪进行曲率测量，根据三维形状数据反馈到控制系统对辊轮和导向装置位置进行修正。从弯曲变形区出来的型材，飞锯根据在线测量仪反馈的信息以与型材挤压出口速度相同的速率与弯曲型材一起运动，完成对变弧度型材进行定尺锯切，然后由机器人夹持型材将其转移到输送导轨上。

为了确定工件在弯曲变形区的合理温度范围，项目组通过连续和间断热压缩变形实验，系统地研究了材料挤压、弯曲多道次连续热变形行为，并获得了材料不同道次变形流变软化率与组织演变之间的定量关系，建立了适合材料挤压 - 弯曲连续变形过程仿真的统一本构模型。通过仿真优化结合实验测试，确立了合理的工艺参数。

3. 开发了一种车载空调用微通道多孔扁管连续挤压 - 表面喷锌一体化加工技术与装备

车载空调全铝式换热器的普及推广变得越来越迫切。散热扁管也向着微孔更多、壁厚更小的方向发展。同时，要求表面要喷涂结合力强、厚度薄而均匀的锌层以提高其耐腐蚀性。微通道扁管一般孔径小于 1.0 mm，壁厚小于 0.3 mm，孔型复杂，而且要求具有良好的防泄漏性，制造难度相当高。核心制造技术和装备曾长期被挪威海德鲁、日本古河等国外公司垄断。

针对以上技术难题，项目组以精确数值模拟为指导，合理优化连续挤压速度与材料变形区温度关系。通过对挤压模具局部加热，提高变形区材料的流动性，使薄壁微孔结构管材能顺利挤出，并保证其焊缝充分焊合，同时可以降低模具局部应力，提高模具寿命。为了提高生产效率，提出了微通道散热器多孔扁管连续挤压－在线表面喷锌一体化加工的新思路。使扁管出模口后温度降到恰好适合喷锌处理。同时，探明了产品出口速度和温度与喷枪电流、锌丝直径和送丝速度对涂层结合强度与厚度的影响规律，以此确立合理的在线喷锌工艺。成功地实现了扁管连续挤压和在线表面喷锌工艺的有机结合。

该方法与传统常规挤压后再离线表面喷锌工艺相比，表面锌层薄而均匀、致密、结合强度高。经权威机构检测，扁管耐腐蚀性能完全达到使用标准要求，扁管生产效率提高了50%，成材率提高10%。与传统铜管－铝翅片散热器相比，由于微通道多孔扁管换热系数提高30%，使全铝散热器热导率提高210%，重量减轻90%。

项目组最近还试图将杆坯熔铸、轧制和连挤、喷锌进行进一步整合，以实现扁管加工的高度集成（图5）。目前改进工艺已完成现场调试，实现规模生产后，扁管的生产效率将得到更大幅度提高。

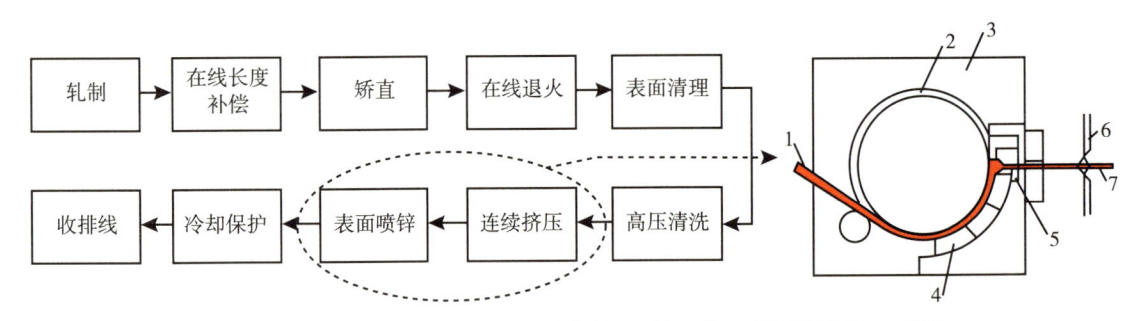

1. 铝杆；2. 挤压轮；3. 连续挤压机；4. 密封块；5. 挤压模；6. 热喷涂装置；7. 铝管

图5　多孔扁管杆坯熔铸、轧制和连挤、喷锌一体化加工示意图

4. 开发了一系列新型铝合金及汽车关键零件

项目组通过精确的热力学计算，并结合组织性能检测，在常规合金中加入适量的合金化元素，使材料能同时满足高使用性能和高挤压加工性能的要求。发明了一种汽车吸能结构件用高强、高韧、可焊新型 Al-Mg-Si-Cu-Zr-Ti 合金。利用锶与铝原子半径的差异，可使合金在凝固过程中形成 Mg_2Si、Al_2Cu、Al_xSr 质点，显著细化铸态晶粒组织。在合金后续挤压过程中，由于二相粒子对晶界的钉扎作用，抑制再结晶晶粒的长大，使材料即使在较高的温度下变形也能得到均匀的细晶组织。所开发合金的抗拉强度达 400 MPa，伸长率大于 28%，综合性能远高于现有的 Al-Mg 合金。同时，由于细晶组织降低了型材的各向异性，提高了其抗压溃开裂能力。通过调整合金元素含量和后续热处理工艺参数，可以获得不同的压溃变形模式和吸能指标（图6）。采用该合金制备的汽车防撞梁等产品，不仅重量轻，而且吸能指标也远高于钢质结构件。

图 6　成分和工艺调整对铝合金吸能盒压溃变形模式的影响

建立了车身铝合金型材批量化生产从选材配方、工程设计、工装开发到生产工艺规划试验规范等标准体系文件及规范。

三、主要技术参数与先进性对比

本项目开展了从工艺、装备、材料、设计到产品应用的一体化研究，所开发的高效短流程挤压成形技术使企业生产效率和成品率得到提高，大幅度减少了生产过程中的资源和能源消耗，显著降低了制造成本。帮助一大批挤压企业产品由低端建材向高附加值的工业材转型，显著提升了我国挤压行业的技术水平和国际竞争力。所开发的车身铝合金零件已在主流自主品牌汽车上得到批量应用。产品的性能和轻量化水平均已达到或超过国际同类产品。主要技术参数与先进性对比如表1和表2所示。

表1 所发明的高效短流程挤压加工技术与常规挤压技术的对比

项目	产品性能	生产效率	成材率
常规挤压加工+后续加工	性能前后不均，产生回弹和截面变形等	生产效率相对较低	成材率相对较低
基于数值仿真的等温挤压加工	出口温度变化±10℃以内，性能均匀	比常规挤压提高15%以上	比常规正挤压提高15%~20%以上
挤压-弯曲-淬火一体化加工	回弹小，避免了开裂和截面变形等问题	比常规挤压+冷弯提高40%以上	比常规正挤压+冷弯提高20%以上
连续挤压-表面喷锌一体化加工	晶粒细小，塑性高，性能均匀	比常规挤压+离线喷锌提高50%以上	比常规挤压+离线喷锌提高10%左右

表2 长丰汽车CS6型SUV、长安CV11型MPV钢制和铝质碰撞横梁、碰撞盒性能对比

对比内容	长安碰撞横梁	长丰碰撞横梁	长丰碰撞盒
重量	钢制：4.95 kg 铝合金：2.71 kg	钢制：10.15 kg 铝合金：6.29 kg	钢制：4.9 kg 铝合金：1.63 kg
单位重量吸能	钢制：2.53 J/kg 铝合金：6.74 J/kg	钢制：2.59 J/kg 铝合金：5.74 J/kg	钢制：15.56 J/kg 铝合金：45.40 J/kg

采用项目组所发明的挤压-弯曲-淬火一体化加工技术,率先在国内建立了批量生产线。相对于传统挤压后再冷弯的工艺,挤压-弯曲-淬火一体化加工工艺使生产效率提高了40%以上,成材率提高了20%以上。由于镁合金冷变形能力差,该方法特别适合镁合金弯曲型材加工,目前已在实验室成功开发各种规格的镁合金弯曲型材产品。

项目组于2009年在金龙精密铜管集团建立了具有我国自主知识产权的散热器扁管连续挤压-在线表面喷锌一体化加工生产线,打破了国外的垄断和封锁。扁管有害元素残留含量已通过欧盟标准RoHS2011/65/EU的严格测试,产品已批量出口欧美国际市场。

开发的挤压产品成功应用于长丰CS6、长安CV11、C204、C206、北汽、吉利LC-1等自主品牌汽车上。所开发的前防撞梁总成等关键零部件,比钢质结构件重量减轻45%,正碰加速度峰值降低29.6%。

四、展望

目前,铝合金在汽车上推广应用的最大障碍是成本较高。新型的铝合金挤压弯曲一体化成形方法的优点在于利用挤压变形的余热,使工件在热状态下弯曲变形,同时可以在挤压模具设计时使金属有利于弯曲变形方向流动。前期实验证明,挤压-弯曲一体化成形技术不仅可以使变形变得更加容易,防止加工缺陷,避免回弹,而且可以减少工序。液态冲压更是一种高效的短流程制备工艺,直接将熔融的液态金属制成产品。采用所开发的高效、短流程、低成本的加工方法能大幅度节省成本,有利于铝合金在汽车上的更大规模应用。

汽车工业已成为我国国民经济的支柱产业,并在今后10~20年中仍将保持快速发展。届时汽车工业将成为我国铝合金合金材料的主要消费市场之一,将形成一个年产值为500亿元的产业。

案例 15

3000 t 全自动校直机

重庆江东机械有限责任公司

冶金行业中的无缝钢管轧制芯棒轴,经过多次使用后需要重新矫直,超大型轴采用机械装置结合目测的传统矫直方法难以完成,重庆江东机械有限责任公司研制出的 3000 t 龙门芯棒校直机(YJD45-3000),对芯棒校直工艺领域节能、精确、高效及自动化水平得到全面提高,能够为冶金行业芯棒矫直领域产生可观的经济效益。

一、导语

钢铁冶金行业中生产的无缝钢管，分为热轧和冷拔两种工艺，其中大量作为流体管道的无缝钢管，对钢管内部的疏松等缺陷要求严格，一般采用热轧工艺，每年国内市场对热轧无缝钢管的需求大约在 2000 万 t。热轧无缝钢管过程中需要芯棒轴作为母体，其芯棒轴的尺寸精度对无缝钢管的成型质量有重大影响。因此，芯棒轴的矫直在行业中的需求明显。

目前，国内钢铁冶金行业中芯棒轴的矫直一般是以机械装置结合目测的办法进行矫直，针对需要矫直的芯棒，需要矫直的一系列技术参数，矫直力的大小、矫直点的选取、矫直支点的移动、矫直行程的确定等，仅仅靠操作工现场经验确定，人工作业的劣势显而易见，芯棒矫直的速度慢、效率低、劳动强度大，而且芯棒矫直的精度指标实现起来较为困难。因此，行业内对全自动的芯棒矫直技术及装备非常渴求。

重庆江东机械有限责任公司通过 70 年的发展，已经成为中国西部规模最大、综合实力最强的专业液压成形设备制造企业。总公司主营业务为液压机。公司与多家院所合作研发，为产品的创新打下了坚实基础；在产品中广泛采用液压比例伺服控制技术、位置数字控制技术、同步控制技术、PLC 触摸屏和工控机控制技术。2008 年开始校直压力机研发与制造，经过积极探索和技术攻关，成功研制出 3000 t 龙门芯棒校直机（YJD45-3000），并在宝钢集团常州轧辊制造公司得以应用，并在对芯棒校直工艺领域的节能、精确、高效及自动化水平上取得全方位开创性突破。

二、液压校直压力机研发

重庆江东机械有限责任公司设计的 3000 t 全自动液压矫直压力机，为立式龙门移动液压矫直压力机，龙门主体由机架、拉杆、锁母组合形成立式龙门框架，活塞式主油缸安装于龙门上梁，固定工作台由左右两部分组合而成，以及龙门驱动机构、矫直 V 型支架（图 1）、移动托辊（图 2）、升降旋转辊道装置组成。检测控制系统包括工件直度检测系统、工件角度旋转检测系统、矫直点测距检测系统、矫直量位移检测系统等组成。液压控制系统采用先进的压力、位置比例控制，以及保压、压力调整的可靠性设计，具有在线自动化、自学习专家系统、故障自诊断以及良好的人机交互功能。该机解决了钢铁冶金行业无缝钢管轧制芯棒的矫直工艺及装备的高效、自动化需求。

案例 15
3000 t 全自动校直机

图 1 矫直 V 型支架

图 2 移动托辊

1. 液压校直压力机的创新点

（1）规格指标国内最大。YJD45-3000 校直压力机压力 3000 t，工作台左右宽 1500 mm，前后长 19000 mm，可矫直的无缝钢管轧制芯棒轴材质 H13，外径 ø120～500 mm，长度 7～18 m，最大重量达 30 t，同类规格校直压力机国内最大，整体结构采用有限元分析进行优化（图 3）。

（2）创新的智能化校直工艺先进。①扫描全轴获得的轴心线坐标数据，消除了传统工艺中选择支点的盲目性。②综合考虑龙门架、台架在受力作用下的变形确定矫直参数。③精确计算轴的旋转角，使矫直时横向分力近似为零。④每次矫直参数自动记录进入专家系统，并与标准直线比对、修正，使矫直机具有了智能化的自我学习功能。

（3）矫直过程专家系统（图 4）。自动矫直过程中，自动计算和显示压下量、压点位置、支点位置、各弯曲段的旋转角、各弯曲段的矫直顺序及压下力。

（4）驱动、升降、旋转、检测等装置技术先进：驱动采用变频调速电机，升降

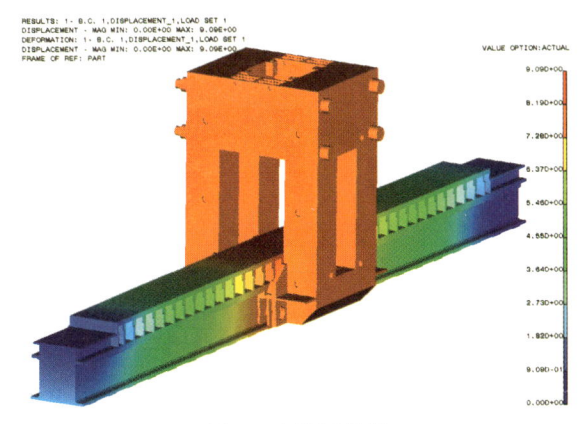

图 3 有限元分析

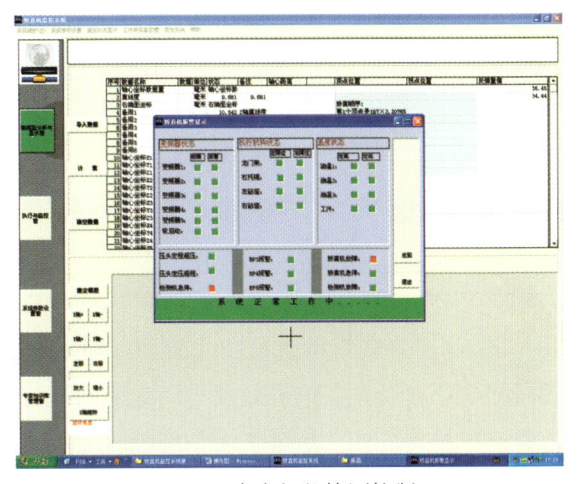

图 4 专家智能检测控制

通过液压进行控制，旋转采用带有旋转计量装置的电机，检测通过激光位移传感器对芯棒表面进行扫描。

（5）控制精度高。总体芯棒轴矫直精度：平直度 1.5 mm/m（全长 6 m 时）；重达 100 余吨的龙门架在移动速度 200 mm/s 的条件下移动定位精度 ±8 mm；交流伺服电机配合高精度机械传动装置，实现 V 型支架移动定位精度 ±5 mm；芯棒轴的旋转定位精度达到 ±2°。

（6）人机交互人性化设计。具有工件的弯曲量数字的直观图文显示、PLC 控制系统配备 HMI（图5）、报警提示功能、输出有打印系统等。

（7）故障自动诊断。通过监控压机系统，屏幕以多画面和表格直观显示机械、液压、电控设备的工作状态。自动诊断一般故障所在部位的指示功能，帮助操作和维修人员排除故障。

（8）安全防护技术先进：高温环境中可进行防热辐射、防氧化皮影响，且液压系统设有过载保护装置。

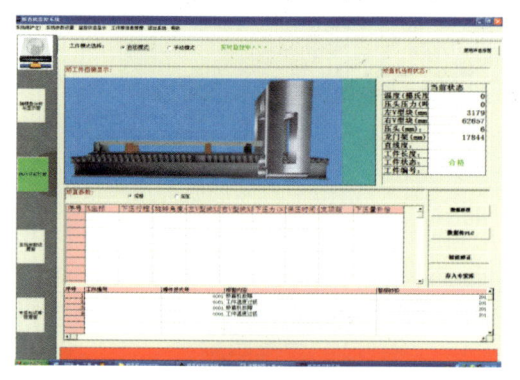

图5　控制系统

2. 液压校直压力机开发的技术难点

1）矫直工艺方案复杂。
2）矫直过程专家系统，存储、记录多种不同工件参数及最佳工艺方案。
3）驱动、升降、旋转、检测等装置设计。
4）高精度的控制保证，通过机械装置、液压控制、电气控制确保精度。
5）人机交互、故障诊断设计。
6）高温环境中安全防护设计。

3. 取得的成果

3000 t 全自动液压矫直压力机通过了业主单位宝钢集团专家组组织的验收，各项技术指标达到技术合同的要求，得到了用户及行业的肯定，YJD45-3000 矫直压力机生产线研制成功（图6），为钢铁冶金行业无缝钢管轧制芯棒的矫直工艺及装备的高效、自动化能力提升有极大的推动作用，填补了大芯棒轴自动矫直的国内空白。期间荣获重庆市科学技术三等奖

图6　YJD45-3000 矫直压力机生产线

（2014年）、重庆万州区科技进步一等奖（2011年）及一项专利"一种钢材毛坯加热锻造的旋转升降台"（2011年）。

三、数控液压校直压力机展望

江东机械致力于研发全自动、高效、精确矫直工艺及装备技术。包括矫直工艺技术、机械结构优化、液压控制技术、电气控制技术、专家系统开发等，向用户提供高效、高精度的矫直压力机。

钢铁冶金行业无缝钢管轧制芯棒的矫直技术属于该领域尖端技术，行业内同类型的市场需求空间巨大。公司始终在产品研发和产品结构优化上下功夫，在成功研制国内首台套3000 t校直压力机的基础上，将致力于带领国内钢铁冶金行业众多的芯棒矫直新技术运用，为中国的高档装备制造业的发展贡献出一分力量。

案例 16
汽车关键零件智能化精密热模锻成套技术与装备

扬力集团股份有限公司

汽车关键零件智能化精密热模锻成套技术与装备，是以自主研发的高效精密热模锻压力机成套装备为基础，汽车关键零件精密锻造为背景，组成汽车零部件智能化精密热模锻生产系统。该系统将采用国内一流的多工位热模锻压力机为成形主机，配备物料在线智能检测及筛选、柔性多工位输送机器人、全自动模具模架快速更换为一体的智能化物料输送系统，实现生产系统智能控制与运行管理，可以满足国内市场的需要。

一、导语

汽车工业是我国国民经济的支柱产业，近年来发展迅速。2014年我国汽车产销2372.29万辆和2349.19万辆，其中乘用车超过1500万辆。汽车工业的飞速发展，有力地推动了我国锻压行业的发展，同时也对锻压行业提出了更高的要求。据统计，汽车上重量超过60%的零件是用锻压方法生产出来的。如果将所有汽车用锻件的成形按照锻造工艺细分，热模锻成形的比例超过80%。实现锻件"近净成形"已经成为当前的发展趋势。精密锻造最明显的特点是材料利用率高，尺寸精度高，表面粗糙度值低。

目前国内大部分锻造厂家主要还是采用螺旋压力机、模锻锤生产，而且以人工手动操作为主，材料利用率极低，机械化、自动化程度低，生产效率低下，锻件精度不高，锻件加工余量大，工人劳动强度大等；也有部分厂家采用国产热模锻压力机组成多工位手动生产线，但其自动化程度比较低，生产线缺乏柔性，产品更换困难。仅有部分外资/合资或高端企业采用进口热模锻压力机组成多工位自动生产线自动化锻造生产汽车行业的中小型锻件，虽然主机的可靠性、精度保持性有所提高，但由于没有掌握热精锻装备成套技术和成形工艺技术，所以锻件质量和生产效率并不理想。

汽车关键零件智能化精密热模锻成套技术与装备，是以自主研发的高效精密热模锻压力机成套装备为基础，汽车关键零件精密锻造为背景，组成汽车零部件智能化精密热模锻生产系统。该系统将采用国内一流的多工位热模锻压力机为成形主机，配备物料在线智能检测及筛选、柔性多工位输送机器人、全自动模具模架快速更换为一体的智能化物料输送系统，实现生产系统智能控制与运行管理，总体技术达到国际先进水平，不仅可以满足国内市场的需要，而且可以与国际一流设备同台竞技，抢占国际市场。

二、主要研究内容

汽车关键零件智能化精密热模锻工艺流程如图1所示。该生产系统由自动上料、坯料

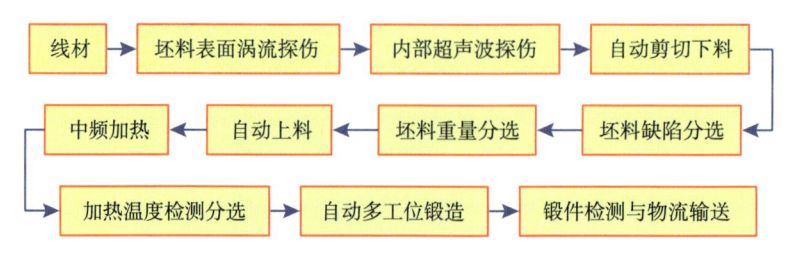

图1 汽车关键零件智能化精密热模锻工艺流程

检测、剪切下料、重量分选、中频加热、多工位自动锻造、锻件检测及物流输送（锻后热处理）等几个部分组成。

1. 本项目的研究开发内容

（1）智能化高效精密热模锻压力机的研发。

高效精密热模锻压力机是汽车关键零部件柔性高效精密锻造生产线的关键设备，其滑块的行程次数很大程度上决定生产线的生产效率，其工作台面大小直接制约多工位热锻成形的工位数量和成形零件的类型与外形尺寸，整机刚度、滑块的导向精度、抗偏载能力等直接影响锻件的精度，其动平衡水平、热变形和振动控制的技术水平直接决定热模锻压力机的动态精度、精度保持性以及可靠性水平。

本项目以扬力集团研发成功的HFP2500T热模锻压力机为技术平台，采用现代设计、制造技术对其改进与提高，研制了智能化高效精密热模锻压力机，主要研究成果包括：

1）基于间隙、动载荷、热变形等多因素耦合的高效精密热模锻压力机设计技术。高效精密热模锻压力机的技术水平、可靠性要求首先来源于设计技术，通过建立多物理因素耦合的高效精密热模锻压力机精度模型，运用高速精密热模锻压力机动平衡设计、热变形控制、压力机变形控制与刚度预测、抗偏载等设计技术完成了高效精密热模锻压力机机械结构的综合设计。

2）长寿命、高可靠性离合器制动器技术。目前国产的热模锻压力机，离合器和制动器都采用常规的柱销导向，传递扭矩时的振动大且稳定性差，导向精度差、行程调整困难，导致运动部件（活塞）的运动平稳性差、浮动摩擦块磨损不均匀，严重影响离合器制动器的使用寿命。统计表明，这种离合器制动器摩擦块的寿命一般只有几十万次，有的甚至只有短短两个月。

杨力研制了一种齿形导向结构的新型离合器制动器结构，极大地减小了离合器结合和制动器脱开及刹车时的振动和噪音，提高了扭矩传递能力，提升了离合器制动器运动精度，综合提高了离合器制动器的使用寿命。

3）智能化高效精密热模锻压力机控制与智能接口技术。热模锻压力机不仅实现自身的智能化控制，还完成与多工位伺服送料、模具的清扫冷却与润滑等装置的集成控制，并与整个精密锻造生产系统、上一级信息管理系统集成，以及解决好底层单元与单元之间、单元与系统之间的智能衔接。

（2）智能化的物料输送技术与装置研究。

汽车关键零件智能化精密锻造生产系统由自动上料、坯料检测、剪切下料、重量分选、中频加热、多工位自动锻造、物料输送、锻后热处理等部分组成，工艺流程长、环节多，影响产品质量的因素复杂，为了保证汽车关键零件智能化精密锻造生产系统可靠运行，智能化的物料输送技术与装置研究显得尤为重要。

1) 料在线智能检测及筛选技术。本成套技术与装备中,采用了材料质量缺陷的检测与筛选技术;坯料重量的在线检测与筛选技术;坯料温度的在线检测与筛选技术;物料在线检测信息采集技术等在线检测锻坯的状态如表面及内在质量缺陷、重量或体积、始锻温度、终锻温度等产品质量参数及时剔除不合格毛坯,保证锻造过程的高质量。

2) 杂环境下的柔性多工位输送机器人技术。该生产线设计采用了柔性多工位伺服输送技术;运动副以及执行器件的防护技术;模块化夹钳快速更换技术解决了:多工位精密热锻成形时,锻坯需要在各个工位之间进行准确输送。以及由于锻坯多为不规则形状,锻造过程中还会因为各种原因产生较大的飞边,夹钳的结构设计有较大的难度;还解决了送料装置具备变距离输送能力。

3) 动润滑冷却装置系统设计。采用模具的温度控制技术;模具润滑技术;润滑材料特性与制备工艺技术解决了模具温度的控制和模具的合理润滑,提高了模具寿命。

4) 全自动模具模架快速更换技术。常规锻造生产线一般采用机内换模,或者配备简易换模臂辅助,工人手动操作,工作效率低下,工人劳动强度大,更换一套模具经常需要 4～6 h 以上,很难适应当前高精、高效全自动生产线的需求。

本生产线突破全自动模具模架快速更换技术,研制出智能化的全自动快速换模中心,不仅可以有效减少模具和模架更换时间,提高生产线的生产效率,而且能够提高汽车关键零件智能化精密锻造生产系统的柔性,满足多品种、变批量精密锻件的成形需要。

(3) 高效精密热模锻生产系统智能控制技术。

汽车关键零件智能化精密锻造生产系统是在现代传感技术、网络技术、自动化技术以及人工智能的基础上,通过感知、人机交互、决策、执行和反馈,实现汽车关键零件产品的智能化精密锻压成形,是信息技术与制造技术的深度融合与集成的技术与系统。因此,高效精密热模锻生产系统智能控制技术主要解决了以下问题:

1) 高效精密热模锻成套装备集成与联线。汽车关键零件智能化精密锻造生产系统包括坯料缺陷检测、下料与智能筛选、加热与温度检测与筛选、多工位精密锻造热模锻压力机、模快速更换具模架、锻件检测与分拣、物料输送与状态监控等底层智能单元。

本成套技术和装备中,根据高效精密热模锻生产系统设备的特点以及生产系统的运行要求制定出智能单元互连标准,开发了设备与设备之间、设备与系统之间的与智能接口技术,为底层设备与设备之间、设备与系统之间的智能连接提供支持。

2) 高效精密热模锻生产系统智能诊断、维护与安全运行技术。采用远程通信技术、监控检测技术、人工智能技术、多媒体技术及网络数据库等技术,开发了智能监控、诊断和服务系统,扩大产品的"服务"功能。形成了热模锻智能生产系统的故障特点分析系统,建立了故障诊断专家知识库,实现智能诊断与维护的策略。

（4）汽车零部件智能化精密锻造生产系统应用与示范。

在智能化高效精密热模锻压力机研制、高效精密热模锻生产系统智能控制技术研究、智能化生产系统运行管理技术研究和智能化的物料输送技术与装置研究的基础上，研制出了汽车零部件智能化精密锻造生产系统，并以哈尔滨轴承有限公司的轿车用第三代轮毂轴承毛坯生产为应用对象，构成汽车关键零部件轮毂轴承毛坯智能化精密锻造生产系统应用示范，在提升我国汽车零部件生产的装备能力水平的同时，打破了西方国家在相关技术领域的垄断，推动了我国精密锻造成形成套装备的更新换代与进步。

主要研究成果包括：

1）汽车零部件多工位精密锻造成形工艺设计技术研究。采用多工位热模锻压力成形，将锻件的多道成形工序集中在单台热模锻压力机上，实现短流程高效热锻成形，锻件的成形温度变化小，质量和性能稳定；采用无飞边或小飞边锻造成形技术，实现了锻件的精密化锻造，提高了材料利用率，节能节材。

多工位热精锻成形工艺优化以闭式锻压成形过程材料流动过程的数值模拟分析为手段，对锻件毛坯件的三维成形过程进行数值模拟，分析锻造过程中金属的流动、锻件和模具应力/应变场、锻件温度场和成形过程力能曲线，研究锻件的成形规律，给出齿轮毛坯件锻造过程中可能出现的缺陷及原因，为工件锻造工艺优化与模具设计提供指导，如图2所示，为轮毂轴承单元的工艺模拟过程分析。

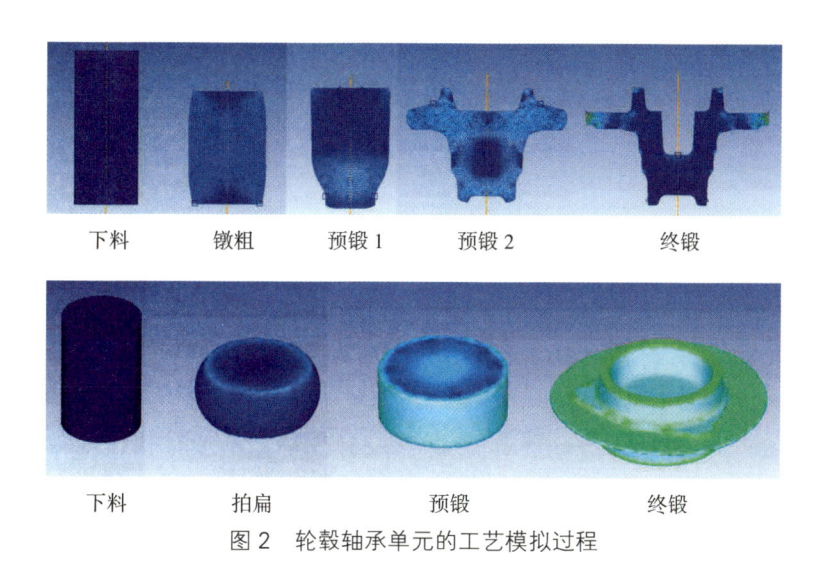

图2 轮毂轴承单元的工艺模拟过程

2）精密锻造模具设计制造技术。热锻要求的锻坯温度在800～1100℃，而且多工位自动生产线一般是高频次、连续锻造作业，模具由于接触传热等温升很快，模具工况十分恶劣。要保证锻造精度、稳定性及模具寿命等，不仅要通过合理冷却对模具温度进行控制，还要求润滑材料在短时间内在模具内表面迅速形成充分、稳定、均匀的润滑薄膜。另外，在锻件成形的过程中，氧化皮等杂质会残留在模腔内，如果不能及时清除，可能会造成模具表面损伤；如果残留物堆积在模腔内角，还会造成工件成形缺陷等，极大地影响产品质量和模具寿命。精密锻造模具设计制造解决了以下 3 个问题：基于磨损和热疲劳等因素耦合的模具延寿技术；模具的高效清扫技术；精密锻造模具制造工艺技术 。并且通过精密锻造模具设计制造，极大地提高了模具寿命和设备生产效率（图3）。

图3　汽车关键零件智能化精密热模锻生产线

并结合上述研究成果，在示范基地进行了严格的实际生产验证，从基础技术研究开始，进行了理论样机的设计、特定技术的研究等，并且严格按照汽车关键零件智能化精密热模锻工艺及生产实际技术需求，研制出了汽车关键零件智能化精密热模锻成套技术与装备。

2. 项目的特色和创新之处

（1）汽车零部件智能化精密锻造生产系统解决了复杂生产系统的自动化运行问题、智能控制问题、工艺过程信息管理与智能决策问题、与上层计划管理系统的集成问题等，其成果具有较好的借鉴和辐射作用。

（2）基于间隙、动载荷、热变形等耦合设计的智能化高效精密热模锻压力机设计技术，解决了压力机动态精度设计问题，压力机动态精度高、动作协调性与精度保持性好的技术难题。

（3）研制的全齿面导向的长寿命、高可靠性离合器制动器，通过摩擦副内力传递扭矩，动态稳定性高，维修方便，离合器使用寿命超过 300 万次，制动器寿命超过 600 万次。

（4）面向精密闭式热锻成形的坯料在线动态智能称重及筛选技术，通过控制坯料的质量，提高锻件的精度，改善热模锻成形工艺与装备的工况，延长使用寿命。

（5）集清理、冷却、润滑为一体的模具自动化冷却润滑系统，实现高效精密热模锻压力机生产线系统的高效、精密、环保、节能的全自动喷雾冷却和润滑，提高模具寿命，改善成形工况。

（6）采用 CAE 数值模拟技术与试验验证相结合，综合分析锻造过程中金属的流动、锻件和模具应力/应变场、锻件温度场和成形过程力能曲线，研究精密锻件成形规律，实现多工位精密锻造成形工艺优化。

（7）基于模具表面强化技术、磨损和热疲劳等因素耦合的模具延寿技术，提高模具耐磨损、抗疲劳性能，延长热锻模具的使用寿命，使模具一次换模使用寿命达到 6000 次以上。

三、主要技术参数、经济指标及社会、经济效益

1. 主要技术参数

本项目以已有技术为基础，集成各研究成果，研发出有自主知识产权的面向汽车关键零件精密锻造的智能化生产系统，各项主要技术性能指标达到国际同类产品先进水平。并以汽车轮毂轴承锻造为对象，通过对多工位精密锻压成形工艺及工艺参数优化、长寿命精密锻造模具设计与制造等技术研究，形成汽车关键零件智能化精密锻造的生产系统应用示范，打破了西方国家的技术垄断，提升了我国汽车零部件生产的装备能力水平。主要技术、性能指标见表1。

表 1　主要技术、性能指标

公称压力	25000 kN	公称压力	25000 kN
滑块行程	320 mm	全行程滑块运动垂直度	≤ 0.2 mm
工作台面宽度	1300/1500 mm	下死点重复定位精度	≤ ± 0.1 mm
滑块行程次数	70 ~ 80 次/min	热模锻刚度	≥ 1150T/ mm
生产线生产节拍	13 ~ 15 件/min	多工位送料重复定位精度	± 0.2 mm
工位数	3 ~ 5 个	整套模具模架更换时间	≤ 30 min

2. 社会效益和经济效益

本项目的实施大幅提升了我国锻造生产线的技术水平，具有显著的经济效益和社会效益：

（1）推动了我国精密锻造生产线的升级换代，促进了我国金属成形设备向成套化、智能化、精密化的方向发展，跨入了金属成形设备国际先进技术行列。

（2）研制的新一代高精、高效、高品质热模锻生产线，为我国汽车、军工、航空航天、

工程机械等行业提供高精度、高效率、高柔性化、成套集成的智能化锻造高端技术装备。

（3）本项目的高效精密热模锻智能生产线用于标志性机械基础件，第三代轿车轮毂轴承单元，以及"2013年国家产业振兴与技术改造专项"中提出的先进变速器：双离合器式自动变速器（DCT）和自动控制机械变速器（AMT）及其关键零部件，CBT变速器及其关键零部件中的齿轮的自动化锻造，符合国家"十二五"规划中、轴承行业中的重点发展方向和产业振兴发展纲要。

（4）本项目成果是国内首次推出的智能化高效精密热模锻生产线，能够显著提升智能化程度，提高设备的生产效率。该生产线将以优异的功能、优质的品质、优良的性能价格比提供给市场，可以改进我国精密锻造工艺水平，提高锻件质量，推动相关行业的发展，具有重要的经济和社会意义。

四、结论

汽车关键零件智能化精密热模锻成套技术与装备，以HFP25型25000 kN热模锻压力为主机，配套有步进式机械手、自动喷雾装置、自动上下料装置、中频感应加热炉、模具和模架等辅机，完成第三代轿车轮毂轴承（内圈/外圈）全自动锻造，并且可以扩展到轴承套圈塔锻、小汽车变速箱齿轮热精锻等领域，取得了显著的经济效益和社会效益。

汽车关键零件智能化精密热模锻成套技术与装备的推广，可以推动我国的锻造行业进行精锻设备更新、自动化实施、工艺水平提升等综合技术改造和创新。

通过新一代高效精密多工位热模锻压力机主机、高效精密热模锻生产系统智能化物料输送技术与装置、高效精密热模锻生产系统智能控制、智能化高效精密热模锻生产系统运行管理等关键技术攻关，研发出有自主知识产权的面向汽车关键零件精密锻造的智能化生产系统，各项主要技术性能指标达到国际同类产品先进水平。并以汽车关键为对象，通过对多工位精密锻压成形工艺及工艺参数优化、长寿命精密锻造模具设计与制造等技术研究，形成汽车关键零件智能化精密锻造的生产系统应用示范，打破了西方国家的技术垄断，极大地提升了我国汽车零部件生产的装备能力水平。

案例 17

大型数控径－轴向辗环机

济南铸造锻压机械研究所有限公司

本案例介绍了数控径-轴向辗环机，该设备可用于轧制无缝环锻件，如：轧制轴承环、齿圈、法兰、轮毂、薄壁桶形、风电法兰等锻件。可轧制碳钢、不锈钢、钛合金、铜合金、铝合金以及高温合金等材质的环形件。其主要技术具有自主知识产权，可满足国内环件锻造行业用户对大型重载数控径轴向辗环机的需求，替代进口。同时，可为用户提高生产效率和产量，带来良好的经济效益和社会效益。

一、导语

辗环是连续局部塑性加工锻造工艺，与整体模锻相比，可以大幅度降低设备吨位和投资，与自由锻造相比，加工环件精度高、材料利用率高、生产效率高。辗环机用于轧制无缝环锻件，如：轧制轴承环、齿圈、法兰、轮毂、薄壁桶形、风电法兰等锻件。可轧制碳钢、不锈钢、钛合金、铜合金、铝合金以及高温合金等材质的环形件。

济南铸造锻压机械研究所有限公司，从20世纪70年代起，在国内首家研制数控径－轴向辗环机，近几年，作为课题责任单位，联合9家单位共同承担并完成了国家科技重大专项"大型数控径－轴向辗环机"课题的研究，突破了大型数控径－轴向辗环机设计、制造、控制等技术难题，包括：上下双动径向轧制机构设计技术、上抽式芯辊轴机构设计技术、非刚性同步定心机构设计及控制技术、测量机构实时润滑技术及设备超强润滑技术、轴向轧制系统结构优化技术、主机强度刚度的有限元分析技术、大型环件辗环工艺CAPP软件的开发、轧制过程自动化控制及智能故障诊断技术等。

二、数控径－轴向辗环机设备组成

径－轴向辗环机同时对环件的径向和轴向两个方向进行轧制。环件径－轴向轧制成形原理如图1所示。

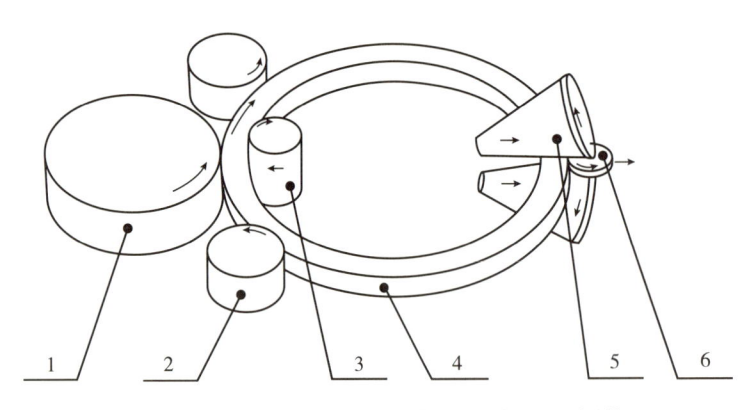

数控径轴向辗环机主要由机身、径向轧制单元（包括主滑块部件、上抽式芯辊机构、主辊部件、主传动机构、定心辊机构等）、轴向轧制装置、测量机构、液压系统、冷却系统、润滑系统、控制系统等组成，涉及机械、液压、数控编程、控制技术等多个技术领域。辗环机整机如图2所示。

1. 主辊；2. 抱辊；3. 芯辊；4. 环件；5. 锥辊；6. 测量轮
图1 环件径－轴向轧制成形原理

图 2　辗环机整机

三、主要创新点分析

1. 上抽式芯辊机构与四柱式上下双动机构设计技术

大型数控径－轴向辗环机是大型无缝环件热轧成形的专用设备，即通过对加热后毛坯施加径向、轴向轧制力，实现壁厚减薄、高度减小、直径扩大，对环件进行轧制成形。现有国产辗环机芯辊采用固定式结构，上下料时将上横梁翻转，环件需要从芯辊的上端套入或取出，需要操作机举升或下落行程较大，上下料不方便，而且时间长。并且芯辊的上下两端在一个框架上，芯辊与主辊之间的平行度不方便调整，对于环件的垂直度不能补偿。

针对以上的问题，采用上抽式芯辊机构，用于替代传统的芯轴固定式机构；采用四柱式上下双动机构，用于替代传统的固定单动式径向轧制进给机构。该机构把上抽芯装置安装在芯辊上支撑座上，两个提升油缸通过连接梁等零件实现芯辊提升和下落。两根上导柱连接芯辊上支撑座，两根下导柱连接芯辊下支撑座，上下导柱可以通过油缸分别驱动。

此项整体结构的技术突破，优点如下：通过采用上抽式芯辊机构，能够实现坯料与成品的水平进出，降低上下料难度，有利于组成生产线实现自动化的上下料，缩短了上下料时间，做到趁热打铁。径向轧制进给部分由四个导柱和固定机架、移动机架等组成，各部件构造简单，外形规整，易于加工，便于组装，而且保证了芯辊上下支撑的分别动作。

2. 非刚性同步定心机构设计技术

定心机构用于在轧环过程中，使环件圆心保持在设备的中心线上，保证环件平稳旋转。抱辊在环件的左右两侧抱住环件，两侧需要同步，并与环件直径扩大相适应。

先前的国产辗环机，左右两侧的抱辊安装在抱臂上，两侧通过齿轮刚性同步。轧环过程中，环件直径扩大，抱辊被动撑开。因受结构限制，抱角较小，对大型环件轧制时，转动不平稳，影响环件的圆度等。还有，对于薄壁环件，因抱辊被动撑开，其抱辊力较大，易导致环件抱扁，形成椭圆。

新结构取消了齿轮同步机构，如图3，通过液压系统实现两侧的抱辊同步。因不受空间限制，抱臂的转轴前移，无论轧制大小环件，都能获得较大的抱角。有利于环件平稳旋转。液压控制采用伺服控制技术，实现对抱辊的主动抱紧及抱辊力的自适应调整。

3. 测量装置实时润滑冷却技术

测量装置用于在轧环过程中测量环件的直径大小。其测量轮处在高速旋转和高温环境下工作。测量装置安装在上下锥辊之间，为适用轧制高度小的环件，其高度方向尺寸受空间限制。传统辗环机测量轮的润滑一直采用油杯润滑，不能实现轧环过程中实时连续润滑。测量轮未有独立的冷却管路，仅当对锥辊进行冷却时，滴落到其上的冷却水才能冷却，不能按其需要进行冷却。

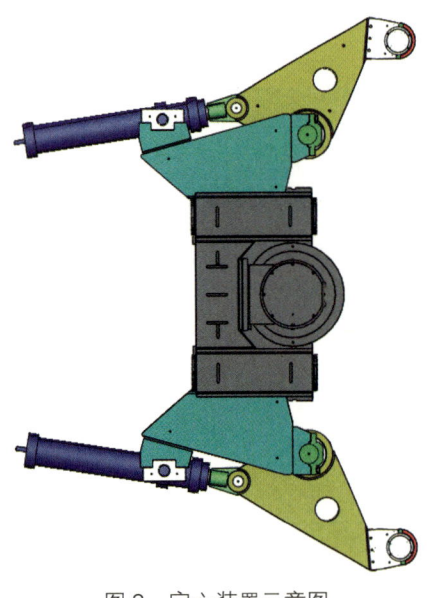

图3 定心装置示意图

通过在前梁上采用剖分结构将测量轮轴固定，在剖分面上铣削润滑和冷却沟槽，将润滑油引到旋转运动副，以及将冷却水引到测量滚轮。再用金属管穿过静梁连接前梁沟槽，接到后梁。后梁远离锥辊，就有空间连接润滑和冷却主管路，从而首次实现了辗环过程中对测量轮实时润滑和冷却。

辗环过程中对测量轮实时润滑和冷却，改善了设备润滑冷却状况，并且避免了人为因素。延长了相关零件的使用寿命。提高了测量系统的可靠性及维护方便性。同时测量装置可靠性提高，使测量尺寸正确，减少了废品率（测量轮润滑冷却示意图，见图4）。

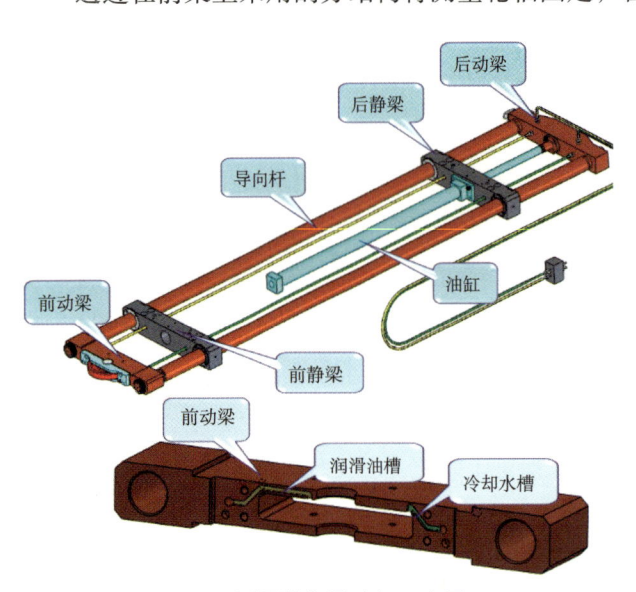

图4 测量轮润滑冷却示意图

4. 轴向轧制单元的上滑块导轨间隙调节技术

原有辗环机轴向轧制单元上滑块导轨间隙多采用垫片调节。但是大型辗环机轴向轧制装置的上滑块组件体积、重量均较大，且形状不规整。滑动导轨磨损间隙过大需要调整时，垫片调隙的调整机构需要配磨垫片，调整操作费力费时。尤其是调节滑块左右的侧面间隙时，需要拆卸整个上滑块组件（包含电机减速机），工作量巨大，维修时间长。常因此原因，滑块导轨磨损严重，滑块左右的侧面间隙较大时，辗环机带病运行，影响轧制环件的尺寸精度。

针对以上问题，课题组研发了一种结构新颖能克服设备空间限制、性能可靠的间隙调节装置，通过合理安排的锯齿形的动静调节板，只需要旋转调节螺栓就可以调整左右导轨以及前后导轨的间隙。本技术所采用的井式筋板焊接的开式机架，以及合理安排的前后导轨安装块，保证了锯齿形调节板和前后左右导轨拆卸的独立性，即当导轨磨损至超出调节范围需要更换时，不需要拆卸既大且重、形状又不规则的上滑块组件，就可在将动静调节板和前后导轨安装块拆下更换前后左右的导轨。

本技术所采用的结构不会导致设备外形尺寸变大过多，且调隙操作简单方便，既提高了设备的加工精度，也延长了铜导轨的使用寿命。而且导轨更换维修方便，既省时又省力，提高了设备的可靠性，保证了轧制环件的制造精度。

5. 锥辊轴组件的拆卸和预紧技术

由于锥辊工作过程中因磨损需要更换，锥辊轴承和密封的损坏都需要拆卸锥辊。因锥辊重量大，而且上下锥辊倾斜安装，所处位置不便拆卸操作。其预紧拆卸是辗环机维修人员的一个棘手的工作。

大型径-轴向辗环机的轴向轧制装置（图5），更换锥辊轴、密封、轴承时，需要将整个锥辊轴组件整体安装和拆卸。锥辊轴组件（见图6上锥辊轴系剖视图中彩色部分）包括锥辊轴、轴承、轴承套筒等。锥辊轴前部一般安装三到四套轴承，轴承的外面是一个套筒。这个套筒内外径和长度都比较大，最大超过1m。在锥辊轴组件装入机身时，由于外形尺寸大，配合面长，从开始接触到装配结束，轴承套筒的配合行程过长，导致装配和维修拆装时，相当费时费力，非常困难。

对此，将轴承套做成阶梯形式，前段大后端小。减小了配合面的装配行程，同时装配时便于导入。在锥辊轴的后端、电机座下部设置了预紧拆卸油缸。拆卸油缸通过活结、双头螺柱与锥辊连接。在拆装时，通过油缸将锥辊轴组件推出或拉入，并且对后端的轴向定位螺母预紧和拆卸都非常方便。因轧环过程中，锥辊转速和受力不断变化，并且锥辊还要冷热变化，其后端的轴向定位螺母极易松动，为此设计了可靠的机械防松结构。通过该技术的实施，不仅给安装和维修带来了方便，也保证了设备和人身的安全。

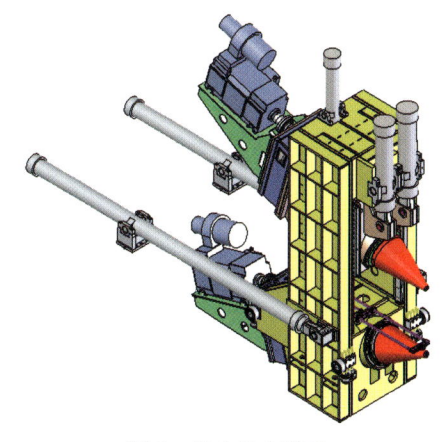

图5 轴向轧制装置

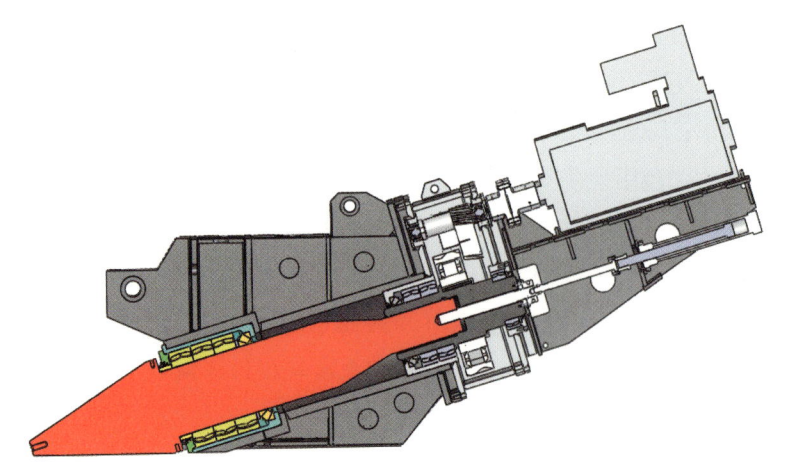

图 6 锥辊轴组件上锥辊轴系剖视图

6. 轧制过程自动控制及 CAPP 软件开发

径轴向辗环机轧环过程中，同时对径向和轴向两个方向进行轧制，这两个方向的轧辊转速需要合理匹配。径向和轴向的进给，实现对环件的双向轧制，环件直径长大，轴向轧制单元和定心机构需要以直径长大速度跟随。整个轧环过程中，环件的截面形状和直径连续非线性变化，径向和轴向轧制同时进行，相互影响，材料的流动应力受环件温度、变形程度、变形速度多因素影响。许多材料的流动应力的还缺少实验数据。轧环过程中环件的径向和轴向压下量等不能直接测量。这诸多因素使轧环控制非常复杂。

（1）环件轧制 CAPP 系统的开发。

应用塑形力学、几何学、运动学、动力学理论，研究了轧环咬入孔型条件、塑形锻透条件、轧制运动稳定性条件，建立了环件力能参数计算方法，通过有限元分析建模技术研究了环件轧制中环坯几何、应变、温度、轧制力的变化规律。在上述研究的基础上，开发了环件轧制工艺设计与控制规划 CAPP 系统软件。对环件轧制进行锻件设计、毛坯设计、设备选择、轧辊设计、成形参数和力能参数设计。

（2）锥辊主辊转速匹配技术。

环件轧制过程是一个环件直径连续增长的过程。在环件直径较小时，保证锥尖与环件圆心重合，环件与锥辊的各接触点速度一致，无打滑；此段范围内可使锥辊与环件外圆接触点的线速度同主辊线速度一致，其匹配算法比较容易。受锥辊长度的限制，当环件直径较大时，无法保持锥尖与环件圆心重合，环件与锥辊的各接触点线速度不一致，存在打滑现象，即存在前滑或后滑，前滑后滑两部分相差较大时会时轧环过程不稳定，并加快锥辊磨损。

经过分析，控制上使锥辊与环件线速度一致的接触点与环件的当前壁厚、环件在锥辊的位置、锥辊压下量等多个因素有关。项目组综合考虑各个影响因素，深刻分析同步计算的数学原理，根据环件轧制过程中的前偏后偏量测量，构造一个新的数学模型，采用闭环控制，进行平滑的实时调整。

实际轧制表明，此种新控制算法，使轧制过程中不再需要人为干预锥辊转速，操作更为方便，降低了对操作工的要求，进一步提高了自动轧制水平。

（3）径轴向轧制进给运动和轴向轧制装置跟随控制模型建立。

径轴向辗环机轧环过程中，同时对径向和轴向两个方向进行轧制，随着环件直径长大，轴向轧制单元和定心机构需要以直径长大速度为基准跟随运动。

根据轧环过程体积不变的原则，推导了环件直径长大速度如下：

$$v_{环} = \left(\frac{D}{s} - 2\right) v_{芯} + \frac{D-s}{h} v_{锥}$$

其中，D—环件外径；S—环件壁厚；h—环件高度；$v_{环}$—环件直径长大速度；$v_{芯}$—芯辊进给速度；$v_{锥}$—锥辊压下速度。

环件直径长大速度是轧环过程控制的重要参数，在保证以上进给速度关系基础上，还必须兼顾设备能力（如：轧制力、轧制力矩、各机构的速度范围等）。

（4）轧环控制系统组成。

控制系统硬件主要由上位机、下位机、发信开关、按钮、编码器、传感器和各种执行元件组成。上位机与下位机采用总线通讯。

以 PLC 作为下位机，PLC 具有多种智能模块，如上位机通讯模块、A/D 模块、D/A 模块、高速计数模块及各种 I/O 模块等。完成现场数据采集、逻辑控制、安全保护等功能。

以工业控制计算机作为上位机，完成环件轧制过程的监控，环件的参数输入，环件轧制过程参数存储，各机构参考点位置的修正，进行数据处理、运算，给下位机发布指令，故障报警等功能。

控制系统软件主要由上位机管理和控制软件及下位机轧制过程控制软件组成。

系统具有调整、手动（半自动）与自动等工作方式选择，在开启自动轧制功能时，在轧环机就绪条件下，操作人员在该操作台上根据轧制要求，调用合适的轧制工艺，然后启动轧制功能键，就可以实现一键式自动轧制，直到环件轧制完成，设备自动停止到原始位置。

四、主要成果

课题实施过程中，共申请专利39项，其中发明专利24项；已授权专利24项，其中发明专利9项；制定1项行业标准，正在审查中；颁布2项企业标准；授权软件著作权2项；发表论文30篇；加工装配规范1项，安装调试规范1项，新工艺、新装置、新材料4项。

五、经济效益

本项目产品主要技术性能指标居国际同类产品的先进水平，并具有自主知识产权，完全可以满足国内环件锻造行业用户对大型重载数控径轴向辗环机的需求，可替代进口。可为用户节约大量进口设备采购及维修费用，同时可为用户提高生产效率和产量，带来良好的经济效益和社会效益。

通过采用上抽式芯辊机构，缩短了上下料时间，减少了毛坯热量损失，工件的变形抗力减小，从而减小变形功，减少能耗，对于大型环件还可以减少加热火次，从而减少燃料和材料烧损，并减少环境污染。

测量装置实时润滑冷却技术的实施，延长了检测轮的寿命，提高了设备的可靠性，减少了废品率。

轧制过程自动控制及 CAPP 软件的研发，提高了轧环过程稳定性，提高了环件轧制的圆度精度，从而减少加工余量，达到节约材料的效果。

六、当前存在问题和展望

"大型数控径-轴向辗环机"项目组研究开发的试验机和 8000 mm 数控径-轴向辗环机样机，填补了国内空白，设备性能稳定，技术先进，力能参数足够，促进了我国辗环技术及装备行业的发展。在对大型环件径轴向轧制工艺研究的基础上，还需要进一步研究：

（1）辗环车间的自动化研究，从毛坯出炉—液压机制坯—轧环—下料的自动化生产线还需研究开发。以减轻工人的劳动强度，提高生产率和可靠性；

（2）异型截面环件的轧制技术研究，包括异型截面的轧环控制及毛坯设计等，以减少机械加工余量，提高材料利用率，合理分布环件的金属纤维；

（3）辗环控制向着精密、稳定的方向发展，工艺数据库需要不断地完善，环件轧制自动化控制技术需要继续深入研究。

案例 18

数控精密轧环装备及自动化生产线技术

武汉理工大学　浙江五洲新春集团股份有限公司
张家港中环海陆特锻股份有限公司

环件是机械装备承载与传动的关键基础件，广泛应用于国民经济和国防工业领域，其技术和产业体现着国家基础制造能力与水平。由武汉理工大学、浙江五洲新春集团股份有限公司、张家港中环海陆特锻股份有限公司开发的 HRM 热轧环机和热轧环精密成形技术，建设了环件精密热轧成形数控自动生产线，实现了直径 9 m 超大型无缝环件热轧成形。为环件轧制技术与装备自主开发和应用奠定了坚实的基础。

一、导语

环类零件（简称环件）是机械装备承载与传动的关键基础件，广泛应用于国民经济和国防工业领域，其技术和产业体现着国家基础制造能力与水平。环件轧制技术通过连续局部回转塑性变形，可高效成形精密尺寸和致密组织无缝环件，是国际公认的高性能环件先进制造技术。该设备具有成形环件尺寸范围大，环件直径 40 mm ~ 12 m、高度 10 mm ~ 4 m；成形精度高，冷轧可达精车精度，热轧相当于模锻精度；设备吨位小、力能消耗少，比锻造节能 20% ~ 40%；加工余量小、材料利用率高，节材 15% ~ 30%；环件组织致密、流线分布合理、疲劳寿命明显提高；生产效率高，最高可达 1000 件/小时；生产环境好，人工劳动强度低、冲击噪声小等特点。

经过一百多年的理论研究和应用技术开发，环件轧制先后发展出中小型环件径向冷轧技术、中小型环件径向热轧技术、大型超大型环件径-轴向热轧技术和厚壁复杂环件复合轧制技术，在提升环件产品机械性能、扩大环件产品规格方面取得了显著效果。例如，将中小型环件冷轧技术用于汽车轴承、机床轴承制造，大幅提高了轴承疲劳寿命和主机可靠性；将大型环件热轧技术用于风电、核电、航空发动机、运载火箭等重大装备关键环件制造，有效提升了装备性能、扩大了装备规格，这些显著应用效果使环件轧制技术国际影响力日益提升。

国内武汉理工大学、西北工业大学、华中科技大学、太原科技大学、济南铸锻研究所、西安重型机械研究所等单位基于自主开发的 HRM 热轧环机和热轧环精密成形技术，建设了环件精密热轧成形数控自动生产线，实现了直径 9 m 超大型无缝环件热轧成形。出版了国内外首本环件轧制专著《环件轧制理论和技术》，培养了一批轧环技术研发人才，为环件轧制技术与装备自主开发和应用奠定了坚实的基础。

二、研究内容与主要创新点分析

通过轧环理论、技术与装备深入研究、重点突破和系统集成，建立了精密轧环技术与数控轧环装备设计方法，研制了数控轧环装备与自动化生产线，实现了环件数控精密轧制成形。

1. 数控精密冷轧环装备与自动化生产线技术

由浙江五洲新春集团股份有限公司与武汉理工大学共同研制的 CRM 型精密数控冷轧环机，结构如图 1 所示。该设备创新性地研究设计了伺服电机-减速机-强力滚珠丝杠传动进给的机电伺服系统，取代了传统锻压设备的液压伺服系统，有效地解决了进给系统响应和运动精度控制问题，实现了 50 t 重载塑性变形条件下的轴承环冷轧成形精密进给，进给精度达到 0.005 mm，轧制成形的轴承环精度达到 ø100 mm ± 0.02 mm，明显高于德国和日本同类型精密冷轧环机成形精度 ø100 mm ± 0.1 mm。

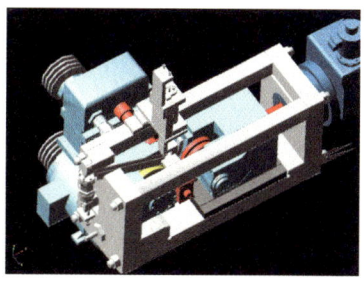

图 1　CRM 数控精密冷轧环机及结构示意图

CRM 系列精密数控冷轧环机采用两套位移传感器实时测量进给位置和终端尺寸，形成了完善的闭环测量控制系统，所采集位移量经过系统整形，分辨率达到 5 μm，可实现精确定位。控制系统采用了 Windows 风格的人机交互界面，显示工作状态、加工尺寸、设定参数以及故障报警，界面简洁、美观大方、面板布局紧凑，全数字化参数设定。

开发了冷轧环自动上下料机构，与 CRM 型数控冷轧环机集成匹配，建设了数控冷轧环件自动生产线，如图 2 所示。

图 2　冷轧环自动上下料机构、自动化生产线以及冷轧环产品

2. 数控精密径向热轧环装备与自动化生产线技术

热轧环成形适用于各种材料、各种尺寸规格的环件成形制造，在许多工业领域得到广泛应用。武汉理工大学联合三环锻压机床公司、无锡大桥机床公司、五洲新春集团公司等，经过多年研究，开发了国内首台 HRM 型数控立式热轧环机并用于工业生产。径向轧制进给运动采用了机电伺服驱动方式，由伺服电机、减速器和强力重载滚珠丝杠副组成，能够在高温、重载和冲击载荷情况下提供稳定的进给运动和轧制能力，保证环件精密热轧成形。

HRM 型数控立式热轧环机控制系统由可编程控制器（PLC）、人机界面、伺服电机和伺服驱动器组成。PLC 主要控制驱动辊的旋转运动和滑块进给运动。在驱动辊滑块和测量辊导轨上安装有位移传感器，实时测量驱动辊和测量辊的位置，形成位置闭环测量控制，这种控制方式可消除机械传动链上存在的间隙，实现高精度的位置控制。

综合考虑数控立式热轧环机结构特点、轧环工艺以及环件形状特征，设计了数控径向热轧环上下料机构，如图3所示。其中，上料和卸料采用气缸驱动多杆机构的方式，保证了上下料动作灵活，夹持可靠。建设了国内首条数控径向热轧环自动生产线，生产效率最高可达1000件/小时。生产实践表明上下料机械手柔性化程度高，对于不同规格产品和毛坯存在重量偏差的环件具有很好的适应性。数控自动热轧环成形生产的环件直径误差可达 ø200 ± 0.25 mm，圆度误差在 0.5 mm 以内。

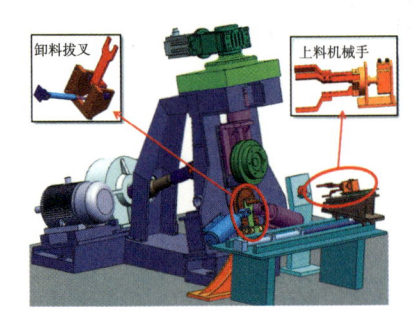

图3 数控热轧环自动上下料装置以及数控径向热轧环自动生产线

3. 超大型环件数控径 – 轴向热轧环装备与自动化生产线技术

直径 5m 以上的超大型无缝环件是石化、能源、国防装备的关键零件。武汉理工大学与张家港海陆环锻公司、济南东力数控机械公司等合作研究，开发了超大型无缝环件径 – 轴向热轧成形技术和超大型数控径 – 轴向轧环装备 RAM90000，建设了加热 – 液压机制坯 – 径 – 轴向热轧环自动生产线。数控径 – 轴向轧环装备 RAM90000 如图4所示，该设备于2011年投入生产使用，可实现最大直径 9 m 环件和最大高度 1.5 m 环件轧制成形。RAM90000 数控径 – 轴向轧环机是机、电、液一体化的数控设备，该设备驱动辊电机采用直流电机，可实现轧制线速度调节，以满足不同尺寸环件轧制需求；锥辊电机采用转速同步和转矩同步技术，使轴向轧制更平稳、电机功率得到充分发挥。芯辊机构采用下抽技术，上下料安全方便；锥辊滑块采用放射形导轨技术，可有效控制热变形量，防止由于热变形量过大引起的滑块卡死，并且导轨间隙可调整。

RAM90000 数控径 – 轴向轧环机控制系统硬件主要由上位机、下位机以及各种高精度传感器、执行元件等组成。上位机

图4 RAM90000 数控径 – 轴向轧环机

采用工控计算机，下位机采用大型可编程序控制器（PLC），并具有多种智能模块，如上位机通讯模块、A/D 模块和 D/A 模块、高速计数模块、CCLINK 及各种 I/O 模块等。控制系统采用分布式 CCLINK 总线控制系统，在操纵台、油泵柜、液压站均有 PLC 模块或 PLC 设备站，主辊 / 锥辊直流调速柜同样采用 CCLINK 总线控制。开发了毛坯重量在线检测技术，操作人员可根据毛坯重量的大小随时改变加工余量的分配，降低废品率并提高产品精度；机构位移尺寸（包括环件尺寸）检测采用缸内传感器及绝对式编码器，数据采集格式采用 SSI 数字信号，稳定可靠；设备故障检测进一步优化，系统会在出现故障时及时将故障类型提示给操作者，以便于设备维护。在环件轧制过程中，主辊轧制线速度自动调节，根据环件尺寸，控制主电机自动降速，并随着环件尺寸增大，自动增到指定速度；线速度改变过程中，锥辊电机转速自动跟随；可以实时监测环件中心位置，并进行调节，保证环件平稳运动，提高环件几何精度；控制系统可自动存储轧制过程中转速、压力、环件尺寸、温度等参数，从而实现轧制过程可追溯，为轧制工艺优化提供数据参考。

针对目前大型环件制造生产线上，生产工艺严重依赖人工制定，各工序之间无法实现信息共享和统一管理的现状，结合实际径 – 轴向轧环生产情况，基于面向对象技术、数据库编程和软件开发技术，开发了大型环件径 – 轴向轧制全过程 CAPP 系统，实现了大型环件生产过程的原材料选择，下料工艺，毛坯设计、锻件设计、径 – 轴向轧制工艺和热处理工艺的快速自动制定。大型环件径 – 轴向轧制全过程 CAPP 系统采用了整体开放式的结构，在此系统中设计人员所需设计的内容，设计中所遵循的方法以及现有的知识与经验相对独立，即设计对象信息模型、推理决策工具与知识库的相对独立，应用方便。

图 5 所示为 CAPP 系统主要工作界面，该系统涉及的功能有：环件锻件设计，环件毛坯设计，轧环工艺设计，原材料的选择，下料钢锭计算以及加热规范与热处理规范制定。基本思路是根据最终环件尺寸，配置适当机加工余量来确定轧制后的环件锻件尺寸，由轧制后的环件锻件尺寸按照某一规则确定环件毛坯尺寸，根据环件锻件的重量，钢锭高径比要求和生产件数来选定原材料，计算下料后的钢锭，通过对同型号环件的轧制工工艺曲线进行数值拟合，以确定此型号环件的推荐曲线，由钢锭的尺寸与材料种类制定加热规范，根据环件锻件和最终环件性能要求来制定热处理规范，最后编制工艺流程卡和热处理工艺卡。

应用超大型环件径 – 轴向热轧成形技术，

环件轧制CAPP系统欢迎界面

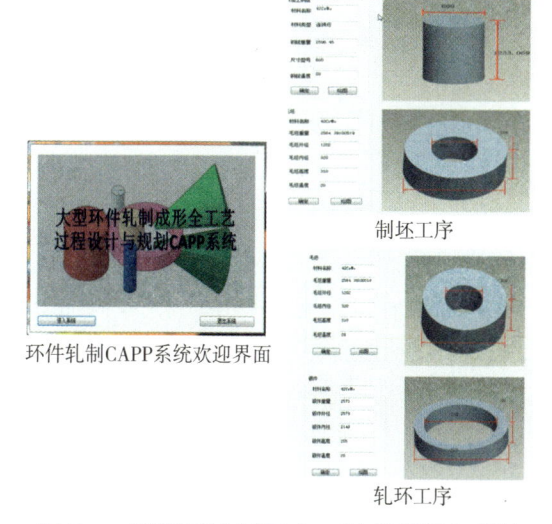

制坯工序

轧环工序

图 5 大型环件轧制成形全工艺过程设计与规划 CAPP 系统主要工作界面

生产了 ø5～9 m 不同材质、不同断面形状的超大型环件，如图6所示。超大型数控径－轴向轧环技术与装备打破了国际封锁，实现了能源、国防重大装备超大型无缝环件自主开发生产，使我国成为具有国际先进水平的大型复杂无缝环件重要生产基地。

直径9 m环件　　超厚壁环件

1.6 m超高环件　　直径4 m复杂环件

图6　典型径－轴向轧制大型环件产品

4. 数控复合热轧环装备技术

广泛应用于工程机械领域的双边法兰、高压球阀体、石油管道端接头和回转支承等环件，其几何特征为厚壁、孔径小、表面带有深槽，均为厚壁深槽类环件，传统工艺难以实现低耗、高效和高性能制造。为了解决此类环件的成形问题，武汉理工大学联合无锡大桥机床公司深入研究了三辊横轧以及复合轧环技术，开发了厚壁深槽环件复合轧环技术与数控复合轧环装备如图7所示。应用复合轧环技术，建成了石油管道端接头、高压阀体、双联齿轮等厚壁深槽环件复合轧制生产线，实现了该类环件节材、节能、高效、优质成形制造，产品出口到美国、意大利等国家，取得了显著的经济效益和社会效益。

图7　复合热轧环设备

三、主要成果

CRM 系列精密数控冷轧环装备的研制成功，填补了我国数控精密冷轧环设备的空白，拓宽了我国环形零件采用冷轧环工艺加工的范围，节材效果显著，保证了我国高性能高精度轴承环轧制成形生产。该设备不仅在我国轴承企业得到广泛应用，还批量出口至SKF印度公司、FAG韩国公司，显著提升了我国轴承装备国际市场竞争力。数控精密轧环技术与装备研究的主要成果有：

（1）创新研究设计了伺服电机–减速机–强力滚珠丝杠机电伺服进给系统，实现了重载轧环装备机电伺服精密进给。

（2）基于重载精密机电伺服进给，开发了CRM数控精密冷轧环机和冷轧环自动化生产线，开发了HRM数控精密热轧环机和热轧环自动化生产线。数控精密轧环生产线不仅在我国得到广泛应用，还批量出口，显著提升了我国锻压装备水平和国际市场竞争能力。

（3）开发了超大型环件数控径–轴向轧环装备和自动化生产线，实现了直径 ϕ9 m 超大型无缝环件自主制造，打破了国际垄断，保证了我国能源和国防装备建设需要。

（4）提出了三辊横轧与轧环复合的复合轧制方法，开发了数控复合轧环装备和自动生产线，实现了石油管道端接头、高压阀体、双联齿轮等厚壁深槽复杂环件轧制成形生产。

（5）发表学术论文100余篇，出版了国内外首本环件轧制专著《环件轧制理论和技术》，编写《锻压手册》《中国材料工程大典》的轧环技术章节。获授权发明专利20余项、计算机软件著作权5项。

（6）制订了《数控冷辗环机》（JB/T12101-2014）和《冷轧轴承环件机械加工余量及公差》（JB/T11759-2013）等机械行业标准。

（7）获得国家科技进步二等奖、省部级科技进步一等奖。

（8）建设了环件精密轧制成形技术与装备研发团队，与多家企业合作建立了产学研基地，培养了一批博士硕士研究生和工程技术人员。

四、当前存在问题和展望

《中国制造2025》对轧环技术与装备提出了新的更高要求，以下方向还需要大力研究开发：

（1）中大型数控精密冷轧环技术与装备。直径 $\varnothing$220 mm 以上的中大型高性能环件在高铁、飞机、舰船、高档机床等高端装备中有着广泛应用，需要研究开发直径 $\varnothing$220 ~ 500 mm 的中大型高性能环件冷轧成形技术与装备，以满足高端装备制造需求。

（2）环件轧制智能化技术与装备。环件轧制过程参数复杂，对轧制成形环件产品性能有着重要影响。需要研究环件轧制过程参数在线智能测量控制技术，进而实现轧制环件性能质量定量化智能化控制。

（3）大型数控复合轧环技术与装备。随着"一带一路"战略实施，长距离大输量油气管道装备工程加速建设，油气管道用厚壁、深槽、球形等大型复杂连接法兰、高压阀体环件有着重大需求，迫切需要研究开发大型数控复合轧环技术与装备。

（4）特种材料大型复杂形状环件数控精密冷轧环技术与装备。铝合金、钛合金、高温合金等特种材料大型复杂形状环件在航空航天、国防重大装备中有着广泛应用，该类环件目前主要采用简单形状环件预制坯轧制成形－后续切削加工技术生产，不仅材料消耗大、生产效率低、制造成本高，而且难以保证环件的组织性能，迫切需要研究开发特种材料大型复杂形状环件数控精密冷轧环技术与装备，实现特种材料大型复杂形状环件近净形数控精密轧制成形。

案例 19
精密铜管铸轧加工自动化与质量控制系统

中国科学院金属研究所

我国制冷用精密铜管的年消耗量达到近 100 万 t，铸轧法制造铜管是一种自动化、连续化的高效制造新工艺，它是将连铸管坯通过高速旋轧直接轧出盘管，取代了传统的半连续铸造、加热、卧式挤压、孔型轧制等多道次生产方式。通过十几年的工业化生产，证明用铸轧法生产铜管材是一种短流程、节能降耗、低碳和环境友好的生产工艺，有力地促进了我国空调制冷等行业的快速发展

一、导语

铜加工业是我国国民经济发展与国防建设的重要支柱产业之一,铜加工材产量近年来一直以 10%～12% 的速度增长,我国铜加工规模、产量、消费量已连续多年居世界第一,总产量约为世界总产量的 1/3 多。其中,我国制冷用精密铜管的年消耗量达到近 100 万 t。

空调铜管传统生产工艺为"坯料半连铸—穿孔—挤压—酸洗—冷轧—拉拔—炉式退火"(简称挤压工艺),存在工艺流程长、成材率低、能耗大、成本高等缺点。"水平连铸—行星旋轧—盘拉—罩式炉退火"工艺(简称水平连铸-行星旋轧工艺)和成套装备实现了精密铜管短流程高效生产的创新技术,大幅度提高铜管生产效率。铸轧法制造铜管是一种自动化、连续化的高效制造新工艺,它是将连铸管坯通过高速旋轧直接轧出盘管,取代了传统的半连续铸造、加热、卧式挤压、孔型轧制等多道次生产方式。通过十几年的工业化生产,证明用铸轧法生产铜管材是一种短流程、节能降耗、低碳和环境友好的生产工艺,有力地促进了我国空调制冷等行业的快速发展。除此之外,铸轧技术正在被开发应用于铝合金管以及钛合金管材的生产。一旦产业化开发成功,铸轧法也将是铝合金管材生产的一个重要方式。对于钛合金管材生产,目前的挤压技术有相当的难度和缺点,铸轧生产如获成功将大力激发钛合金管材的应用。

二、铜管铸轧技术简介

铸轧法生产精密铜管是一种全新的生产工艺,其主要创新方法有两点:首先开发铜管坯水平连铸工艺,将水平连铸技术应用于铜管制坯生产;其次将德国开发的三辊行星旋轧技术应用于铜管坯减径减壁加工,以替代挤压变形加工和冷轧加工。其工艺流程为:水平连铸管坯→三辊行星旋轧→联合拉拔→盘拉→缠绕→退火(图1)。

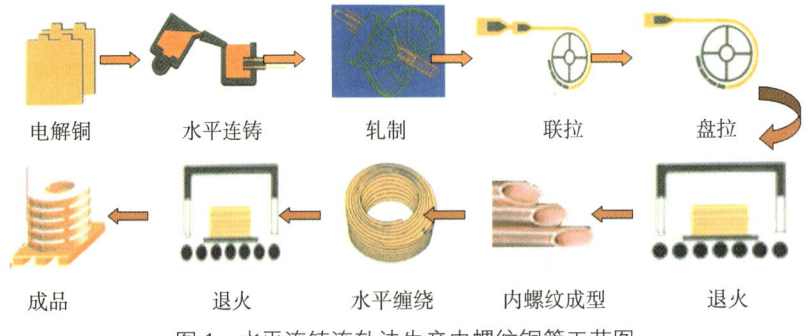

图 1 水平连铸连轧法生产内螺纹铜管工艺图

铸轧法工艺生产铜管的优点是：

（1）生产效率高，适合大工业化多工序流程式流水线作业。

（2）铸坯经过行星轧机的大变形轧制，可以实现室温坯料依靠塑性变形热与摩擦热完成动态再结晶，变形量达到90%以上，显著细化了晶粒组织，保证后续多道次连续拉拔工艺免除工艺退火，缩减流程，提高了成品率和力学性能。

（3）适用于生产超大盘重铜管。

铸轧法生产精密铜管的这些优点在大规模工业化生产中得到了充分体现，尤其是第一条，设备的高产出率大大降低了加工成本。在与其他三种方法生产精密铜管的竞争中，最终铸轧法以绝对优势胜出，基本将挤压法、上引连铸法和焊接法淘汰。实践表明：铸轧法与挤压法相比，具有工艺流程短、成品率高、能耗低、成本低、建设投资少、生产效率高等明显优点，电能平均消耗为800kWh/t，产品单位加工费用比挤压法低500元/吨，生产线建设投资比挤压法节省40%。铸轧法目前已成为国内外主流精密铜管生产技术，在国内得到了广泛的应用，目前国内90%以上的空调制冷铜管使用铸轧方法生产。我国依据铸轧技术成为世界最主要铜管生产国，技术实现国际领先，很多日本、美国、欧洲国际铜管加工企业退出铜管生产。

三、铜管铸轧加工自动化工艺与模拟仿真

1. 水平连铸

水平连铸技术具有如下优点：对厂房的高度要求低、占地面积小、设备少且简单易于维修、易于安装电磁搅拌器、可浇铸的金属和合金品种多、保温炉和结晶器的密封减少了液态金属的氧化、可浇铸铸坯的断面和形状范围大等。

铜管水平连铸工艺的整个生产过程是：首先把电解铜板加入到熔化炉中，待铜板充分熔化之后，倾倒熔化炉使熔融的铜液经过流槽流入到保温炉内，铜液在静压力的作用下流入结晶器中，遇到一次冷却水强冷的结晶器内壁开始结晶凝固成具有一定强度的坯壳，然后由牵引机通过程序自动牵出结晶器，同时铸坯表面受到二次冷却水直接喷射冷却，待铸坯达到一定长度时自动剪切，然后自动进入下一道工序。在连续牵引过程中，由于铜液受到静压力的作用而不断地补充到结晶器里，从而不断地结晶凝固成坯壳而被牵引出来，这就形成了水平连续铸造的整个过程。因此，在了解水平连铸基本过程及影响因素的基础上，利用计算机模拟、对水平连铸充型及凝固过程进行模拟仿真。优化了水平连铸过程中浇注温度、一次冷却强度和二次冷却强度、拉坯速度等工艺参数，减少水平连铸件生产试验次数，缩短生产周期，确保铸件的质量，增强市场竞争力。

2. 三辊行星轧制

三辊行星轧制成形是单道次大变形成形过程，变形量大、温升快、组织演变剧烈，因此对该轧制过程变形场、温度场和组织场都需要深入研究，具有重要的理论意义和实用价值。

三辊行星轧机主要包括一个大转盘、三个渐锥形的轧辊和一个芯轴以及一个喂料小车。管坯的运动特点是由入口时的旋转咬入前进至出口时由于大转盘的平衡作用，而实现出口处的轧管不发生转动。

三辊行星轧制一道次加工变形量高达90%以上，相当于8道次普通轧制变形量，其生产效率非常高，而且该工艺为冷轧成形，不需要加热。轧制过程中，由于极大的变形量和高摩擦力转变成大量的热量，使管坯温度升高到700℃左右，管料发生了完全动态再结晶，晶粒得到细化，轧制后的管料可以直接进行拉伸成形，不需要中间退火，显著地简化了加工工艺。铸轧工艺连续性很强，与挤压工艺相比，更适合自动化连续生产线加工。

由于三辊行星旋轧的运动和坯料的变形流动非常复杂，无法直接观测，通过应用有限元模拟的方法来再现和研究三辊行星旋轧这一复杂的变形过程是一种很有效的手段。计算中采用更新的Lagrange算法、Prandtl-Reuss流动方程以及Von Mises屈服准则处理行星旋轧过程三维大变形问题。根据建模软件输出的三辊行星旋轧模型建立了有限元模拟模型。

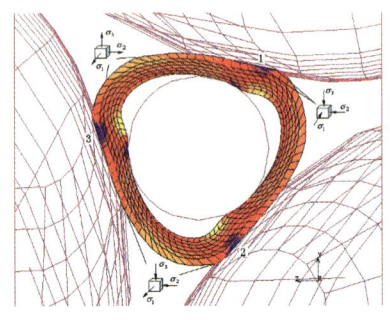

（a）坯料断面应力图

（b）现场辊缝下坯料变形照片

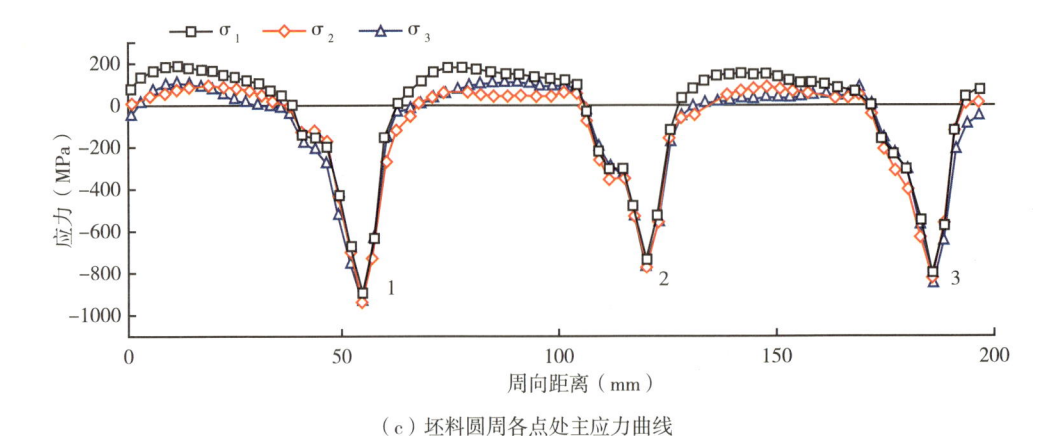

（c）坯料圆周各点处主应力曲线

图2 轧制过程中辊缝下坯料断面应力图（a）~（c）

经过有限元仿真模拟可观察到三辊行星轧机轧制铜管坯时,管坯从咬入、减壁到辗轧抛出的全过程中要经受一个由圆形、三角形、再归到圆形的变形过程。

三辊行星轧制过程中坯料受到三向压应力的作用,这样有利于坯料的变形和对铸坯中微小气孔和疏松的压合,但具体这种压应力的分布、大小和非接触区应力状态却很难获知。通过模拟计算可以获得3个主应力的大小和方向,进而得知应力分布状态,图2为轧制过程中辊缝下坯料断面应力图。

通过与生产中获取的照片相对比,证明有限元模拟结果具有很好的参考价值。通过有限元模拟分析可对不同工艺参数下坯料的变形情况进行预测分析。当轧辊辊缝和推车速度的工艺参数调整不合理时,通过有限元模拟可以提前预测出可能产生的缺陷,防止相关工艺缺陷的产生。

3. 拉拔

铜管铸轧生产中,管材壁厚和直径的加工工艺主要采用游动芯头拉拔变形加工方式。铜管拉拔时,管内放置的芯头没有固定,该芯头为游动芯头。游动芯头与固定芯头的根本区别是:在它的定径圆柱后面有一个锥形段,如图3所示。因此在拉拔时,它所承受的外力合一产生轴向平衡,使芯头保持在外模的变形区内,实现管材的减径和减壁。

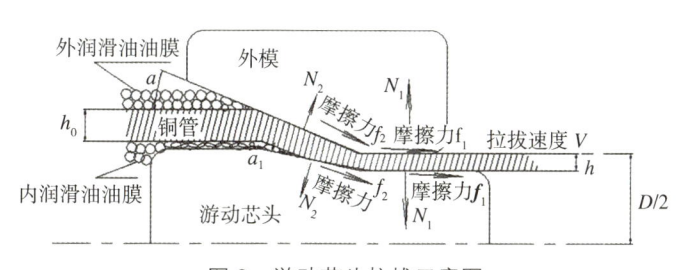

图3 游动芯头拉拔示意图

目前铜管拉拔主要采用联合拉拔工艺,即二联拉、三联拉和四联拉。图4为二联拉设备布局图。通过双凸轮小车往返交替工作实现拉拔运动,其第一道次最大速度为54 m/min,管坯经过第一道次拉拔后自动送入第二道次进行拉拔,实现二道次联合自动拉拔;第二道次最

图4 二联拉设备布局

大速度为 101 m/min，第二道次拉拔速度会根据第一道次实际拉拔速度来自动调节。此外，拉拔机能够自动调节第二道次拉拔铜管进入模具前的预紧力。

图 5 为铜管拉拔的三维和二维有限元模型。通过对管材外径和壁厚尺寸变化分析可知，锥形角对外径和壁厚的影响作用相互矛盾，随着锥角增大，外径偏差先增大后减小，壁厚偏差先减小后增大，因此需要综合考虑这两个指标选择合适的锥形角。总体来看，拉拔模具锥角对管材轴向应力和产品尺寸的影响作用较小。通过正交试验得到优化工艺参数为：模具锥角 13°、摩擦系数 0.05、拉拔速度 2.6667 m/s。

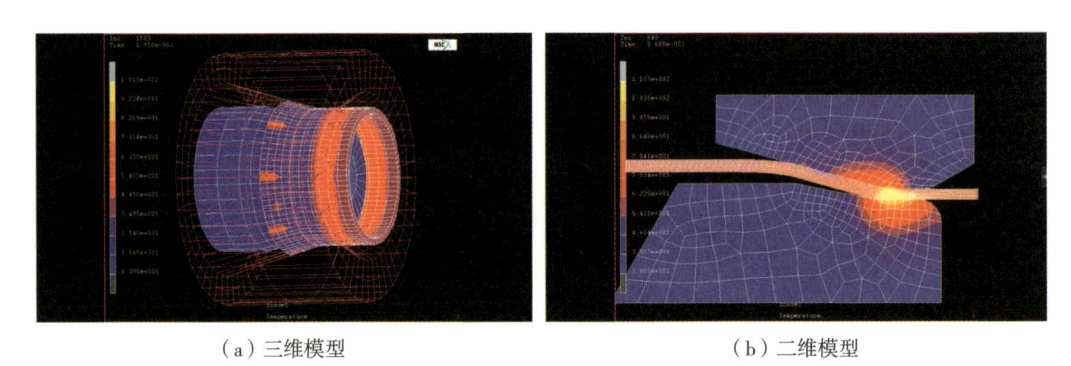

（a）三维模型　　　　　　　　　　　（b）二维模型

图 5　拉拔有限元模型

4. 内螺纹成形

内螺纹铜管是指外表面光滑，内表面有一定数量、一定规则螺纹的铜管，是一种高精度、高热传递效率的制冷装置使用材料。现广泛使用滚珠旋压工艺生产内螺纹铜管。

内螺纹铜管的滚珠旋压工艺包括三个道次，减径拉拔、旋压螺纹起槽和定径空拉成形，成形过程如图 6 所示，一个轴向可以自由旋转的外表面带有螺纹槽的芯头塞入铜管内部，轴向通过连杆和可以绕铜管轴线自由旋转的游动芯头连接。拉拔过程中，游动芯头主要起到对螺纹芯头的轴向定位作用。旋压起槽后的螺纹管经最后的定径空拉，加工成要求规格的内螺纹铜管。

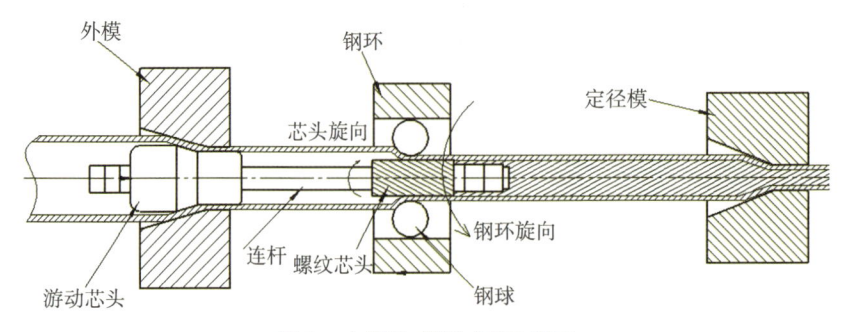

图 6　内螺纹成形过程示意图

为更好分析旋压成齿的金属流动规律，通过模拟研究管截面金属的流动速度分布如图19所示。在管的截面可以清楚地看出管坯按变形方式可大致分为已成形区、变形区和待变形区，已成形区的齿形已基本充满，变形区为齿充型阶段，而待变形区已有上一道次钢球旋压成形的部分齿形，这进一步说明了齿成形的多道次旋压局部成形规律。

5. 退火

铜盘管退火是铜管生产过程中的一道重要的工序，它决定着铜管的后续加工和最终产品的综合力学性能和质量。退火过程中，随温度的变化，铜管内部组织经历了回复、再结晶和晶粒长大三个变化过程。温度是影响这三个过程的重要因素之一。在实际生产中，工程技术人员通过控制退火温度来控制铜管的质量。由于退火过程中温度变化十分复杂，炉内气体的温度、铜盘管的温度都是随时间变化的，并且在同一时刻不同位置的温度还不相同，特别是铜盘管内部的温度还无法用现有的测温仪器直接进行精确测量。因此，采用合理的方法来预测铜盘管退火过程中的温度场对控制铜管的力学性能及提高铜管产品质量显得十分重要。

四、铜管铸轧加工质量控制系统

通过对铜管公司质量管理工作的调查分析，基于企业内部ERP系统的实施，综合一些先进的质量管理的理论方法、ERP技术和专家数据库技术等，使用塑性成形生产过程控制系统中的质量信息监督模块的结构框架，设计开发了一套适用于铜管铸轧加工现有情况，包括生产数据管理、质量分析、质量诊断、报表生成、生产过程管理、设备管理、标准规范及原材料管理在内的质量监控系统。铜管铸轧加工过程质量控制系统总体框架如图7所示。

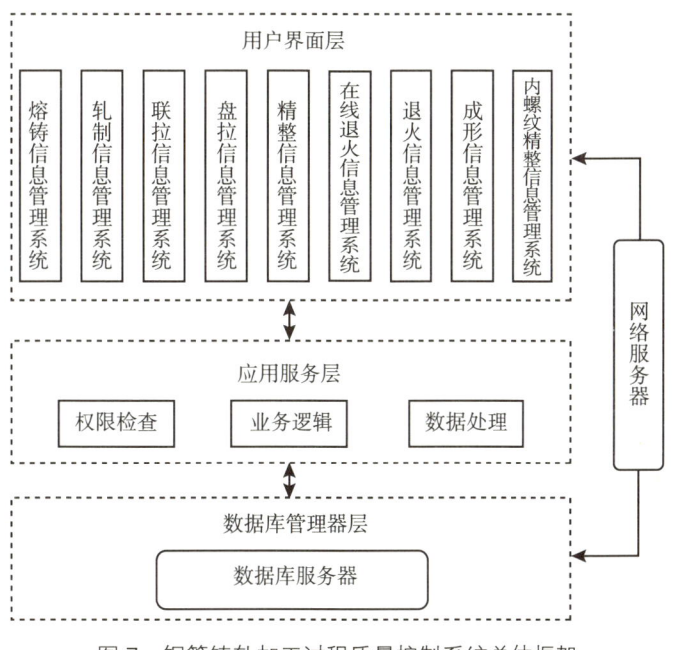

图 7 铜管铸轧加工过程质量控制系统总体框架

由于用户的多样性（包括操作者、工艺员、质管办、信息中心、企业领导等），系统提供了多用户功能，且针对不同的用户、不同的管理层次进行相应的权限分配。为了实现公共数据共享、信息反馈迅速、查询方便快捷，系统采用三层 B/S(浏览器／服务器) 结构。第一层是用户界面层，包括必要的数据类型检测、数据输入等窗口。第二层是应用服务层，主要处理包括权限检查、数据处理等过程。第三层是数据库服务器管理层，配合企业正在实施的 ERP 系统，数据库采用 SQL SERVER2000 数据库，主体是数据库结构，也包含一部分数据处理过程所用的存储过程开发。三层 B/S 结构使得客户端的操作界面友好，通过简单的操作就可以完成日常管理工作，而且系统的模块存放在 WEB 服务器上，其设计、维护和更新工作只需在 WEB 服务器上进行。在车间内部 Internet 的基础上，用户 B/S 模式，根据被分配的不同的权限，访问不同的业务逻辑模块，来进行各自的业务处理，通过向数据库服务器提出数据或其他资源的请求，WEB 服务器再将请求结果返回客户端浏览器。

铜管铸轧加工过程质量控制系统是基于企业内部局域网实现信息的集成与共享，可以对车间生产过程中的有关质量信息进行动态追踪，反映车间的主计划（车间的生产能力）、计划的分解，原材料、半成品、成品的存在状况及相互关系、设备运行情况，工人熟练程度，产品加工能力等。首先建立车间信息数据采集系统，将各工序产品的质量信息录入到数据库中；接着进行质量分析工具设计，包括工序能力指数计算工具与各种 SPC 控制图工具；最后进行质量诊断工具设计，应用 SPC 技术对采集进来的数据进行分析，并提供分析报表，以供管理人员进行决策。

铜管加工过程涉及多个工序，由此带来了大量的工艺参数、零部件图纸、模具设计、技术文档等资料需要管理。将知识推理、神经网络、遗传算法，数值模拟、均匀设计和 CAD 参数化设计等技术运用到工艺设计和参数优化中，充分发挥各自技术优点，克服了传统专家系统智能程度低、设计方法单一和知识获取困难的缺点，实现铸轧工艺的智能化设计，图形文档的电子化管理，通过 WEB 方式，车间管理人员在车间内部的各个客户端上能够方便快捷地查询与获取所需工艺技术资料，便于指导生产。

系统初始化设置成功后将进入系统主界面，系统主界面设计有 9 个主菜单，分别是：现场数据输入及管理、系统管理、质量分析、批号追踪、数据库、生产工艺管理、报表、服务器配置、帮助等。

图 8 为质管员数据输入界面。考虑到质管员经常要连续输入大量的数据，工作量大，与现场工序数据的逐条输入方式不同，因此采用了 excel 格式的数据输入方式，可以有效地提高工作效率，便于数据统计分析与管理。

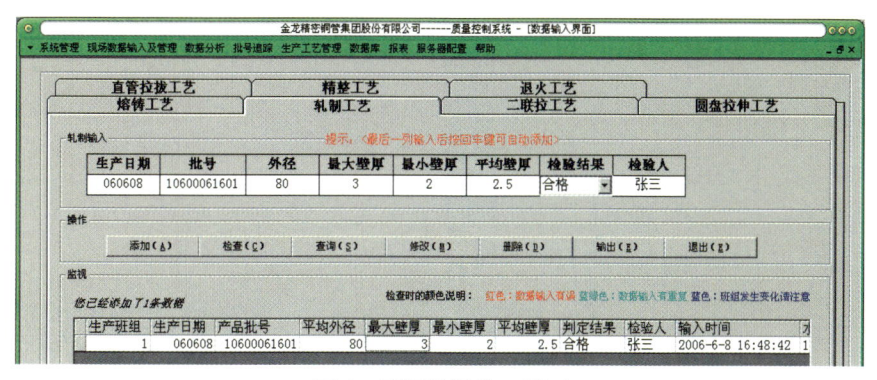

案例 19
精密铜管铸轧加工自动化与质量控制系统

图 8　现场数据输入界面

数据分析主要包括直方图质量分析、X 单值图质量分析、XR 控制图质量分析与工序数据统计分析等质量分析工具。图 9 为铜管生产线质量分析工具中的直方控制图界面。图中是对 2005 年 10 月 15—16 日输入的二联拉工序，1 班组生产的规格为 30*1.4 的最大外径的 22 条数据统计分析结果。用户在分析前必须指定分析数据的相关信息，包括工序、班组、客户、规格、目标、时间范围等，系统根据用户给定的条件自动进行分析计算，给出数据的统计个数、最大值、最小值、平均值、分组情况、过程能力等信息，还可以进一步输出直方图并给出相应的分析结果。

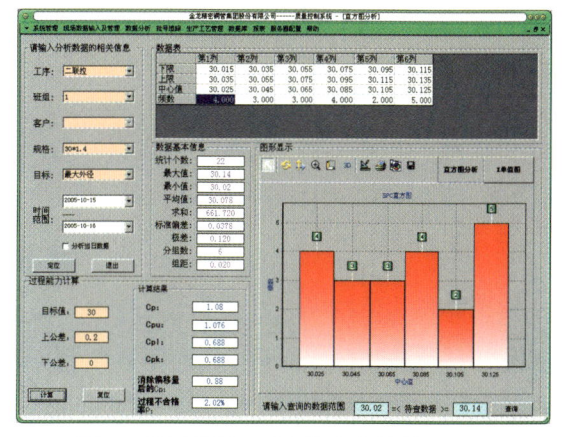

图 9　质量控制工具中的直方控制图界面

图 10 为 $\bar{X}$-R 控制图质量诊断界面，在用户确定目标值、公差范围以及质量特性后，系统根据 $\bar{X}$-R 控制图界面中计算出的均值控制图、极差控制图以及过程能力的计算结果自动进行分析判断，给出整个分析过程的诊断结果或质量警报。用户可以根据提示检查过程能力状态，查找在生产过程中出现的异常，以及检验数据的准确度，并作出质量报告，达到指导生产的目的。

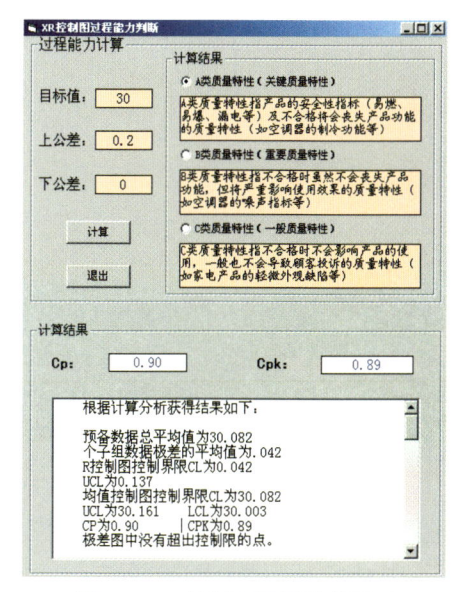

图 11 为数据统计图形界面。用户可以根据需要，方便地生成各种质量统计分析图。

图 10　$\bar{X}$-R 控制图质量诊断界面

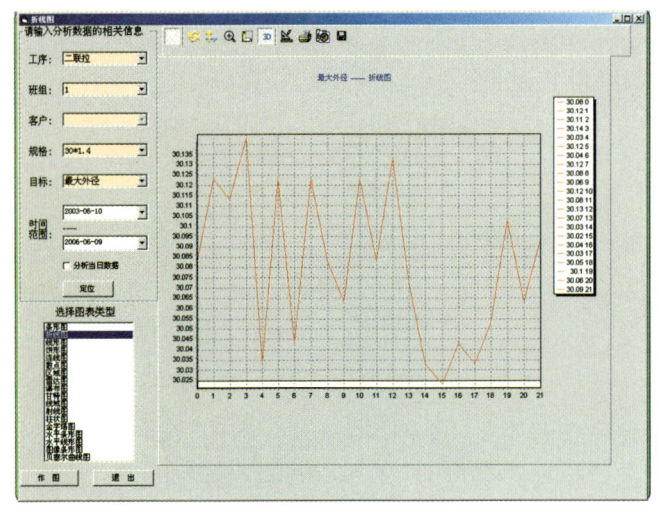

图 11 数据统计图形界面

五、总结与展望

铜管铸轧自动化加工技术是铜管加工行业具有颠覆性的新技术，解决这项技术不但涉及新的加工方法、新的自动化加工设备，也是材料科学技术的巧妙应用。铜管铸轧技术的主要创新关键技术是铜管坯水平连铸和铜管行星旋轧技术。在此之前，还没有人相信铜管坯也可以实现水平连铸，这项技术涉及了合金熔铸技术和水平连铸技术以及相应的水平连铸设备研制；其次，铜管坯行星旋轧技术是将室温铸造厚壁铜管坯通过摩擦和大塑性变形提高管坯温度，达到动态再结晶温度而将铸造组织完全转化为细晶变形组织，即利用塑性变形热和摩擦热实现铜管高温热变形加工，使得后续加工不必进行中间工艺退火，是一种典型的短流程高效生产过程。在后续的多道次联合浮动芯头拉拔、内螺纹管材加工成形方面，也进行了全面创新，使该技术一直走在世界前列。在该技术开发过程中，还实现了全部设备的国产化，形成了自主的知识产权和核心技术与诀窍，这是铜管加工企业保持不败的关键。如今，金龙铜管集团作为我国该领域的代表性企业，获得了极快的发展。这个企业的精密铜管年生产能力由 2000 年的 3 万 t，发展到如今近 50 万 t；销售额由当年近 10 亿元发展到 2013 年的 325 亿元，生产企业遍及我国、美国和墨西哥，成为世界精密铜管业的领先制造商。该项目获得 2015 年国家科技进步奖。

案例 20

铝合金车轮旋转辗锻机

秦皇岛燕大现代集成制造技术开发有限公司　北京机电研究所　燕山大学

在欧美，铝合金车轮锻造工艺作为一种新的升级工艺，得到了快速发展，与铸造铝合金车轮相比，锻造铝合金车轮的强度提高 40% 以上，延伸率提高 2 倍以上，减重超过 15%。本项目开发的国产化铝合金车轮 3600 kN 旋转辗锻机，是世界上吨位最大的车轮旋转辗锻成形设备之一，应用表明，该机各项性能指标均达到或超过国际先进水平，对我国汽车车轮产品的升级换代具有重要意义。

一、导语

世界汽车工业正向着高速、安全、轻量节能的方向发展，车轮作为重要的行驶安全部件，由于旋转惯性效应，其轻量化对于汽车的节能减排至关重要。据统计国内市场和欧美市场对车轮的需求量均超过1亿只，其轻量化问题越来越成为产品升级换代的焦点。在欧美，铝合金车轮锻造工艺作为一种新的升级工艺，得到了快速发展，与铸造铝合金车轮相比，锻造铝合金车轮的强度提高40%以上，延伸率提高2倍以上，减重超过15%。在我国，自1988年铸造铝车轮问世以来，一直沿用传统铸造工艺，产品亟待升级换代。而新工艺的实施需要核心装备国产化，本项目的铝合金车轮辗锻机就是实现车轮锻造工艺的核心装备之一。

此前我国还不能生产铝合金车轮旋转辗锻机，国际上也只有德、美和日等少数几个国家生产，据统计，近几年我国进口6台套该类设备，存在的问题主要表现为：设备可靠性明显不足，主轴轴承过早失效，这是目前我国引进设备普遍存在的明显问题，主轴故障频发，维修难度大，设备可靠性问题突出；模具与卡盘热传导设计存在问题，隔热效果不良，导致主轴螺栓断裂，综合考虑模具隔热和主轴传动冷却润滑，建立温度平衡系统也是该类设备设计中必须解决的问题；使用中存在着模具型线设计问题、卡紧装置结构不合理以及模具更换不方便等问题。

秦皇岛燕大现代集成制造技术开发有限公司。结合本项目的实施，研发成功：我国首台国产化铝合金车轮3600 kN旋转辗锻机（世界最大规格之一）；我国首台国产化铝合金车轮立式强力旋压机（2014年度国家重点新产品）；我国首条国产化锻造铝合金轿车车轮生产线（河北省科技进步二等奖）；我国首条国产化短流程锻造铝合金重卡车轮生产线；我国首条国产化铝合金车轮强力铸旋生产线。

二、铝合金车轮旋转辗锻机

1. 旋转辗锻机的工作原理与工艺特点

车轮旋转辗锻机是用于轻合金车轮锻造成形的核心装备，是集机械、液压、数控、软件和工艺技术于一体的高新技术产品，以往世界上只有德、美、日等少数国家能够制造。在项目"节能、节材精确锻造成形工艺及装备研制"支持下，研发团队突破技术壁垒和难题，研发成功WE-RFM/3600型铝合金车轮旋转辗锻机（图1），该机是世界上吨位最大的车轮旋转辗锻成形设备之一，应用表明，该机各项性能指标均达到或超过国际先进水平，对我国汽车车轮产品的升级换代具有重要意义。

（1）旋转辗锻机工作原理：旋转辗锻机主要由本体、机械传动系统、液压系统、伺服控制系统、软件系统以及安全防护系统组成。机械主体部分由机身、上下旋转主轴、上下卡盘、压下滑块、驱动油缸、主轴电机和油马达组成，工作原理见图2。油缸推动滑块做上下直线运动，上下主轴分别安装在滑块和下梁内且轴线互成定角 α。辗锻工进时，上下主轴分别在油马达和主轴电机带动下做同向同速旋转，滑块在油缸作用下通过联结在上主轴上的卡盘带动上模向下运动并与装在下模上的铝合金毛坯局部接触并施加局部接触压力，使锻件产生局部塑性变形，随着滑块的下压和主轴的旋转，被碾压工件的局部变形连续积累，直至充满凹模型腔。

旋转辗锻机与摆碾机既相似又有所不同，相似之处在于：都是通过模具与工件的局部接触产生塑形变形并通过旋转使变形逐渐积累。不同之处在于：摆辗机的摆轴带动凸模自转的同时还做摆动，凹模不转，而旋转辗锻机有上下两个轴线互成夹角 α 的主轴，且两个主轴在做同向等速旋转运动。

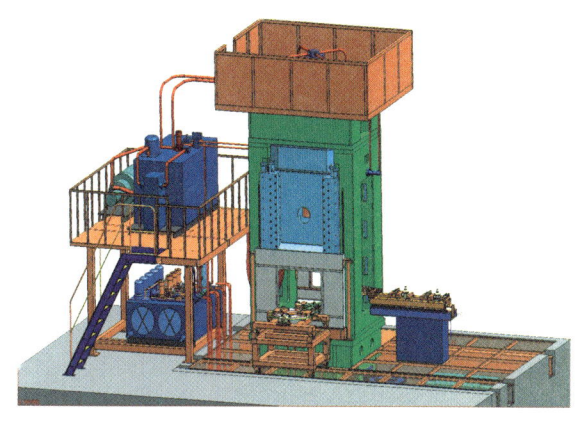

图1 WE-RFM/3600型铝合金车轮旋转辗锻机

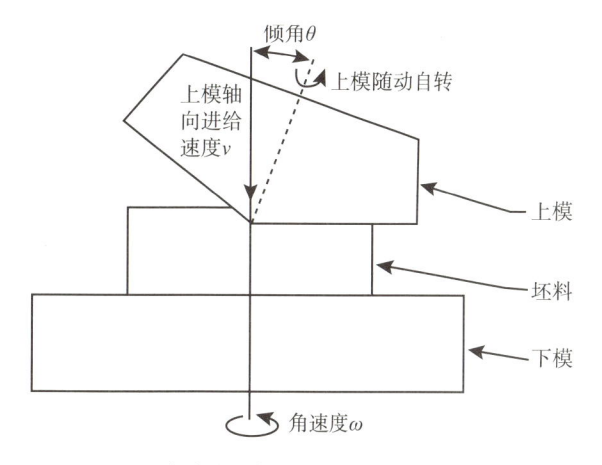

图2 铝合金车轮旋转辗锻机工作原理示意图

图3 铝合金车轮旋转辗锻变形示意图

（2）车轮旋转辗锻成形工艺特点：旋转辗锻工艺能够使锻件毛坯变形均匀，金属纤维流线合理，大幅度提高了产品性能，采用旋转辗锻机进行车轮成形，变形过程中可以将铸造铝棒端头部位的金属翻辗到车轮的正面，而将棒料表面的鱼鳞皮翻到车轮背腔，从而有效地保障了车轮正面非加工区域的表面质量，优于传统锻造方式，图3给出了铝合金车轮辗锻变形过程示意图。

2. 旋转辗锻机的伺服控制系统

该机控制系统基于西门子840D建立，经二次开发实现了数字化伺服控制及安全检测报警，支持自动化上下料和模具自动润滑。基于工业以太网的标准通讯方式，支持手动、调试与自动模式。辗锻机主滑块具有位置闭环实时检测与控制，同时具有滑块速度和压力闭环控制。开发了用户定制画面和软限位控制功能，故障诊断与报警信息完善。辗锻机具有完善的安全保护系统，基于工业以太网络开发了安全保护链路，支持多机联线安全保护，安全提示信息与报警信息完善。

3. 设备基本参数（表1）

表1 铝合金车轮旋转辗锻机技术参数

序号	项目	参数	序号	项目	参数
1	公称吨位（kN）	3600	6	滑块回程（mm/min）	10000
2	开间（mm）	225 min/825 max	7	卸料行程（mm）	150
3	滑块行程（mm）	600	8	卸料力（kN）	300
4	滑块快进调速（mm/min）	10～5000	9	主轴调速（rpm）	0～450
5	滑块工进调速（mm/min）	10～1500	10	工件直径（英寸）	15～26

4. 旋转辗锻机的优点

采用旋转辗锻机进行铝合金车轮锻造工艺的制坯，具有很多传统锻造设备难以替代的优点，主要表现在如下几方面：

1）旋转辗锻机是靠局部积累变形来成形的，大大降低了设备吨位，为液压机的1/20～1/10。

2）旋转辗锻机装机容量小，仅为液压机的1/2，无用功电耗显著降低。

3）旋转辗锻机自身重量轻，仅为相应液压机本体重量的1/10～1/5，且厂房高度和面积均较小。

4）采用旋转辗锻机成形，在锻造润滑剂方面，可用水基润滑剂取代油基润滑剂，利于环保处理。

5）采用旋转辗锻机进行制坯，变形过程中将铸棒的端部金属翻到轮毂的正面，从而有效地保障了车。

轮正面非加工区域的表面质量，优于传统锻造方式，特别适合用于锻造铝车轮的制坯工序。

5. 应用实例

（1）旋转辗锻机在铝合金轿车车轮锻造生产线中的应用。

1）轿车铝合金锻造生产线的组成：由5台成形设备组成，分别为旋转辗锻机、大吨位模锻液压机 2 台、小吨位液压机、强力旋压机，铝合金轿车车轮锻造生产线见图 4，图 5 为铝合金轿车轮锻造成形工艺步骤。

2）铝合金轿车车轮锻造生产线的特点：①可以成形出轿车锻造车轮的窗口，减少机加工成本；②特别适合 OEM 市场的铝合金锻造轿车轮；③生产效率可达年产 50 万件，产值超过 2 亿元。

图 4　铝合金轿车车轮锻造生产线

图 5　轿车铝车轮锻造成形工艺

（2）旋转辗锻机在铝合金车轮短流程锻造生产线中的应用。

1）短流程锻造生产线的设备组成：仅由三台成形设备组成，分别为旋转辗锻机、小吨位压力机、强力旋压机，成形工艺减少至 3 序，短流程锻造铝合金车轮生产线见图 6，图 7 给出了重型卡车铝合金车轮成形工艺。

2）短流程锻造生产线的特点：①短流程铝合金锻造车轮生产线，比常规锻造线节省两台大型压力机，投资减少 50%；②短流程铝合金锻造车轮生产线，由于短流程，减少两套大型成形模具和物料流动成本；③该生产线亦可用于售后市场的轿车车轮的毛坯锻造，满足个性化车轮的市场需求；④适合铝合金重卡、大巴车轮（年产 20 万件）和售后轿车车轮的生产，可实现产值约 2 亿元。

图 6　铝合金车轮短流程锻造生产线

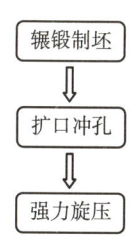

图 7　铝车轮短流程锻造工艺步骤

三、主要成果

（1）在设备研制方面，攻克了旋转辗锻机的结构形式、主轴传动、隔热与润滑等核心技术，完成了设备设计和制造工艺，研制成功 WE-RFM/2500/3600 两个规格的铝合金车轮旋转辗锻机，其中 3600 kN 辗锻机达到世界最大公称吨位，经实际应用，创造了 3 年无故障的高可靠性记录，综合技术指标远高于引进设备。

（2）在工艺技术方面，完成了包括重卡/大巴车轮在内的多款铝合金车轮的模具设计与工艺调试，可提供锻造车轮生产线成套技术支持。

（3）在知识产权和人才培养方面，获批国家专利 2 项，获批软件著作权 1 项，培养博士 1 名、硕士 2 名，形成专业配套的科研团队。

（4）在实验室建设方面，以 WE-RFM/3600 型旋转辗锻机和强力旋压机为核心装备，建立了我国首条国产化铝合金车轮短流程锻造生产示范线，对新型车轮工艺的开发搭建了产业化调试平台。

四、经济效益、环保作用及节能节材效果

（1）直接经济效益。

与引进的同类设备相比，每台可节省资金 1000 余万元；间接经济效益体现在，旋转辗锻机为核心装备之一，已推广建立三条锻造铝合金车轮生产线，每条生产线产值均在亿元以上。针对重卡、大巴车轮和售后乘用车轮市场，开发成功的铝合金车轮短流程成形生产线，节省了两台 80000 kN 液压机，同时节省了两套大型模具投入，可节省资金投入 50%，约 3000 余万元。旋转辗锻机作为核心装备之一，生产的铝合金锻造卡车车轮与传统的钢质车轮相比，具有减重 50% 的轻量化效果，对于车轮产品的升级和大型车辆的轻量节能具有重要经济意义。

（2）环保作用。

与传统模锻工艺相比，使用旋转辗锻机进行塑形成形，可使用非油基润滑剂，可有效避免火灾，并便于空气净化处理。本设备作为核心装备之一，生产的铝合金商用车轮由于车轮的旋转惯性效应，具有减少不小于 2 t 当量荷载的节能减排作用。

（3）节能节材效果。

3600 kN 旋转辗锻机可以替代相应的 80000 kN 液压机，装机容量减少一半，每台装机容量可减少 600 kW，可显著节省无用功电耗。本设备本身具有节材特点，在机器本体自重方

面，旋转辗锻机重量仅为相应液压机重量的 1/10。

五、展望

智能化是旋转辗锻机的重要发展方向，将辗锻工艺参数与虚拟工艺过程模拟相结合，实现辗锻工艺的智能化调参，对于缩短工艺调试周期具有重要意义；将设备状态参数与互联网平台相结合，建立设备远程故障诊断与预警系统，实现基于互联网的便捷服务，提高面向用户的服务水平。

旋转辗锻机的研制成功为铝合金车轮的锻造成形提供了新型装备，但其应用并不仅限于铝合金车轮，进一步拓宽该类装备的应用范围，在有色金属成形和黑色金属成形中大力推广，对于实现轴对称盘类件和筒形件的近净成形具有重要实用价值。

案例 21

铝合金车轮强力旋压机

燕山大学　秦皇岛燕大现代集成制造技术开发有限公司

近年来，国际上出现了两种新的车轮制造工艺，锻造＋旋压的锻旋工艺和铸造＋旋压的铸旋工艺，无论锻旋工艺还是铸旋工艺，旋压机是必不可少的。燕山大学和秦皇岛燕大现代集成制造技术开发有限公司开发的 WE-VFFM/32030 型铝合金车轮强力旋压机是用于轮辋成形的核心装备，是集机械、液压、数控、软件开发和工艺技术于一体的高新技术产品，各项性能指标均达到或超过进口产品，实现了车轮强力旋压设备国产化。

一、导语

车轮作为汽车的重要安全部件，由于旋转惯性效应，对节能减排影响至关重要，车轮的高强高韧性和轻量化性能将直接影响汽车的节能减排和安全可靠性。在我国自 1988 年第一只铝合金车轮诞生以来，一直以低压铸造为主，产品亟待升级换代。近年来，国际上出现了两种新的车轮制造工艺，锻造+旋压的锻旋工艺和铸造+旋压的铸旋工艺，这两种工艺都具有大幅提高车轮强度和塑性指标并显著减轻车轮重量的特点。锻旋工艺采用变形铝合金作材料并用等温模锻+旋压的方法来成形车轮，是对当前铸造车轮的换代工艺，适合高档轿车配套；铸旋工艺是在不改变铸造铝材的前提下，通过旋压工艺使材料得到强化、晶粒得到细化来提高车轮的强度和塑性，从而达到轻量节能的满意效果，铸旋工艺作为一种车轮产品升级工艺，对中低档轿车的轻量化具有重要经济价值。无论锻旋工艺还是铸旋工艺，旋压机是必不可少的，研制旋压机，实现国产化是本项目的中心任务。

高精度与高效率旋压机是新一代旋压机的显著性能指标，此前我国还不能生产铝合金车轮旋压机产品，国际上也只有德国的 Leifeld 公司、WF 公司、SSB 公司，美国的 MJC 公司、西班牙的 DEEN 公司和日本的 SPINDAL 公司能够生产，进口价格十分昂贵，此前我国车轮制造业只能依赖进口。国际上先进国家生产的旋压机显著特点是通过伺服控制达到高精度和高效率，可达到每分钟一件的工作循环效率，主轴精度和旋轮进给精度均与立车相当，满足少无加工的高精度要求。针对铝合金车轮的轻量化市场需求，研制高精度、高效率国产化旋压机，对于车轮制造新工艺的推广具有实际意义。

秦皇岛燕大现代集成制造技术开发有限公司，面向车轮制造业，以车轮轻量化为目标，专业从事车轮生产新工艺、车轮精密成形新装备、车轮轻量化成套新技术研发。结合旋压机的开发，研发成功：我国首台国产化铝合金车轮 3600 kN 旋转辗锻机；我国首条国产化锻造铝合金轿车车轮生产线；我国首条国产化短流程锻造铝合金重卡车轮生产线；我国首条国产化铝合金车轮强力铸旋生产线；我国首条锻造镁合金车轮生产线。

二、铝合金车轮强力旋压机

铝合金车轮强力旋压机是用于轮辋成形的核心装备，是集机械、液压、数控、软件开发和工艺技术于一体的高新技术产品，此前，世界上只有德、美、日、西班牙等国能够制造。针对其国产化问题，在河北省科技厅重大项目的支持下，项目组突破技术壁垒，攻克多项难题，研制成功了 WE-VFFM/32030 型铝合金车轮强力旋压机（图 1），各项性能指标均达到或超过进口产品,实现了车轮强力旋压设备国产化。

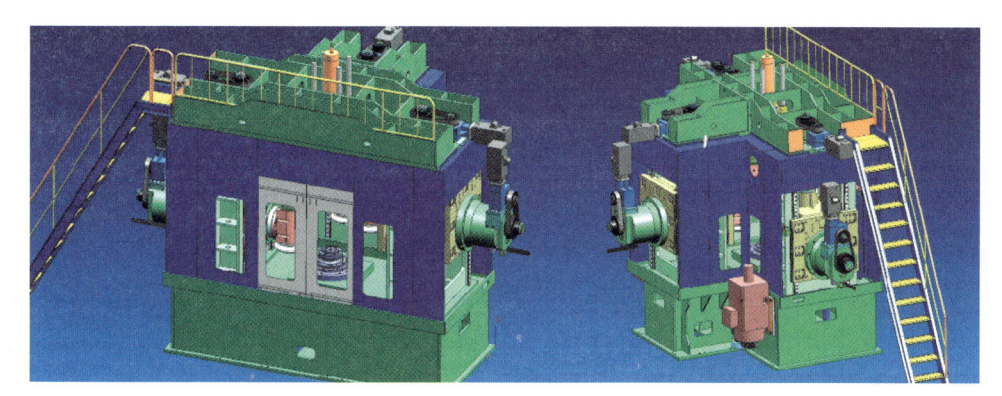

图1　WE-VFFM/32030型铝合金车轮强力旋压机

1. 铝合金车轮旋压工艺特点

采用旋压工艺成形铝合金车轮,锻件毛坯变形均匀,金属纤维流线合理,大幅度提高了产品性能,优于传统锻造方式,特别适合用于锻造铝车轮的轮辋成形,图2给出了铝合金车轮辗锻成形示意图,经旋压的轮辋,晶粒变为具有方向性的带状结构,枝晶间距减小同时产生明显的细化(图3),强度指标及延伸率显著提高。

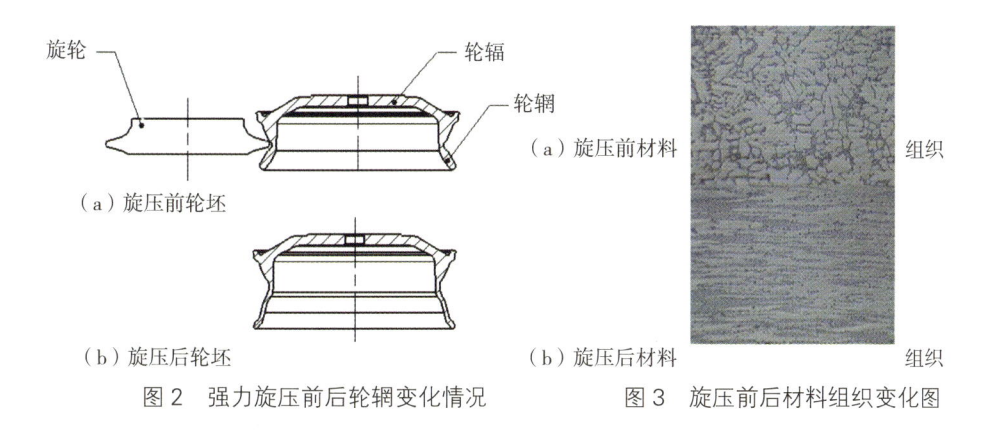

图2　强力旋压前后轮辋变化情况　　图3　旋压前后材料组织变化图

2. WE-VFFM/32030型旋压机结构与传动原理

旋压机主要由本体机械系统、液压系统、伺服控制系统、软件系统以及安全防护系统组成。机械系统由机身、主轴传动系统、旋轮进给系统、尾顶系统组成。WE-VFFM/32030型旋压机机身采用立式品字形结构,该结构很好地改善了主轴受力状态;旋压机尾顶采用四柱导向中心油缸驱动,具有同步性好、尾顶运动平稳无爬行的特点;旋压机的主轴为具有同步控制功能的双大功率伺服电机驱动,通过同步带带动主轴旋转,由于主轴传动采用闭环控制,所以主轴启停位置精准特性可满足特殊轮形的旋压工艺实施;旋轮的双向进给(径向和轴向进给)均采用伺服电机驱动,通过精密减速机和同步带带动大型滚珠丝杠实现,结构的高刚度和传动的高精度保证了旋轮进给的精准;旋轮带有液压马达驱动装置,可保证旋轮与工件接触时具有较小的线速度差,油马达与旋轮轴间设有超越离合器,用以减少旋压时液压油的循环发热。本项目研制的 WE-VFFM/32030 型旋压机传动原理见图 4。

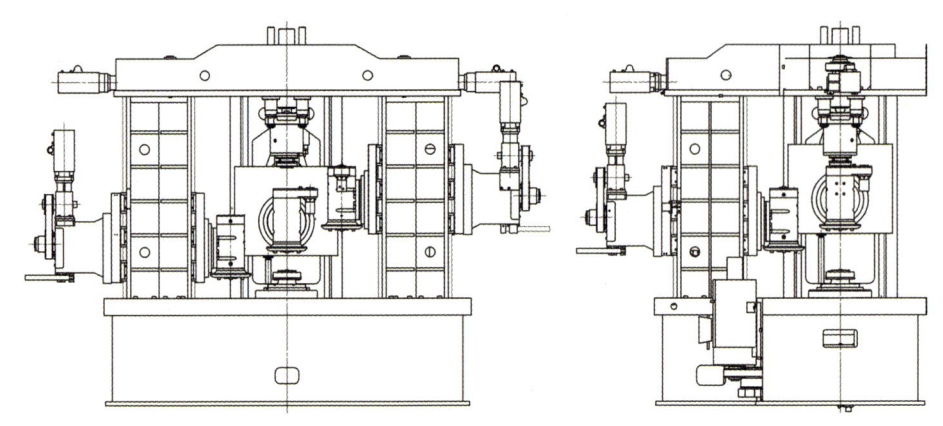

图 4　WE-VFFM/32030 型铝合金车轮强力旋压机传动原理图

3. WE-VFFM/32030 型旋压机伺服控制系统

WE-VFFM/32030 型强力旋压机以西门子 840D 为核心数控单元,控制系统主要由 CNC、HMI、PLC、611D 驱动等模块构成,属于多轴闭环位置控制系统。基于西门子 840D 二次开发了多数控轴间的插补运动控制与多通道之间协调通讯控制程序,实现了铝合金强力旋压机的 8 个伺服轴、4 个工作通道协调工作;该机在故障检测、报警以及安全保障方面均有完善的软件与硬件支持,及时准确地提供安全提示信息与安全报警信息,不仅在控制系统硬件上配有针对操作人员与设备的安全保护,而且还配有基于网络的多台机的安全保护链路,在硬件上支持整条生产线的安全保护。

4. WE-VFFM/32030 型旋压机基本参数

为了适应大规格车轮的旋压需求,研发的 WE-VFFM/32030 型 3 旋轮强力旋压机,具有超大直径、超宽轮宽和超厚壁厚毛坯的旋压能力,生产效率可实现轿车车轮 1 min/ 件,重卡车轮 1.5 min/ 件,旋压车轮范围:14 ~ 26/4 ~ 16 英寸(直径 / 轮宽)。铝合金车轮强力旋压机性能参数见表 1。

表1 铝合金车轮强力旋压机性能参数

项目	参 数	WE-VFFM/22030	WE-VFFM/32030
工件范围	车轮直径	14～22.5英寸	14～26英寸
	车轮轮宽	最大12英寸	最大16英寸
主轴	10～800 rpm	10～800 rpm	10～800 rpm
	200 kW	200 kW	200 kW
	启停精准	精准	精准
旋轮系统	旋轮数量*直径*喉深	2*430 mm*75 mm	3*430 mm*75mm
	旋轮径向力	200 kN	200 kN
	旋轮径向速度	0～6500 mm/min	0～6500 mm/min
	旋轮轴向力	200 kN	200 kN
	旋轮轴向速度	0～6500 mm/min	0～6500 mm/min
尾顶	尾顶力	最大300 kN	最大500 kN
	尾顶行程	500 mm	580 mm
控制	数控系统	西门子840D sL	西门子840D sL

5. WE-VFFM/32030型旋压机的显著特点

与进口相比，本项目研发的旋压机除生产效率与可靠性毫无逊色外，还具有如下优势：

1）具有冷热旋双功能，既满足铝合金锻造车轮的冷旋要求，又满足铝合金铸旋车轮的热旋要求。

2）重载荷能力强，毛坯壁厚可达50 mm。

3）既可用于轿车轮辋旋压，又可重卡车轮辋旋压，加工范围：14～26/4～16英寸（直径/轮宽）。

4）旋轮可实现双向旋压，既可向下旋压，又可向上旋压，适合于H型车轮的轮辋旋压。

5）具有旋轮微量润滑功能，旋轮的润滑油用量＜1毫升/件，相比进口设备，润滑剂量大幅度减少。

6）具有润滑油回收装置，对用于直线导轨的润滑油进行再回收利用。

7）具有旋轮快换功能，旋轮更换过程简单、更换速度快，保证了车轮产品连续性加工的生产效率。

8）带有旋压模具润滑装置，对模具进行自动润滑，从而有利于轮坯在卸料过程中的脱模。

9）具有主轴精准启停功能，满足特殊轮形的旋压加工。

6. 应用实例

（1）WE-VFFM/32030 型旋压机在铸旋铝合金车轮生产线中的应用（图5）。

自 2006 年开发成功我国第一台铝合金车轮强力旋压机以来，强力旋压机已成为本公司定型产品之一，在河北、山西、福建、浙江等地已累计推广应用生产线 10 余条，设备各项性能指标均达到或超过国际先进水平，采用铸旋工艺与传统低压铸造工艺生产的车轮其性能指标对比见表2。

图5 WE-VFFM/32030 型旋压机在铸旋生产线现场

表2 铸旋工艺与低压铸造工艺产品性能指标对比

指标	传统低压铸造	铸旋工艺
原材料	A356	A356
轮辋抗拉强度	220～240 MPa	＞290 MPa
轮辋屈服强度	180 MPa	＞250 MPa
轮辋延伸率	6%	11%
轮辋壁厚	4.0～5.0 mm	2.8～3.2 mm
减重效果	被比	减重10%

（2）WE-VFFM/32030 型旋压机在锻旋铝合金车轮生产线中的应用。

铝合金车轮锻造成形工艺是国际上近几年发展起来的新工艺技术，继美国、德国之后，戴卡公司引进锻造车轮生产线，2006 年本公司提供技术的国产化锻造铝合金车轮自动化生产线成功投产。旋压成形是铝合金车轮锻旋工艺的重要工序，旋压工序是对轮辋部位组织的进一步细化，性能显著提高，采用锻旋工艺与传统低压铸造工艺生产轮毂对比如表3所示，图6为强力旋压机在锻旋工作现场。

图6 WE-VFFM/32030 型旋压机在重卡锻造车轮生产线上

表3　锻旋工艺与低压铸造工艺产品对比

指　标	传统低压铸造	锻旋工艺
原材料	A356	6061
抗拉强度	220～240 MPa	> 330 MPa
屈服强度	180 MPa	> 300 MPa
延伸率	6%	15%～18%
轮辋壁厚	4.0～5.0 mm	2.8～3.2 mm
减重效果	被比	减重15%

三、主要成果

（1）在设备研制方面，完成了铝合金车轮强力旋压机的机械系统设计、液压系统设计、电控系统设计、软件开发和制造工艺，研制成功WE-VFFM/32030型铝合金车轮强力旋压机，各项技术指标均达到或超过引进设备，该产品被国家科技部评为2014年度"国家重点新产品"。

（2）在新工艺开发和成套技术方面，完成了从模具设计到旋压程序编制的全部工艺技术开发，也完成了基于中央控制系统的整条生产线的技术开发，可提供锻造生产线的成套解决方案。

（3）在人才培养和团队建设方面，通过本项目的实施，从无到有地建立了专业配套、老中青结合的研发团队，培养博士1名、硕士多名，积累了丰富的设计、制造与调试经验。

（4）在知识产权方面，通过本项目的实施，获得软件著作权1项，相关专利2项。

（5）在实验室建设方面，以WE-VFFM/32030型旋压机为核心装备之一，建立了我国首条国产化铝合金车轮短流程锻造生产示范线，形成了年产20万件重卡/大巴车轮的生产能力，对新型车轮工艺的开发搭建了产业化调试平台。

四、经济效益和节能节材效果

1. 经济效益

与引进的同类设备相比，本项目研发的强力旋压机每台可节省资金1000余万元，作为核心装备之一，已推广建立3条锻造铝合金车轮生产线和8条铸旋生产线，每条生产线产值均在亿元以上。针对重卡、大巴车轮和售后乘用车轮市场，开发成功的铝合金车轮短流程成形生产线，节省两台大型液压机，每条线可节省投资近 3000 万元。

2. 节能节材效果

生产的铝合金锻造卡车车轮与传统的钢质车轮相比，具有减重 50% 的轻量化效果，对于大型车辆的轻量节能具有显著效果。对于铸旋工艺而言，由于旋压工艺对材料的强化作用，在车轮材料不变的情况下，可使车轮强度指标提高 30%，重量减轻 10%，使车轮具有可观的节能效果，旋压工艺还使轮辋延伸率指标成倍提高，从而显著提高了汽车行驶的安全性。

五、展望

智能化是旋压机发展的必然趋势，在旋压工艺技术方面，由于旋压成形工艺在数学上属于几何、物理和接触摩擦三重非线性问题，如何确定合理的旋压工艺参数，目前还存在问题，将数值模拟方法与旋压参数相结合，制定虚实结合的定参方法，实现旋压参数的智能化调整，对于实际生产具有指导作用。

随着网络化技术的发展，在设备维护和技术服务方面，开发基于互联网建立设备单元远程故障诊断与预警系统，对于提高服务质量具有重要作用。

案例 22
三维曲面件多点数字化成形技术与装备

吉林大学　长春瑞光科技有限公司

本项目开发出三维曲面件多点数字化成形技术与装备以及板料柔性成形理论与实用化技术，取得具有自主产权的研究成果，应用于多个重点工程与重大项目中，使柔性成形从实验室研究变成实用化技术。解决了成形过程与装备开发的系列关键技术。同时，克服了多点成形时抑制压痕、皱纹、直边等成形缺陷的关键技术，解决了回弹、闭环成形等难题，获得了大量合格曲面件。

一、导语

板类件曲面成形广泛应用于航空航天、汽车、轨道交通、船舶等制造业中。曲面成形传统的生产方式多采用整体模具加工或手工成形，成形一种零件往往需要数套模具，经多道工序才能完成。模具制造的成本非常高，动辄几十万元、几百万元乃至上千万元；生产准备周期长，需要五六个月甚至十几个月的时间；模具制造还要花费大量的资金进行多次的调试与修模，导致曲面件的开发周期进一步延长，费用升高；因此，不利于产品的更新换代，制约着制造业的快速发展。手工成形时，存在生产效率低、成形质量差、工作环境差等问题。这些原因，导致很多板类曲面件无法用传统的加工方法完成；有不少重点工程与重大项目迫切需要高质量、高效率、低成本的曲面成形技术。

在机械设计与制造领域中，很多环节与工序已经实现了数字化，然而板类件曲面成形的数字化却遇到了瓶颈，国内外的进展都比较缓慢，大型板类件的三维曲面成形成为实现机械领域数字化制造的一大难点。本项目通过长期的创新研究，建立了板料柔性成形理论与实用化技术，取得了具有自主产权的研究成果，开发出数字化成形系列装备，应用于多个重点工程与重大项目中，使柔性成形从实验室研究变成实用化技术。解决了成形过程与装备开发的系列关键技术，开发出适合多点成形工艺的计算机控制系统及多点数字化成形专用CAD/CAM软件；CAD/CAM软件根据成形件的输入信息进行几何造型、成形工艺计算、基本体单元形面设计等；控制系统根据这些数据控制调整机构，构造基本体单元的形面，并控制加载机构成形曲面零件。解决了多点成形时抑制压痕、皱纹、直边等成形缺陷的关键技术，解决了回弹、闭环成形等难题，获得了大量的合格曲面件。

二、主要研究内容

多点数字化成形系统的主要研究内容有：多点数字化成形基础理论的创建、多点数字化成形工艺的开发、多点数字化成形主机的研制、多点成形装备计算机控制系统的研发、多点成形专用CAD/CAM软件的开发、成形缺陷的抑制方法研究等。

采用多点数字化成形技术只用一套装置就可以变换成无数种曲面形状，能够实现高质量三维曲面零件成形的柔性化、数字化与智能化；一台多点数字化成形装备可代替数百甚至数千套模具，节省高额模具费用，缩短产品的开发周期及更新换代速度。

1. 多点数字化成形基础理论与成形工艺研究

（1）多点数字化成形基础理论。

为了解决多点成形的模具离散、曲面造型、工艺计算、曲面测量等技术问题，对所涉及的相关理论进行了深入研究。

1）多点成形的离散化理论。将传统的整体模具形面离散为一系列排列规则的基本体单元，用点阵来代替成形曲面。成形曲面可以由基本体单元球头的共切面（称基本体单元成形面）来表述。每个基本体单元都可以通过数控方式进行调整，实现多点成形面的数控柔性变换。图1所示为模具成形与多点成形的比较。

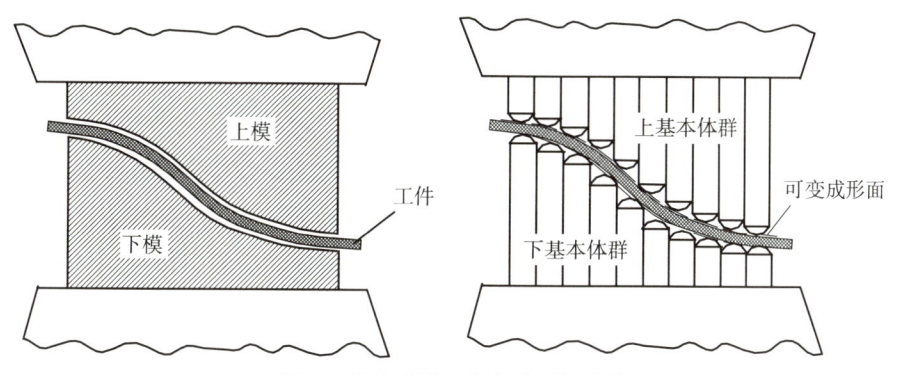

图 1　模具成形与多点成形的比较

2）材料成形分析。将板料的塑性成形问题归结为连续介质力学的边值问题和初值问题，借助于有限元数值模拟方法，采用计算机求得该理论模型在不同条件下的数值解，以此推测在相应条件下所发生的实际过程，在较短的时间内找到最优的或可行的成形方案。

3）成形坯料计算方法。创建了两种成形坯料计算方法：①几何映射法：零件由网格分成有限个小片，将每一小片映射到平面上，映射过程中根据变形前后面积保持不变及变形协调的原则进行调整，整个零件映射到平面上的几何形状就是成形坯料。②三角形网格法：该方法根据变形均匀原则及材料体积不变条件，建立了正定的目标泛函，通过迭代格式使泛函极小化，得到零件的初始坯料。

4）多点不连续动态接触边界处理。建立了基于非经典Coulomb摩擦定律接触单元方法。这种接触单元方法在单元积分点引入接触约束，扩大了接触搜索面积。采用面—面方式搜索方法有效地消除了接触不连续性，使接触计算得到稳定。

（2）多点数字化成形工艺。

为了提高多点成形的效率、减少或消除工件缺陷、提高成形工件的精度，针对不同工件的加工要求和特点，开发了不同的多点成形工艺。

1）一次成形。在多点成形时，为了提高材料利用率，省去曲面切边工序，根据零件的几何形状并考虑材料的回弹等因素,通过数值模拟的方法设计出成形面,在成形前调整各基本体单元的位置,构造出补偿后的成形面,可以一次完成零件成形。

2)分段成形。为了实现小设备成形大尺寸、大变形量的零件,开发出通过改变基本体单元成形面的形状,逐段、分区域对板料连续成形的工艺。

分段成形时,基本体单元成形面分为有效成形区与过渡区两种区域,如图2所示。过渡区设计不合理将产生皱纹甚至开裂,从而导致分段成形的失败;因此,过渡区设计是分段成形最关键的技术问题。

本工艺过渡区设计中,将目标形状与坯料形状的过渡,抽象为一个截面线均匀过渡的数学问题,利用NURBS直接生成过渡区的设计方法。由此实现了分段成形的数字化表述和控制。

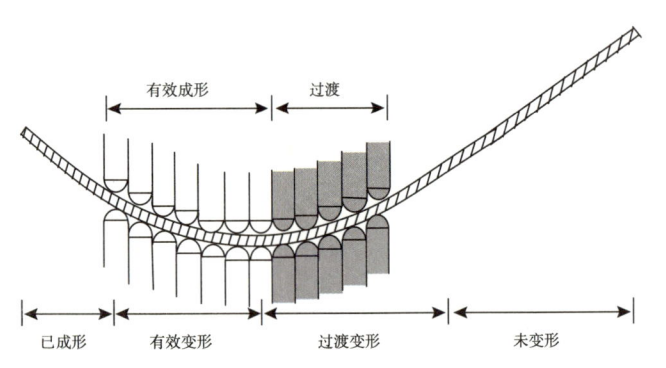

图2 分段成形时基本单元体成形面两种区域示意图

3)多道成形。对于变形量较大的零件,研制出智能设置成形路径,分步数控调整基本体单元高度,每次小变形,最终累积到所需大变形的数控成形工艺,提高了板料的成形能力。图3多道多点成形示意图。

成形路径设计是多道成形需要解决的关键技术问题。本工艺开发了两种成形路径设计方法,一种是纯几何方法,另一种是基于材料变形功的有限元方法,实现了多道成形的数字化表述和控制。

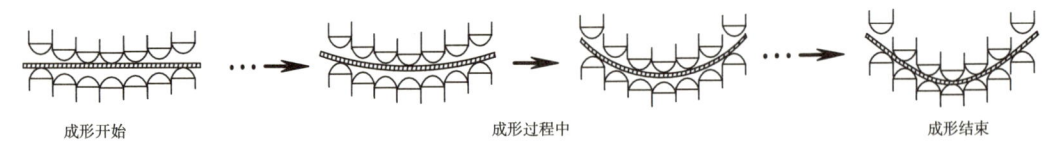

图3 多道成形示意图

4)反复成形。回弹是板料冲压成形中不可避免的现象。在多点成形中,成功应用数值比对反复成形方法消除回弹并降低残余应力。

首先建立数值模拟的目标形状,压制时变形超过目标形状,零件成形后,测量出曲面几何数值,与目标形状进行比较,把误差数值反馈给CAD软件,然后再反向变形并越过目标形状,再正向变形……,通过数控反复压制,回弹引起的板料变形量越来越小,最终形状逐渐收敛于目标形状。

5）闭环成形。为了提高成形工件的精度，开发出闭环多点数字化成形工艺，首先用CAD软件根据目标模型计算出每个基本体单元的位移量，压制工件，然后对成形后的工件进行测量，并将测量后的点云数据传给CAT软件，计算出工件的成形误差。若成形误差满足精度要求则该成形件为成品件；若成形误差不能满足精度要求则根据成形误差修改成形面，并将修改后的成形面数据再回传给CAD软件，再次进行压制，直到工件形状满足精度要求。

（3）数控调形方式。

多点成形调整基本体单元的高度，构造成形面的过程叫调形。快速、准确地调形是多点成形中重要环节之一。目前，开发出串行式与并行式两种调形方式。

1）串行式调形。首先读入目标成形面的数据，而后通过CAM数控软件控制机械手依次调整每个或几个基本体单元，使其达到目标高度构成成形面。图4为串行调形方式示意图。

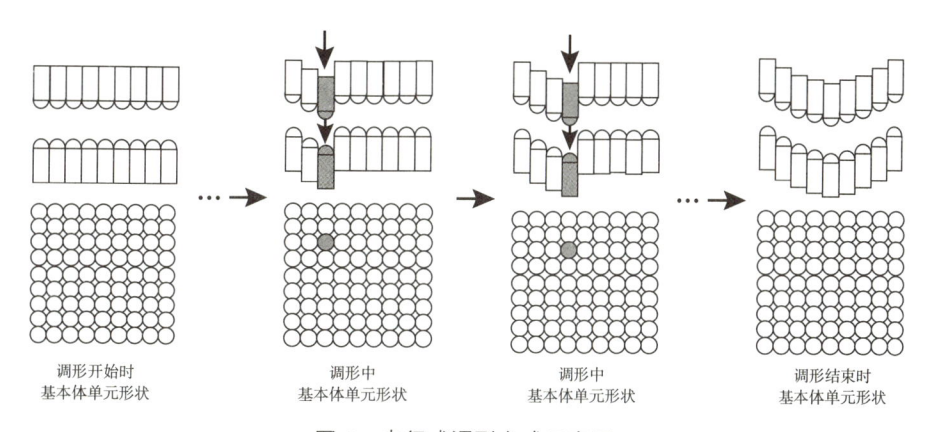

图4 串行式调形方式示意图

2）并行式调形。每个基本体单元都有独立的调整装置和数控单元，调形时各基本体单元同时进行高度调整。与串行调形相比，调形所需时间明显缩短，因此，多点数字化成形采用并行调形或两者混合的调形方式来实现快速调形。图5为并行式调形方式示意图。

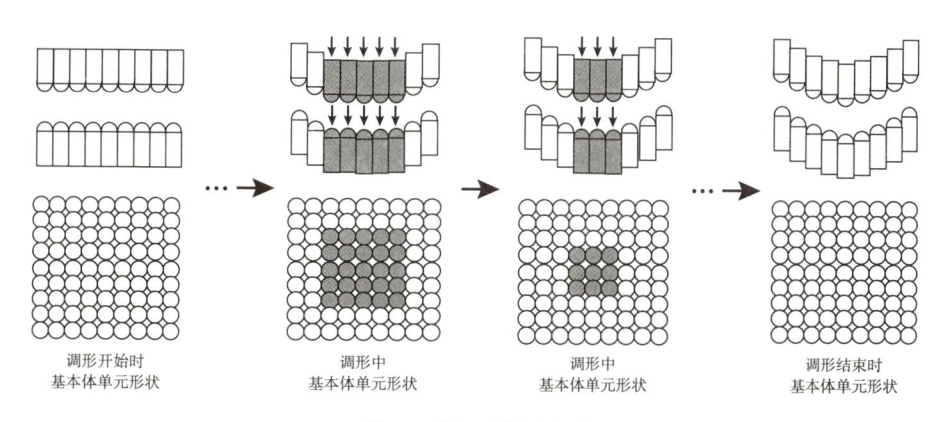

图5 并行式调形方式

（4）缺陷抑制技术。

多点接触方式，由于板材受力面积减小而导致接触压强增大，当变形条件不理想时，在接触点附近小范围内，板料将因为局部塑性变形而产生压痕，压痕是多点、不连续接触成形中特有的成形缺陷；多点成形中多点接触形式使约束进一步减少，在成形前期，约束不足的问题比较严重，当局部面内压应力过大时，更容易产生起皱，起皱的出现通常会使加工过程中断，轻则出现废品，重则使成形模具遭受严重损坏；板料成形同时存在塑性变形和弹性变形，所以回弹是多点成形不可避免的现象，也是高强度、高回弹材料弯曲成形中的难题。压痕、起皱、回弹的预报和预防是曲面成形长期致力研究的重要课题。

为了抑制成形的缺陷，对多点成形过程进行了系统的数值模拟研究，得到了压痕、起皱、回弹的计算和预测方法，基于成形面数控可变的特点，利用改变成形路径、多道成形、反复成形、闭环成形等方法，分散接触压力，使变形均匀化，来抑制成形缺陷。

2. 成形主机的研究开发

多点数字化成形主机是整套数控装备的硬件，由主体，上、下工作台，机械机构，控制柜，测量装置五部分构成。

（1）主体。

主体由提供工作压力的液压机和机架构成，是多点数字化成形装备的最终成形部分，目前开发的机架主要有三梁四柱式（闭式）与C型（开式）两种结构。三梁四柱式机架结构简单、重量轻、刚度与强度好，但C型机架也有其优点，其开放端可进行板料的分段成形，实现小设备成形大尺寸零件，这是传统板料成形方式无法实现的功能。C型机架刚度与强度较差，本研究采用有限元技术对机架进行了优化设计。图6为C型机架装备、图7为三梁四柱式机架装备。

针对不同工件的厚度、材质、大小、形状等参数，目前已开发出10多种不同单元体尺寸、数量、调形方式、机架等性能参数的多点数字化成形装备（参数见表1），能满足不同工件的需求。

（2）工作台（图8）。

上、下工作台是基本体单元、机械机构等数控执行元件的组装体，开有大量孔洞，这对工作台的强度影响较大，是设计的关键

图6 C型机架装备　　图7 三梁四柱式机架装备

因素。本研究采用有限元技术对工作台进行了优化设计。并开发出小尺寸标准工作台模块，可组合成大型工作台，使整套装备的设计更快速便捷。

图 8 工作台

（3）机械机构的开发。

1）串行调形机构：为实现串行调形，设计了能分别沿 x、y 轴移动并能对各基本体单元高度进行精确调整的机械手。控制硬件以一体化工作站作为控制核心，软件大部分采用 Visual C++ 6.0 开发，能够实现软件系统数据通讯、基本体单元形状检验、调整、工件成形控制以及保护功能等。

2）并行调形机构：每个基本体单元设计成独立的调整装置和控制单元，控制单元主要包括单片机（CPU 处理器）、集成控制电路、调形电机以及转角检测装置等。所有控制单元接收到上位计算机的控制指令和数据后，同时对基本体单元进行高度调整，可实现快速调形。控制单元以单片机为控制核心，所有的控制单元通过 RS485 工业现场总线与主机组成主从式计算机控制网。

3）数控压边圈：为实现薄板成形，消除起皱，开发了数控压边机构，设在工作台的外围，由多个数控单元组成，智能控制压边圈的压力防止起皱。

4）弹性垫：为消除皱纹、压痕，针对不同成形件材质、厚度、变形形状与不同弹性垫材质、厚度、结构进行了大量实验，将实验结果进行数值统计分析，得到了优化的各种弹性垫，对有效消除压痕、提高成形极限，起到了关键作用。

（4）控制系统。

控制系统的主要功能是将多点成形 CAD/CAM 软件生成的曲面数据转换成每个单元体的高度，自动调整上下单元体形成面代替模具用于板类件成形。

控制系统由工控机，CAN 协议转换器及 KVM 延长器电气连接硬件、高频开关电源、多串口工业控制系统、Can 总线结构、单元体分布地址码和 COM 号、单元体驱动机构组成。配有 PIII 级一体化工作站，是整个控制系统的核心。可运行功能强大的 CAD 软件和多点成形系统控制软件。具有人机对话的窗口，设置了标准的 IGES 接口，可以与其他商业 CAD 软件交换数据。采用 OpenGL 实现了对板材制品的三维真实感模型的显示，用户可使用鼠标及键盘对三维图形实时进行任意旋转、平移、放缩或采用其他多项辅助功能察看图像，以检验输入数据的正确性。并具备远程异地操作的功能。

（5）在线测量装置。

开发出由激光点光源测头、工业控制计算机、机械移位装置和精密伺服系统组成的光、机、电一体化的综合检测系统。被测物体的 x、y 坐标由伺服系统获得；z 坐标值由激光测头测得。工业控制计算机中装有多点成形 CAT 软件，用该软件对所测得的数据进行处理和分析。已开发出的非接触式激光测量仪。

本测量装置选用的激光测头采用半导体激光二极管作为光源，最小光点直径达到 0.3μm，可精确测量目标表面。

3. 软件系统的开发

本项目开发的软件系统集 CAD 与 CAM 于一体，涵盖了多点成形的各个步骤，从而可以实现多点成形全过程的数控。

（1）CAD/CAM 软件的主要功能。

1）CAD 软件主要功能。多点成形工艺设计与计算、确定成形位置、曲面造型、成形过程模拟。具体功能：①坯料计算：本软件对于可展曲面，具有曲面展开的计算方法，对于不可展曲面具有几何映射法和三角形网格的计算方法。②成形位置确定：本软件可求得整个曲面中心点的空间位置坐标，再对曲面进行平移变换，使曲面中心点与压机的压力中心重合，这样就确定了工件的成形位置。实际应用表明，按上述方法确定成形位置各基本体单元的调整量比较均匀，可减少基本体单元总调整量，进行多点成形时基本体单元受力也比较合理，可避免压机偏载。③可成形性分析与工艺方案确定：根据多点成形设备的主要性能参数，对目标零件的可成形性进行分析，并确定工艺方案。④必要时可进行数值模拟，预测可能产生的成形缺陷及回弹。经综合分析来确定采用一次成形、分段成形、闭环成形还是采用压边多点成形等工艺。⑤回弹与弹性垫补偿计算：板料成形中不可避免地存在回弹现象，工艺设计时需要预测回弹量，并进行补偿，特别是在无压边情况下进行厚板、小变形量工件成形时，回弹补偿尤为重要。另外，采用弹性垫多点成形时，由于弹性垫对成形精度有影响，也需要在基本体单元成形面造型时进行补偿。补偿量的计算主要依据经验数据或数值模拟结果。⑥曲面拓展与压边面设计：变形量比较大的薄板三维曲面零件成形时容易起皱，为消除起皱，必须采用压边技术进行多点成形。为实现压边，软件对零件的三维曲面可进行拓展。⑦基本体单元成形面设计：根据确定的工艺方案及各种工艺参数，进行成形面曲面造型并计算出各基本体单元的高度方向位置坐标。⑧软件提供了对基本体行程及工件与基本体的配合情况的二维和三维状态显示，出错时有明显的提示信息。

2）CAM 软件主要功能。根据 CAD 软件设计的工艺方案及成形面的有关数据，驱动控制系统，调整基本体单元高度，为零件成形构造出基本体单元成形面。具体功能：①与 CAD 软件的三维曲面数据交换；②单元体控制参数的设置与修改；③成形工艺参数的设置与修改；④单元体的手动控制，对单个、行、列、局部区域或全部单元体的任意手动调整；⑤上下单元体的自检；⑥单元体的手动、自动调平；⑦根据模型数据自动调整单元体形状；⑧单元体状态过程数据与目标数据的自动保存；⑨单元体的状态记录与错误处理；⑩设备的功能检测与保护；⑪主电气电路的控制与保护；⑫基于 CAN 总线的全套电机精确位置控制。

三、主要技术参数及先进性对比

目前已开发出 10 余个品种的多点数字化成形装备，图 9 为其中三种多点数字化成形装备，已开发的部分装备技术参数如表 1 所示。

YAM-3 型 200 kN 快速调形多点数字化成形装备　　YAM-8 型 3150kN 快速调形多点数字化成形装备　　SM150 型鸟巢工程用多点数字化成形装备

图 9　多点数字化成形装备

表 1　典型多点数字化成形装备的规格及主要性能参数

型号	YAM-1	YAM-3	YAM-4	YAM-5	YAM-8	YAM-10	YAM-20（SM-150）
额定成形力（kN）	50	630	1000	2000	3150	2000	20000
可加工板料厚度（mm）	0.5～3	0.5～5	2～8	2～10	3～15	4～20	10～70
基本体单元布置方式	30×30	40×32	25×20	28×20	25×18	16×12	9×9
基本体单元调整量（mm）	80	100	100	200	300	200	300
一次成形尺寸（mm×mm）	210×210	400×320	500×400	840×600	1000×720	800×600	1350×1350
主要性能特点		具有压边功能		便于分段成形	基本体单元快速调形		基本体单元快速调形

171

目前开发的多点数字化成形装备，成功应用在奥运主场馆、飞机蒙皮、高速列车、船舶、医学工程、地标建筑、军工等领域的三维曲面件成形。图10为多点数字化成形装备加工的一些典型工件。

到目前为止，国内还没有与本产品类似的装备，国外类似的研究工作主要出现在日本、美国和韩国。国外的这些工作基本上都处于实验室研制阶段，距商品化及产业化还有较大的距离。与国外同类工作相比，本项目工作取得的成果处于领先的技术水平，具体体现在以下几个方面：

（1）开发出系列化、多品种的多点成形实用装备，并销往国外；日本试制的设备只能用于成形小曲率的厚板件，美国研制的装置只能用于形状简单的薄板件拉弯成形。

（2）分段成形、反复成形、多道成形以及闭环成形等都是国外同类研究工作未能实现的新工艺。采用分段成形技术成形出面积比设备一次成形面积大数倍、甚至数十倍的零件。

（3）对多点成形技术应用软件开发涉及的基础理论问题，如多点成形面曲面造型、曲面展开方法与坯料计算、分段成形过渡区优化设计、变路径优化设计、反复成形回弹与残余应力计算以及多点不连续接触边界处理等进行了深入系统的研究，建立了相关的理论与方法。

（4）对多点成形过程中压痕与起皱缺陷、回弹现象以及薄板多点成形、分段多点成形过程进行了系统的数值模拟研究，为控制成形缺陷、提高成形质量、优化成形过程奠定了基础。在国外学者发表的论文与研究报告中尚未见到与上述研究工作类似的报道。

鸟巢建筑工程钢板弯扭件成形 　　　　　高速列车流线型车头覆盖件成形

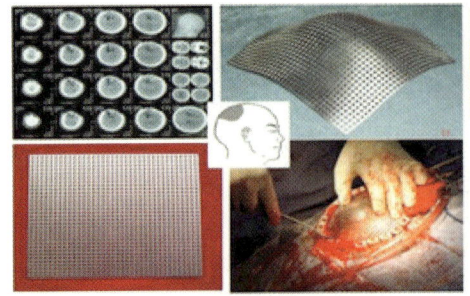

人脑颅骨修复体的数字化成形 　　卫星壁板件成形件 　　船体钛合金外板

人脸成形件 　　20 mm厚板成形件

图10　多点数字化成形装备加工的一些典型工件

四、结论

在基础理论方面，本项目的多点成形基础理论对产品研制起到了关键作用，将有限元理论引用到多点成形技术的机架和工作台设计中，优化了产品强度、结构等性能参数。将有限元理论引用到多点成形技术的曲面数值模拟中，实现了多点成形缺陷抑制的计算机辅助设计。建立了反复成形、多道成形、多次成形、闭环成形等多路径成形理论。对多点成形技术的离散理论进行了重大改进。

在技术方面，实现了无模成形，不存在模具设计、制造及调试费用的问题。过去因模具造价太高而不得不采用手工成形的单件、小批零件的生产，在此产品上可实现高质量、快速自动成形。并对无模成形进行了一系列的改进，本产品的变形路径可实时调控，提高了板材的成形能力，可成形厚度范围较宽的板料。本产品升级版的 CAD/CAM 软件采用了高品质三维彩色图像显示技术及与用户的实时互动功能，提高了软件的易用性。补充了新的算法与功能，实现了接收与处理商品化软件曲面构形数据的功能。

在工艺方面，利用多路径成形理论，对各基本体单元的运动实时控制，可优化成形时板材的约束状态和变形状态，消除成形缺陷，减小残余应力，获得高质量的成形件，提高板材的成形能力。利用成形面可变的特点，可实现板材的分段、分片成形，本产品可成形大于工作台面数倍甚至数十倍的大型件。

在装备结构方面，使用了小尺寸工作台多模块拼接组合结构，加快了产品的设计、生产速度。采用了弹性垫，对消除多点成形技术的压痕缺陷起到了关键作用。

一台多点数字化成形装备可代替数百甚至数千套整体模具，节省高额模具费用，缩短新产品开发周期，提高更新换代速度，对提高我国板料曲面件的加工水平，增强新产品的市场竞争能力具有重大意义。

五、展望

目前，多点数字化成形尚属于刚刚进入成熟阶段的新技术，还没有得到广泛普及。很多行业与用户非常看好该技术的突出优点与发展前景，但因实际应用例不多，加上设备投入资金较大，导致总的产业发展速度比较慢。尤其是多点对压成形技术，因国外现阶段的技术发展与实际应用还没有我国成熟，更影响其普及速度。这就需要本项目加快发展步伐。

在多点数字化成形技术方面，研究与开发成果已经比较成熟，需要进一步提高所生产设备的可靠性与稳定性。

随着制造业竞争的加剧，产品的生命周期越来越短；另一方面，由于社会的进步和生活水平的提高，对多样化、个性化、更具特色符合顾客个人要求样式和功能的产品需求越来越大，传统的产品批量生产的模式正逐渐被适应市场动态变化的多品种、小批量生产所代替。板料多点成形技术省去了新产品开发过程中因模具设计、制造、实验、修改等复杂过程所耗费的时间和资金，能够快速、低成本、高质量地开发出新产品，这种技术符合现代制造业的发展趋势，因而具有广阔的应用前景。

随着材料技术的迅猛发展，高强钢、钛合金等高强度、难加工材料的曲面成形需求在急剧增加。这些难加工材料成形后的回弹特别大，而且容易出现皱纹等成形缺陷，采用多点数字化成形新工艺正在成为其他工艺不可替代的生产方式。

随着产品生产的多样化、个性化及数字化制造的需求增大，多点成形技术将进一步向大型化、精密化、高速化及连续化方向发展，预计在今后的 20 年内将有重大进展，并全面应用于飞机、船舶及汽车制造领域。

随着制造业数字化工程的全面开展，多点数字化成形技术将得到广泛应用，提高我国板料三维曲面零件的加工水平，带动传统装备制造业的技术进步，提高我国机械制造行业的技术创新能力及国际竞争力。

案例 23
板料数控柔性渐进成形工艺与装备

上海交通大学

该项目提出了预拉伸-渐进复合成形技术，其原理图是板料首先在可重构模进行预拉伸，在预成形过程中板料可以向内流动，从而保证了内部空间材料的补充，缓和了板料厚度的变薄。预成形结束后不改变加持状态直接完成渐进成形，可以成形出复杂深腔形状，并保证厚度公差。相较于渐进成形，复合渐进成形方法在成形件的厚度分布、成形时间等方面有较大改善。复合渐进成形方法能够实现更复杂的形状以及更高的成形性。

一、导语

金属钣金件是机械装备与产品轻量化的结构部件和重要的功能部件,交通运输、国防工业、机床工业、能源装备和家用电器等领域应用广泛,在制造业中占有的重要地位,如美国的 GDP 中有 7% 与钣金成形有关。压力机和模具是大批量生产钣金件不可缺少的装备。然而,在小批量钣金件制造中,如航空航天领域中的薄壁构件和汽车研发试制过程中钣金件的制造,传统制造工艺的问题是工艺研制周期长、成本高。板料渐进成形 ISF(incremental sheet forming)是一种面向小批量薄板零件的柔性成形制造方法,无需模具和压机,制造成本低、试制周期短、成形性高、能耗低。与传统的采用模具和压力机成形钣金构件的技术相比,开发周期至少缩短 80% 以上,50 件以内的批次至少节约能耗 55%。板料渐进成形技术近年来成为柔性制造领域研究的热点,国内外制造企业(如波音、空客、丰田汽车等)和研究机构(如亚琛大学、剑桥大学、上海交通大学等)已有制造飞机钣金件、轿车钣金件和医疗用构件的报道。

数控单点渐进成形 SPIF(single point incremental forming)的设想最早出现于 20 世纪 60 年代的两项美国专利中,20 世纪 90 年代数控技术的普及后,渐进成形才逐步得以实现,并因其独有的技术优势逐步成为板料无模成形领域的研究热点。经过 20 多年的发展,从最初的负成形(negative ISF)与正成形(positive ISF)技术,发展演化出多道次渐进成形、自阻电加热渐进成形、双头对压渐进成形、电磁渐进成形和高压水射流渐进成形等一系列新的方法。

然而,ISF 技术存在制件形状较为简单、成形精度不高和单件成形效率过低等问题,制约了该技术的进一步推广应用。针对现有渐进成形技术存在的问题,上海交通大学塑性成形技术与装备研究院在深入分析成形机理的基础上,开展针对传统板料和先进轻质、高强板料渐进成形新方法、新工艺研究,制作了具有不同几何特征的薄壁构件,并为多个领域提供了工业应用样件,推动了渐进成形技术的工业应用。

二、板料数控渐进成形工艺与装备研发

目前国际上渐进成形工艺装备大致分为 4 种:①专用渐进成形机;②切削加工中心;③工业机器人;④专门设计的机械机构。上海交通大学塑性成形技术与装备研究院针对具有不同几何特征的钣金构件和不同的材料,开发了多种渐进成形技术与装备。

1. 预拉伸 – 渐进复合成形

传统的渐进成形方法是利用加持系统对板料的周边实施固定约束,封闭于夹持区域内的

板料在工具头的作用下发生平面应变胀形，材料的减薄严重，而且复杂形状的钣金件成形时间超长，如针对具有近似直壁特征的钣金件需要采用多道次成形，单件的成形时间甚至超过 24 h。

针对上述问题，提出了预拉伸 – 渐进复合成形技术，图 1 所示为拉伸 – 渐进复合成形原理图。板料首先在可重构模进行预拉伸，在预成形过程中板料可以向内流动，从而保证了内部空间材料的补充，缓和了板料厚度的变薄。预成形结束后不改变加持状态直接完成渐进成形，可以成形出复杂深腔形状，并保证厚度公差。相较于渐进成形，复合渐进成形方法在成形件的厚度分布、成形时间等方面有较大改善。相较于基于多点模的拉深成形，复合渐进成形方法能够实现更复杂的形状以及更高的成形性。

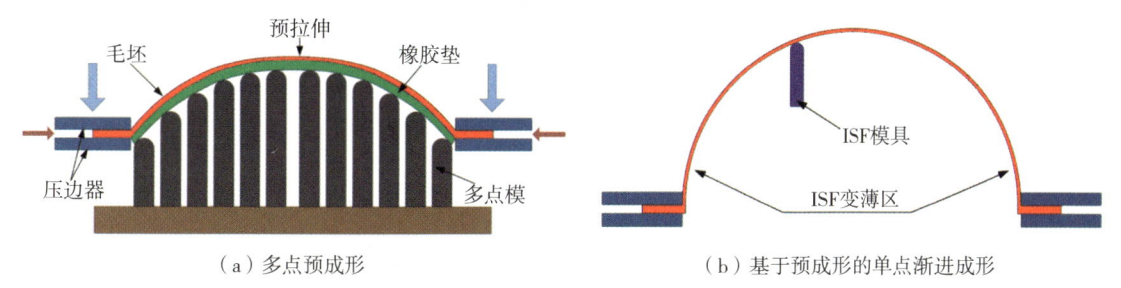

（a）多点预成形　　　　　　　　　　（b）基于预成形的单点渐进成形

图 1　预拉伸 – 渐进复合成形原理图

图 2 为所开发的多点可重构预成形模具和用于渐进成形的工业机器人，图 3 为所制作的某火箭铝合金整流罩（切边前），表面粗糙度 Ra 可达到 0.4μm，减薄量可以控制在要求的 18% 以内。拉拉伸工序由液压缸驱动，而渐进成形依靠工业机器人完成。压边圈在液压缸的带动下，向多点模方向移动，完成预成形。预成形完成后，压边圈整体向上翻转 90°，利用机器人实现渐进成形。

图 2　预拉伸 – 渐进复合成形装备（左）及典型铝合金整流罩样件（右）

2. 双点对压渐进成形 DSIF

传统的单点渐进成形如果不采用支撑模具，则仅能成形较为简单的钣金件，而增加支撑模具将降低成形的柔性。针对该问题，提出了通过两个工具在板料两侧施加压力、使板料变形的双点对压渐进成形方法。DSIF（double side incremental forming）的原理如图 3 所示，将待加工的板料通过特定的托板或压板夹紧固定，成形工具头 1 和 2 分别按照预先设定的轨迹运动，主工具头（成形工具 1）对板料施加压力的同时，另一侧的副工具头（成形工具 2）支撑板料，且副工具头的运动轨迹与主动工具头形成主从关系。该方法可有效地改善成形件的尺寸精度，特别是对于具有凸凹特征的钣金构件，成形工序相对较为简单；同时，由于对压工具头的作用，塑性变形区静水压应力显著提高，可进一步延迟破裂，提高材料的成形特性。

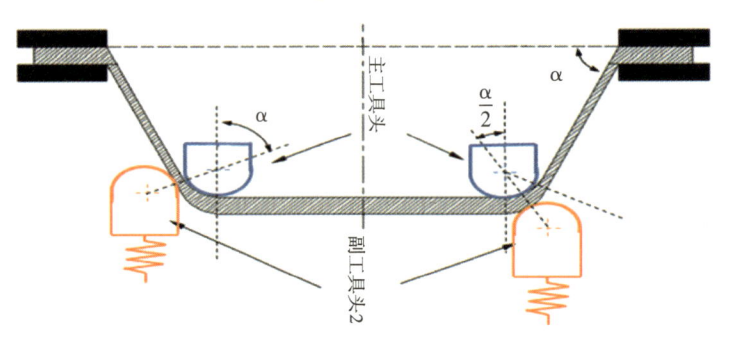

图 3 双点渐进成形原理图

图 4 所示为自主开发的 DSIF 装备和典型样件，工作台尺寸为 500 mm × 500 mm，被动工具头最大可施加 1000 N 的压力。另外，被动工具头可以替换成激光加热装置，实现对工具头接触区域的同步快速加热。将 DSIF 装备的工作台倾斜，可成形出局部的翻孔特征，如图 5 所示，该方法对大型钣金件（如航天运载工具的封头）局部特征的无模制造，具有重要的借鉴价值，即在 4 轴或 5 轴联动数控铣削加工中心上也可以实现这一工艺。

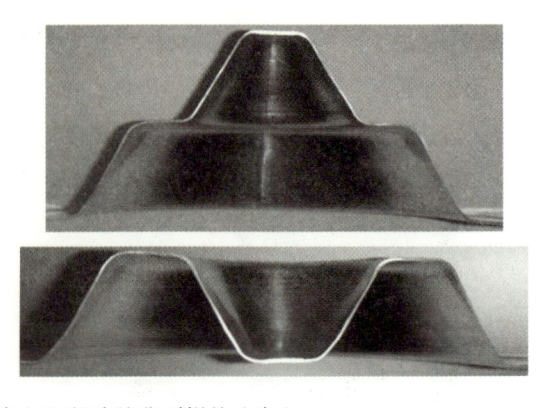

图 4 自主开发的 DSIF 装备（左）和制造的典型样件（右）

图 5　DSIF 装备工作台倾斜后制作的空间曲面翻孔特征

3. 先进板材柔性渐进成形

轻质材料，如铝合金、镁合金的比热容低，可以通过提高工具头转速的方法以使摩擦在局部变形区域产生比较多的热量，工具头以缓慢的线性速度移动，可显著提高铝合金和镁合金薄板的成形极限。如图 6 所示，随着工具头转速的提高，镁合金板的局部温度可升高至 200 ~ 250℃，成形件的深度显著增加了。

针对轻质高强材料，单纯采用提高工具头转速以产生更多热量用于提高成形材料温度来改善成形特性的

板料：AZ31；厚度：0.8 mm

转速：1800 RPM
成形深度：9.7 mm
成形角度：31.97°

转速：2500 RPM
成形深度：14.5 mm
成形角度：41.83°

转速：4000 RPM
成形深度：49.9 mm
成形角度：74.15°

图 6　镁合金板的渐进成形极限与工具头转速的关系

方法不适用于高比热容材料，如钛合金板。针对这一问题，提出了采用局部通电加热提高变形区的温度（>800°），可实现钛合金板非整体加热条件下的渐进成形。如整体通电加热相比和超塑成形工艺相比，本方法节能降耗显著。如图 7 所示为局部通电 ISF 的基本原理和制作的圆台形钣金件。

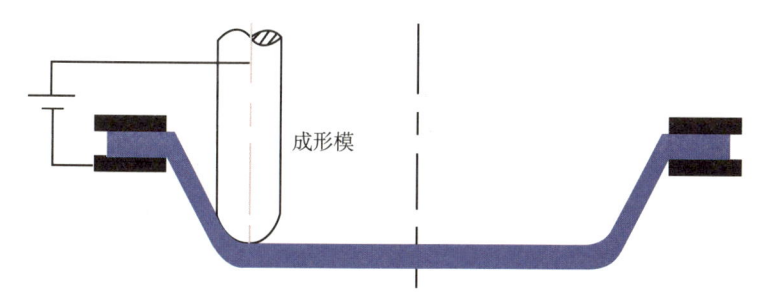

深度：26 mm；角度：45°

图 7　局部通电渐进成形原理（左）及制作的钛合金钣金件（右，厚度：1 mm）

三、主要创新点分析

1. 多种渐进成形装备

上海交通大学塑性成形技术与装备研究院板料数控渐进成形配置了前文定义的②、③和④3种装备,其中②为重载铣削3轴加工中心,具有最高的重复位置精度;③为ABB工业机器人,具有6轴自由度,可以制作大尺寸的构件;④为自主开发的双面渐进成形装备,具有7个自由度,可以制作具有凸、凹几何特征的构件,并保证整体构型的形状稳定性。上述三种装备具有互补性。

2. 新型成形工具

为了提高轻质高强板料的成形特性,降低成形件的表面粗糙度,研究团队先后开发了多种工具头,如图8所示。图8(a)为可倾斜滚动工具头,即工具头的端部由可滚动的球形头构成,并且可倾斜。采用滚动工具头成形钣金件,工具与变形材料之间的接触模式由容易产生犁沟效应的滑动摩擦变为滚动摩擦,制件的表面质量显著提高。图8(b)~(d)分别为内部有水冷的刚性工具头、内部有水冷循环的滚动工具头和内部有水冷的滚轮工具头。采用后两种工具头热成形钛合金板时,工具的端部温度可以控制在100℃左右,可有效降低工具的磨损。图9为带水冷的刚性工具头和带水冷的滚动工具头在相同的加工时间后的端部磨损,显然后者的磨损量较小。另外,带水冷的滚动工具头热成形钛合金板,可以使得表面粗糙度 Ra 稳定在 0.8μm 左右。

(a)可倾斜滚动工具头　(b)带内部水冷系统的刚性工具头　(c)带内部水冷的滚动工具头　(d)带内部水冷的滚轮工具头

图8　用于冷、热渐进成形的新型工具头

图 9　工具头的磨损对比（左、右）

3. 基于特征的自适应加工轨迹生成系统

　　传统渐进成形的工具加载路径常采用切片法，即沿垂直方向给定进给量，在不同的高度通过曲面偏置，生成工具头端部球心的坐标轨迹，在成形件的局部表面容易出现不光滑的过渡。螺旋线法和等残留高度法虽然解决了这一问题，但针对具有多个曲面连接的几何构型，如果采用基本等距的加工轨迹进行加载，在成形件的棱角过渡区域表面质量偏差。针对该问题，提出了基于等势线的渐进成形加载轨迹生成算法，根据几何特征构造非均匀间距的加载轨迹，可实现具有复杂特征的钣金构件的渐进成形。与常规的加载轨迹相比，可显著提升几何轮廓边界处的表面质量。图 10（a）和（b）分别为具有多曲面特征的复杂构件，其中图 10（b）被材料加工领域国际知名期刊 *journal of materials processing technology* 选为 2014 年封面图片。图 10（c）和（d）分别为采用传统加载轨迹和新的加载轨迹制作的轿车翼子板特征件，显而易见，图 10（d）中棱角处的表面质量明显好于图 10（c）中的质量。

（a）基于等势线的渐进　　（b）JMPT 期刊封面图片　　（c）传统加载算法制作的　　（d）基于等势线法制作的
　　　成形加载轨迹　　　　　　　　　　　　　　　　　　　翼子板样件棱角　　　　　　翼子板样件棱角

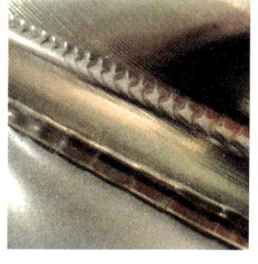

图 10　采用新的加载轨迹算法制作的具有复杂特征的钣金件及与传统方法的比较

四、主要成果

（1）已授权的国家发明专利8项。

（2）科研论文代表作11篇。

（3）人才培养。与美国西北大学联合培养博士研究生3名，硕士研究生6名，1名青年教师获欧盟居里夫人奖学金引进研究员奖励计划。本研究先后获得"211"三期人才计划、国家科技重大专项创新平台子课题和中国航天八院经费资助。

五、当前存在问题和展望

板料数控柔性渐进成形技术作为一种柔性的、数字控制的制造技术，近10多年来得到了快速发展和一定的应用，但目前存在以下问题有待于深入研究：①多针对简单形状的回转体构件成形及其成形机理，缺乏大型工业应用构件和复杂形状的构件渐进成形技术的研究；②缺乏对切边后零件的回弹及补偿方法的研究；③渐进成形还需要与其他成形技术，以充分利用各自的优势；④除了在航空航天钣金件的制造领域，概念轿车和样车白车身零部件，以及其他轿车上用钣金件（如安全气囊结构件、座椅结构件等）的小批量制造也是未来重要的应用领域；⑤新材料的成形，如超高强度钢、铝锂合金和钛合金等。

案例 24

LFT-D 复合材料在线模压成形生产线和数字化联线技术

北京机电研究所　重庆江东机械有限责任公司　南京诚盟机械有限公司

在线模压成型生产线采用 22000 kN 的模压成型压力机，生产节拍 20～60 秒/件，产能达到 80～120 万件/年；制件最大平面尺寸 1550 mm×1450 mm，可生产的典型汽车零部件产品有后背门内板、气门室罩盖、座椅背板等，与现有钢板件相比，性能一致、减重 30% 以上。解决了定长切料和多料块精确传输的技术难题。

一、导语

节能环保是当今汽车工业发展的重要主题，汽车轻量化是实现节能减排的有效途径。玻纤增强热塑性复合材料（long-Fiber reinforced thermoplastic，LFT）凭借其轻质高强、可设计性强、抗疲劳性能好以及易实现多部件一体化等特点赢得了越来越多汽车制造商的信赖，在汽车零部件中所占的比重日益增加。在欧美发达国家，LFT复合材料汽车零部件制品已从单件、小批量生产扩展到大批量生产，尤其是在那些对于机械强度要求高的零部件，如前端框架、吸能防撞保险杠、座椅骨架、车身底护板等。我国LFT复合材料研发起步时间与欧美等国相近，但是产业化进程和应用开发相对滞后，特别在批量化生产技术上与世界先进水平还有相当大的距离。

LFT成型工艺主要有两步法LFT和在线LFT（简称LFT-D）两大类。与两步法相比，LFT-D工艺减少了一次加热过程，同时可以保持更长的纤维长度，效率高，具有更好的生产经济性。掌握LFT-D工艺的代表企业是德国Dieffenbacher公司，目前世界上有30多条LFT-D复合材料在线模压成型生产线都是采用该公司的工艺和装备技术。

重庆江东机械有限责任公司联合北京机电研究所和南京诚盟机械有限公司成功组建了一条具有自主知识产权的LFT-D复合材料在线模压成型生产线，该生产线采用22000 kN的模压成型压力机，生产节拍20~60秒/件，产能达到80万~120万件/年；制件最大平面尺寸1550 mm×1450 mm，可生产的典型汽车零部件产品有后背门内板、气门室罩盖、座椅背板等，与现有钢板件相比，性能一致、减重30%以上。

二、LFT-D复合材料在线模压成型生产线概况

1. 生产线工艺流程

LFT-D复合材料在线模压成型生产线采用以下工艺流程（图1）。

上阶双螺杆挤出机将聚丙烯粒料和助剂熔融混合，并挤出到下阶双螺杆挤出机中；同时，玻纤经过分纱梳理也进入下阶双螺杆挤出机，在下阶双螺杆挤出机中玻纤被螺杆切断，并与聚丙烯和助剂熔体混合均匀，挤成200~300 mm宽的料带；料带在进入输送带后被定量切成一定长度的料块，并通过带有加热保温功能的传送带向前输送，最后由机器人抓取后送至压力机模具中进行模压成型。

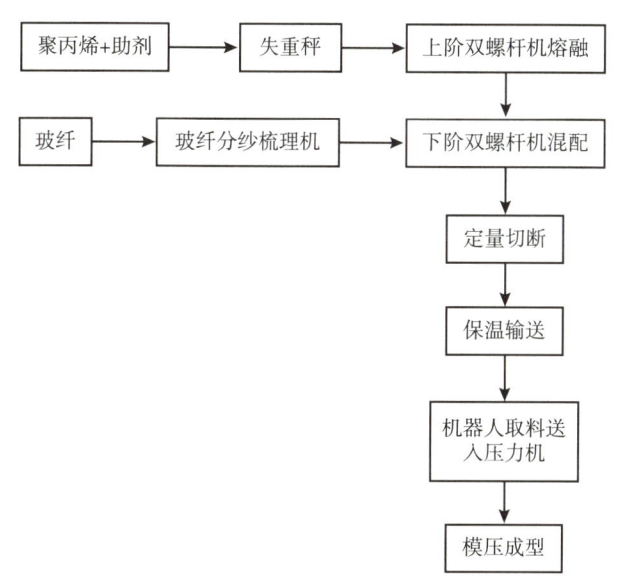

```
聚丙烯+助剂 → 失重秤 → 上阶双螺杆机熔融
                              ↓
玻纤 → 玻纤分纱梳理机 → 下阶双螺杆机混配
                              ↓
                           定量切断
                              ↓
                           保温输送
                              ↓
                      机器人取料送入压力机
                              ↓
                           模压成型
```

图 1　LFT-D 复合材料在线模压成型生产线工艺流程

2. 生产线工艺布局（图 2）

图 2　LFT-D 复合材料在线模压成型生产线现场

3. 生产线设备简介和主要技术参数

（1）复合材料压力机。

1）用途：主要适用于 GMT、LFT 热塑型材料的成型工艺，同时也可适用于 SMC、BMC 热固型材料的成型工艺，广泛应用于汽车零部件、建筑材料、电子材料等行业中。

2）具有独立的液压系统和电气系统，并采用 PLC 与触摸屏进行集中控制。有调整、手动、半自动循环及全自动循环四种工作方式，每种工作状态均可实现定压及定程两种压制方式。

3）采用活塞式蓄能器加高压气瓶作为动力源，以满足压机快速回程及快速压制的要求及充分节约装机功率。

4）压机采用大通径比例插装阀与位移传感器进行闭环控制，以满足各工艺动作及工艺参数的平稳转换及高精度控制。

5）主要技术指标见表1。

表1 LFT-D复合材料在线模压成型生产线主要技术指标

序号	参　　数		单位	规　　格
1	公称力		kN	22000
2	液体最大工作压力		MPa	25
3	最大开口高度		mm	3000
4	滑块最大行程		mm	2400
5	滑块速度	空程快下	mm/s	800
		工作速度		1～80（可调）
		脱模速度		1～80（可调）
		快速回程速度		800
6	工作台有效尺寸	左右	mm	3000
		前后		2000
7	生产节拍		s	20～60
8	合模接触后从零压升到满压时间		s	0.5
9	保压压力波动值		MPa	±0.1
10	国产控制系统及关键功能部件比例			大于50%
11	四角调平系统	总力（四缸）	kN	3150
		调平指标		滑块速度为1 mm/s时　0.06 mm 滑块速度为2 mm/s时　0.10 mm 滑块速度为10 mm/s时　0.30 mm 滑块速度为40 mm/s时　0.60 mm
12	开、合模时间		s	开模4s，合模4s

（2）双阶双螺杆挤出机单元。

1）组成：补料系统（原料仓、料架）、喂料系统（失重秤）、纱架、玻纤分纱梳理机、上阶双螺杆挤出机、下阶双螺杆挤出机（含开合式挤出模头）。图3为双阶双螺杆挤出机单元原理图。

2）主要技术参数见表2。

表2 双阶双螺杆挤出机主要技术参数

上阶双螺杆挤出机	长径比 L/D	32:1
	主电机功率	185 kW
	最大螺杆转速	600 rpm
下阶双螺杆挤出机	长径比 L/D	14:1
	主电机功率	110 kW
	最大螺杆转速	300 rpm
最大纱束数量		60
单元最大挤出速度		700 kg/h

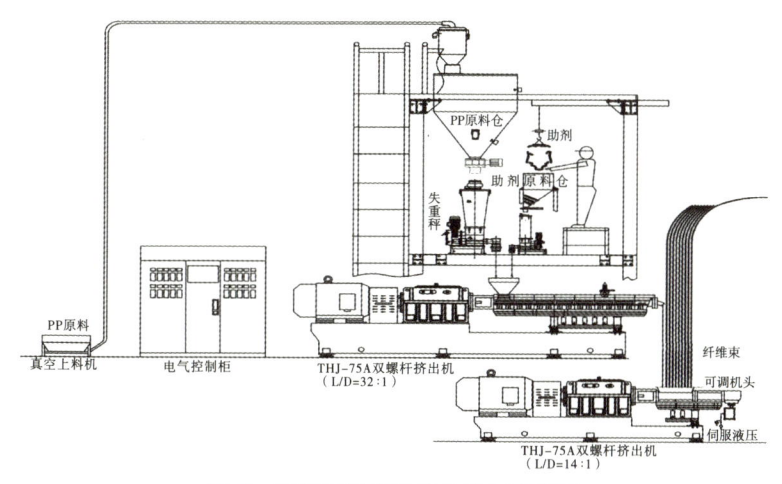

图3 双阶双螺杆挤出机单元原理图

（3）输送机。

1）功能：用于将前道工序中螺杆挤出机挤出的复合材料料带定长切断成料块并输送至待抓取位，以便机器人将料块抓送到模压压力机进行模压成型。

2）特点：双输送带结构，可输送1～4个料块供送料机器人一次抓取，满足一模两件或多件成型的要求。有独立的电气控制系统，采用PLC控制。有手动和自动两种工作方式。

3）双输送带外围有电加热式保温罩，可使复合材料料块在被抓取前保持后续模压成型所需的温度。

4）输送带（两长一短）采用伺服电机驱动，能够实现料块的精确定位和灵活的速度匹配。

5）主要技术参数见表3。

表3　输送机主要技术参数

保温范围	可调，对于聚丙烯（PP）为 240±10℃
最大允许料宽	250 mm
过渡、同步输送带最大输送速度	502 mm/s
输送机纵移最大行程	400 mm
输送机纵移最大速度	89 mm/s
同步输送带横移工作行程	400 mm
同步输送带横移最大速度	707 mm/s

（4）机器人。

1）额定载荷：210 kg。

2）轴数：6。

3）重复定位精度：±0.06 mm。

4）最大回转半径：2700 mm。

三、LFT-D 复合材料在线模压成型生产线现场总线控制系统

1. 采用现场总线控制系统的必要性

LFT-D 复合材料在线模压成型生产线由如下几个生产单元组成：双阶双螺杆挤出机单元、输送机、机器人、模压成型压力机。由于生产单元数量少，物料的物料传递过程逻辑也比较简单，似乎采用单机自动化或刚性流水自动化也可以实现生产过程的控制。但存在下面几点缺陷：

（1）缺乏统一的产品号管理。每一个生产单元可以有自己单独的产品配方管理，工艺参数可以在单机设备的 HMI 设定、存储、调用。但全线生产时，必须由总控系统通过现场总线，向单机设备发送统一的产品号，保证全线生产的一致性。

（2）全线在生产过程中，单机设备缺乏信息共享，缺乏总控系统保证的协调一致性。包括全线启动的一致性、全线停车的一致性以及某一台单机设备，特别是在生产线后端的设备出现故障后，生产线不能进行柔性的处理，只能手工处理或是造成生产的混乱。

（3）缺乏对设备安全和人身安全的保护。特别是在工业机器人和压机的生产区域。如果没有安全护栏和带电子锁定装置的安全门锁，没有机器人和压力机互联急停，没有人工卸料区的安全防护光栅，没有支持上述安全产品的安全总线系统，无法避免对设备和人身的伤害。

（4）无法通过网络技术将每一台生产设备作为网络节点，实现车间和工厂的管理自动

化。从原材料的使用情况、成品、半成品、废品的统计和记录无法统一进行。设备的运行情况、故障状态、有效开工时间的统计和记录也都无法统一进行。也无法接受设备制造商提供的通过互联网的远程技术支持和服务。

为此，LFT-D复合材料在线模压成型生产线采用更先进的、也是目前国际流行的现场总线控制系统代替传统的单机自动化或刚性流水自动化。现场总线控制是将单个设备连接起来的更高一级的控制，对所有生产单元和其间的相互作用进行监控，是操作人员的中心出发点。所有重要的生产信息都可从控制台获得，在出现故障时就可进行快速诊断。产品更换、单独生产单元的基本和启动位置、整条生产线的启动与清空，以及中心参数的设置可按优化的时间实施。

2. 现场总线控制系统网络结构

采用两层总线结构：工业以太网为上层网，PROFIBUS-DP为下层网，此外采用了独立安全PLC的SAFETY-BUS安全网络。

（1）工业以太网。

总线控制系统的主控计算机通过工业交换机连接主控PLC和主控安全PLC，实现数据高速实时通讯，工业交换机预留100 Mbit/s与工厂生产管理系统连接的接口，用于生产管理。

（2）PROFIBUS-DP总线网络。

本系统由主控PLC作为主站，PROFIBUS连接单机设备的PLC和远程I/O站，传输各单机设备（挤出机单元、输送机、机器人、压力机）与总线控制系统之间的控制信号（包括状态信号和控制信号）。主控PLC可通过DP/DP耦合器与各单机设备进行主通讯，实现控制信号的传输。

（3）SAFETY-BUS安全网络。

本系统采用PILZ紧凑型安全PLC作为总控系统安全PLC。现场安全信号通过硬接线方式接到安全PLC上，保证安全信号传输的及时性和可靠性。安全系统的控制模块采用冗余、多样的结构、可靠电气元件和反馈回路等安全措施，确保系统的可靠性。

3. 现场总线控制系统功能描述

（1）生产线联线的描述。

联线目标是使LFT-D复合材料在线模压成型生产线自动运行，协调挤出机单元、输送机、机器人、压力机按照预定的生产节拍进行动作衔接，同时保证各单机设备之间的动作衔接合理可靠。

（2）控制方式。

控制系统具有全线自动控制、区域联动控制、单机手动控制三种控制方式。其中，全线自动控制和区域联动控制由现场总线控制系统提供,单机手动控制由各单机设备完成。为了整条生产线安全、可靠、高效地运行,根据工艺和控制的要求,整条生产线划分为挤出、模压两个控制区域及安全区域。每个区域的操作分站可以完成本区域的启动、停止、故障后的再启动等各种操作。生产线自动化系统对三种控制方式能有效切换。

(3)监控管理系统功能。

图形化监控:现场各单机设备与模压线控制系统之间的数据交流,将各单机设备的运行状态实时反馈到总控,以生产线实际布局显示模压线的状态视图,便于总控对整体设备的控制管理。主要监视显示:单体设备运行状态及方式的显示、防护区域状态显示、急停区域的状态显示、各工作区域综合状态和材料流显示。

生产管理:先进生产管理系统是对各种生产管理信息进行收集、传输、加工、存储和使用的人机系统,其可以利用较少的生产准备时间,快速地进行产品变更及多种设备及工艺的灵巧结合,方便多种产品的工艺设备管理。

数据采集与归档报表:对各单机设备设定的关键参数实时监测,并将数据存储到数据库,提供生产过程中的生产统计数据,供操作人员进行数据分析时使用。

故障与报警:用于显示、处理生产线的报警信息,具体包括:报警显示功能、报警处理功能、报警等级功能和报警归档功能。

四、实际生产技术难题及解决方案

1. 产品的成型工艺要求在线调整料厚

在模具中挤出制品的位置和形状决定了压机所需压力,同时也会影响最终制品的翘曲程度及厚度偏差等特性。

对于某些不规则形状、厚度形状差异大的产品零件,为了优化模压成型工艺以及减少压机所需压力,需要挤出机挤出的料块具有厚度差异,这就需要在线调整料块厚度。

为此挤出机的机头的模头除了可以手动调节高度,同时还装有伺服电动缸,对模口高度进行在线自动调节,以满足不同的生产工艺要求(图4)。

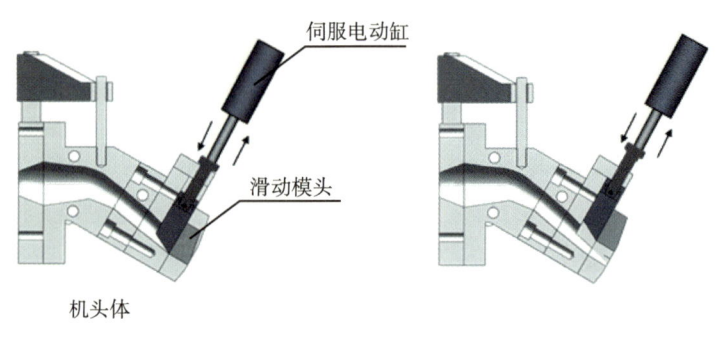

图4 挤出机高度自调整模头

核心的控制技术是挤出机在线挤出的过程中，要保持挤出机、输送机切刀和输送带的同步运行。料带的挤出必须和挤出机的速度保持一致，因为模头高度调节会带来挤出料带速度的改变，所以挤出机内部的物料速度要及时地加以补偿和修正（图5）。

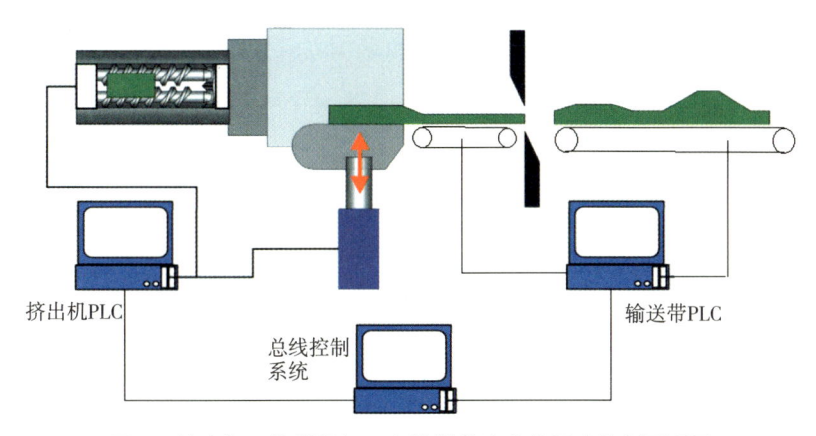

图 5　挤出机、输送机切刀和输送带速度的同步控制原理图

2. 多料块在输送机上的定长切料和同步输送问题

LFT-D 复合材料在线模压成型生产线的生产节拍大致范围为 20 ~ 60 s/件。由于压力机吨位大，为了提高生产效率，对于大多数中小零件考虑为一次模压成型两件。

对于一次模压成型两件的情况，由于生产中挤出机是连续不断地出料，在运动中如何实现定长切料以及将两块料精确传送到位，以便机器人精确抓取，是实际生产中的技术难题。

针对以上技术难点的解决方案：

（1）采用3条输送带的结构，1条短的过渡输送带和2条长输送带（同步带A、同步带B）。

（2）3条输送带的共同底座可以纵向移动。

（3）同步带 A、同步带 B 可以横移（分别对准过渡输送带）。

（4）挤出料首先落在过渡输送带上，通过 3 条输送带的整体前后移动与网带的停转、加速等动作的配合，可以在线实现复合材料料带的定长切断。

（5）通过同步带 A、同步带 B 的横移以及网带转动的精确同步控制，可以实现多料块的精确布料。

（6）网带转动、纵移、横移运动以及切刀动作均采用伺服电机控制。

五、结论

（1）LFT-D 复合材料在线模压成型生产线打破了国外技术垄断，是具有自主知识产权的创新，实现了国内玻纤增强复合材料汽车零部件生产技术的突破。

（2）生产线控制上突破了传统的单机控制模式，采用先进的现场总线控制技术，可保证整条生产线运行协调一致，此外具有产品配方管理功能，可实现车间和工厂的管理自动化以及远程技术支持和服务。

（3）生产线控制上采用了先进的SAFETY-BUS安全网络控制技术，采用独立的安全PLC作为总控系统安全PLC，最大限度地保证了设备安全和人身安全。

（4）挤出机采用高度在线自调整模头，能适应不同产品模压成型工艺要求。

（5）输送机采用独特的双同步带结构和同步控制方式，有效解决了连续生产中定长切料和多料块精确传输的技术难题。

六、展望

复合材料的优势在于高度的可设计性。利用LFT-D复合材料在线模压成型工艺，可以在成型过程中将不同类型的纤维增强热塑性塑料的织物布置在需要更高强度的位置，得到更轻质的结构部件，从而优化承力结构。据悉，德国宝马汽车已经使用该项技术使前端模块重量进一步减少了30%。当然该项技术对于LFT-D复合材料在线模压成型生产线会提出更高的控制技术要求，这也是我国LFT-D复合材料汽车零部件生产下一步需要解决的技术难题。

案例 25
化工及空分规整填料自动化生产线

机械科学研究院浙江分院有限公司

国内的填料生产大都采用单一工序生产，存在着生产效率低、产品质量不稳定等问题。机械科学研究院浙江分院有限公司开发的填料自动生产线采用现场总线控制技术，可在线全自动实现多种规格波纹片生产加工，整线生产速度达到 4 m/min。生产效率比原来提高 3~4 倍，并将操作工人减少至 3 人。生产的填料在效率和阻力方面均优于市场同类空分填料产品。项目填补了国内空白。

一、导语

填料塔是化工、空分类企业中最常用的气、液传质设备之一，在塔体内设置填料使气液体两相能够达到良好传质所需的接触状况。填料塔主要包括填料、塔内件、工艺流程三个方面的内容，特别是填料作为填料塔的核心构件是由波纹片组成，填料塔的性质决定了填料塔的操作。

瑞士 Sulzer 公司作为填料生产厂商，研究成功了 Mellapak 填料及其自动化生产线，在规整填料的开发上取得了可喜成绩。我国对规整填料也有不少研究成果，但在填料自动生产线的开发却是空白，目前国内唯一一条填料自动生产线是天津大学填料塔新技术公司引进瑞士 Sulzer 公司的 Mellapak 自动生产线，大部分的填料生产厂商仍旧依靠单一分散的工序生产，存在着生产效率低、产品质量不稳定等问题。进口设备的成本高、维修困难等问题制约了国内填料生产的批量化和规模化。而随着我国气体工业的发展，国内对填料及填料装备需求的日益增加，填料自动生产线的开发和产业化成为解决行业发展瓶颈的关键所在。

机械科学研究院浙江分院有限公司开发的填料自动化生产线采用现场总线控制技术，可在线全自动实现多种规格波纹片的生产加工，工艺包括冲孔、压小纹、大纹成型、清洗、变尺切断及码垛等，整线生产速度达到 4 m/min。在大纹成型技术上采用一出二成型工艺和多面矫正法保证成型速度和质量，自动定长切断机采用成型刀智能追踪切断来保证产品的尺寸和切口质量，实现了在线自动清洗，清洗质量优于国家标准，产品自动化程度高、可靠性好、生产效率高，可在保证填料质量的基础上使生产效率比原来提高 3～4 倍，并将操作工人减少至 3 人，为企业节约人工成本。本项目填补了国内空白，其技术处于国内领先水平。

二、主要研究内容

1. 生产工艺及主要装备

填料自动生产线主要包括自动开卷装备、冲网孔装备、小纹滚压装备、大纹压制装备、自动清洗装备、自动切断装置。生产线将实现以下生产流程（图1）。

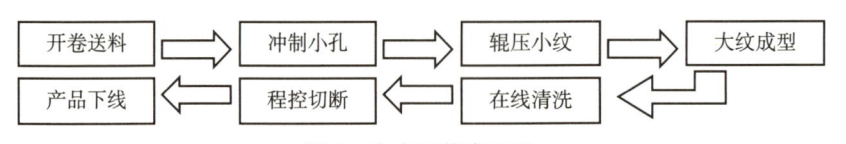

开卷送料 → 冲制小孔 → 辊压小纹 → 大纹成型 → 在线清洗 → 程控切断 → 产品下线

图1　生产工艺流程图

（1）开卷送料。

主要完成铝箔料卷的开卷，根据后续设备要求送料及在线材料数量显示与缺料报警等功能。

（2）冲网纹孔。

完成网纹孔的冲制。采用前拉式辊轮送料方式，送料快而准；采用闭式高速精密冲床配备专用冲孔模具完成网纹孔的冲制。

（3）小纹滚压工序。

完成小波纹（直纹和麻点）的辊压成型。采用专机制造，辊压精度高，并配备双压辊机构，换型调整更方便（只需模式切换即可）。

（4）大波纹成形。

完成大波纹成形。采用一次送料双波折弯成型及后道整形的成形工艺（简称"一出二"）。具有成型精度高、震动小、外形好、效率高等特点。

（5）清洗线。

该装置采用连续槽浸通过式产品去油处理和产品表面功能处理，可使产品达到表面残油量小于或等于每平方米 10 mg 的要求；提高了产品的防腐蚀性能，保证了产品表面质量。

（6）定长切断。

主要完成产品按照装配尺寸要求，按产品要求定长度准确切断。采用成形刀冲切。切断刀具按产品规格配置。变长定尺测量机构采用直线平移定位精密导轨机构配备非接触式传感器定位的方法，保证了高精度和高效率。

2. 关键技术及解决后的意义

（1）精密成型技术的研究。

精密成型技术的研究是本生产线开发成功的关键，使得波纹片 4 m/s 的生产速度和高精度成型成为可能。

1）开展材料延展性能试验，得到材料预处理工艺参数，进行小纹滚压和大纹压制装备的设计制造和选型。

2）专用大纹成形模具的研制，一次精准送两个步距，一次冲程完成双波成形和整形的成型工艺及模具结构设计和制造。

3）在大纹成型工艺上采用多面矫正法，保证了产品的质量。

（2）连续自动清洗工艺和设备的开发。

连续自动清洗工艺和设备的开发，实现了波纹片在线清洗和表面处理的功能（图2），是国内首创。

1）自动清洗工艺和设备的研制。

2）专用清洗液的研制。

3）喷淋清洗和表面处理试验，依据试验参数进行清洗装备的设计制造。

图2　波纹片自动清洗线

（3）生产线的自动控制技术。

1）运用现场总线控制技术，生产全过程实现全自动（图3）。

图3　全自动控制系统

2）生产线具备在线各工序成品质量检测。

3）对各规格产品生产实现自动生产参数调整。

三、经济效益和社会效益

1. 经济效益

本项目开发的填料自动生产线自动化程度高、可靠性好，可实现生产频率每分钟400波，可在保证波纹片质量的基础上使生产效率比原来提高3~4倍，并将操作工人减少至3人（包括生产线操作工 1 人，辅助工 2 个），每年为使用企业节约工时 10 万个，经济效益显著，同时维修、更换零部件均较为便利，成本低。目前已为杭州杭氧填料有限公司提供了 8 条填料自动化生产线，每年为用户增加 1 亿元以上的产值，解决了用户的高质量填料配套问题，并可提高空分设备的产品质量，降低成本，增加市场竞争力。

2. 社会效益

填料自动化生产线的开发成功并推广应用，可以提高我国化工装备、空分装备的整体制造水平，对行业的发展具有积极的意义。

实现在线清洗，无废水、废油排放和漏水、漏油现象。该装置采用连续槽浸通过式产品去油处理和产品表面功能处理，达到产品表面残油量小于或等于每平方米 10 mg 的要求，清洗水循环利用，无废水、废油排放，可彻底解决以往单一工序生产时出现的环境污染问题。

四、主要成果及展望

波纹片自动化生产线由机械科学研究院浙江分院有限公司自主开发，已经获得专利授权两项，其中发明专利 1 项，实用新型专利 1 项。项目成果获得浙江省机械工业二等奖。

本项目开发的填料自动化生产线各项指标达到甚至超过了进口设备的性能，2009 年被认定为浙江省国内首台（套）产品，其技术处于国内领先水平，但价格却是进口设备的 1/3，且维修方便，成本低，相比于国外产品具有较大的竞争优势，有望在国内的化工和空分行业推广应用，可以提高我国相关行业的整体制造水平。

案例 26

汽车玻璃托架成形模自动化生产线

福建工程学院

本案例介绍了福建工程学院开发的汽车安全玻璃安装托架的超精密黏结智能化模具装备系统并实施产业化。传统的托架生产周期为 8 天（包括第一阶段 24 h 固化和第二阶段 7 天固化），且不良品率达 10%，汽车玻璃托架成形模自动化生产线则压缩生产节拍至 20 秒 / 片，且质量稳定。自动化、智能化效果显著。利用该模具系统生产的新型汽车玻璃托架黏合总成，形成每条线年产 1000 万片玻璃的产能。

一、导语

近年来，全球汽车产量不断增加。在汽车安全玻璃领域，平均每辆汽车配备安装 7.5 片玻璃，全球年需求约 6.5 亿片，市场容量约 900 亿元。长期以来，全球各大汽车安全玻璃生产企业及其配套企业，均采用上述的"专用工装＋喷枪涂胶＋恒湿固化"的工艺方法。该技术基本上成熟，已经用于成千上万款型玻璃托架的生产，成功地应用于汽车玻璃总成的制造生产。

但是，当前汽车正朝着高端、节能、环保的方向发展，传统的汽车玻璃制造精度、强度乃至功能正不断地向更高和更复合化方向提高。汽车商不断地提出新要求，制造技术领域在该方面不断受到严峻的挑战。例如，2013 年某车型将侧挡风玻璃黏结位置精度由 ±1.5 mm 提高到 ±0.75 mm，当前的聚胺酯黏结技术最高精度也只能达到 ±1.2 mm。

归纳起来，传统的托架黏结技术在面临不断加码的汽车安全玻璃新技术要求时，存在的不足和问题：①黏结精度不高，黏合精度只能达到毫米级；②黏结强度不够，由于材料自身性质决定其强度仅能达到 800 N 的受力，而当前高端汽车尤其是 SUV 等已经要求达 1200 N 甚至更高的指标要求；③生产效率较低，在当前用工成本不断提升以及企业节能增效以节约生产成本的背景下，如何引进数控技术，提高当前如此低下的生产效率已经成为十分紧迫的课题。

本项目的目标是：开发汽车安全玻璃安装托架的超精密黏结智能化模具装备系统并实施产业化。

二、主要技术路线

1. 基本思路

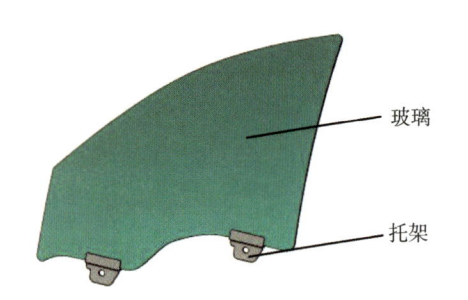

图 1 汽车安全玻璃和托架示意图

汽车安全玻璃下侧均有托架，每块玻璃下方有 2 块，因而，托架在汽车安全玻璃中应用量大面广。如图 1 所示。托架的作用是连接玻璃与汽车车身，是安装的基准，也是安装后直接承受玻璃自重和摩擦力的部件，同时也是受到冲击、振动时的受载部件。

托架是塑料质的，它与玻璃之间是黏结在一起的，如图 2 所示。该黏结通常是通过专用的工装人工完成的。该生产过程为：把玻璃片和托架分别放置在两个专用的工装上；移动工装，二者形成微小间隙；操作人员对聚胺酯熔胶进行称重取胶，利用喷枪逐层将熔胶涂于该间隙内，用于黏结玻璃和塑料托架；层涂完毕，放入恒温恒湿室里 24 h

使熔胶凝固约80%，然后再在自然条件下凝固7d，基本上实现全部凝固。

托架的黏结质量十分重要，它直接影响到汽车玻璃的安装效果和使用效果，具体包括：

一是决定车身水线投影的一致性。玻璃安装托架后是要安装到车身上的，托架是安装基准。如果图2中的托架与玻璃黏结后，柔软的聚胺酯在搬运过程中由于自重而跑位、变形，或由于黏结不牢而玻璃摆振或侧倾，则整块玻璃与理想形状的公差过大，出现错位，安装到车身后，车身水线投影出现多个拐点或尖点，直接使到汽车外观受损。

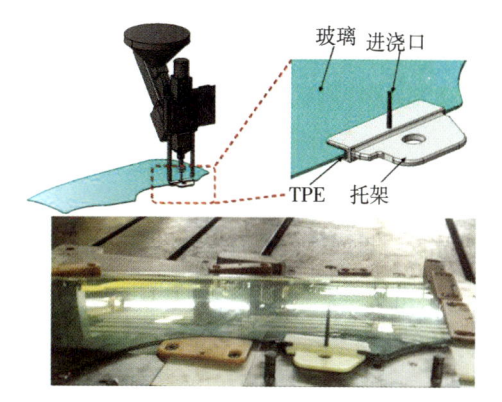

图2 托架和玻璃的黏结示意图

二是决定汽车玻璃的升降平顺性。对于侧挡风玻璃而言，高黏结精度使玻璃通过托架安装到玻璃升降轨道后，经过调试实现升降平稳无噪声，运行平顺。反之，如果黏结精度差，出现玻璃的少许错位，则直接导致使用过程中玻璃升降卡滞，产生噪声，甚至划伤或损坏玻璃。

三是决定汽车玻璃的使用寿命。黏结部分是承受玻璃自身重量的部位，也是玻璃受到冲击和振动时的直接缓冲部位。如果黏结强度不足，则出现裂纹或断裂，使玻璃受损。反之，如果强度足够，则在高速和较差路况行车时始终保持良好的结合性，保持玻璃的良好性能。

2. 主要研究内容

玻璃与托架之间的黏合质量受多方面因素的影响，如玻璃片自身的质量、表面底涂质量、托架的材料性能和制造精度，以及生产过程中的储运、机器人操作的精度、模具成型质量等要素均有相应的影响。其中，影响最大的是双嵌件的微注塑工艺与装备开发、机器人底涂自动化系统的开发，以及系统的总体集成技术水平。这也是本项目开展贯穿整个过程的3项关键技术。

（1）双嵌件的微注塑工艺与装备开发。

1）变间隙模具设计技术。模具成型时，需要预先把玻璃和托架同时放入模具型腔中，在注塑周期中，模具闭合注射成型。但是，玻璃是脆性材料，模具在运动时紧密闭合或由于注射力较大推动玻璃移动，直接导致压碎玻璃或划伤玻璃。托架是塑料材料，在强大的合模力作用下，如定位稍有不准，则容易挤压托架，甚至模具型腔受损。在注塑生产时，为了避开玻璃被压碎，动定模的间隙如果保留一定的开度，则由于塑料熔体的流动性强，导致注塑熔体溢出，产生较大溢边缺陷或导致成型不足而报废。项目引入"变间隙"合模的思想，基本思路是：既不设定模具间隙为零导致无间隙而使压碎玻璃的概率陡然加大，又不加大间隙导致溢边或失效，也不采取常数间隙使注塑路径上功率损失不一而导致黏结不均匀。而是配合着"玻璃柔性夹持"磁场系统，采用根据注射路径的不同和玻璃、托架的几何形状和热物理参数的不同，在不同的部位设定变化的合模间隙，既保障不溢边，又保障不压碎玻璃。

在设计过程中，对玻璃和托架的几何尺寸和物理参数进行注射压力变化曲线计算。结合注塑材料TPE和PVC的流变性质，得出压差流功率损失和剪切流功率损失，并将二者叠加，以叠加功率最小为优化目标，得出合模间隙的分布图，据此设计和制造模具。

2）玻璃模内柔性自适应定位系统设计方法与应用。玻璃型面是自由曲面，在模具内很难固定。但在注塑中又必须要固定，否则会被推移而压碎。这是一对矛盾。因此，考虑引入持有包边模具的夹紧装置。在此基础上，重点研究磁场强度的云图分布，耐压气囊的磁能积

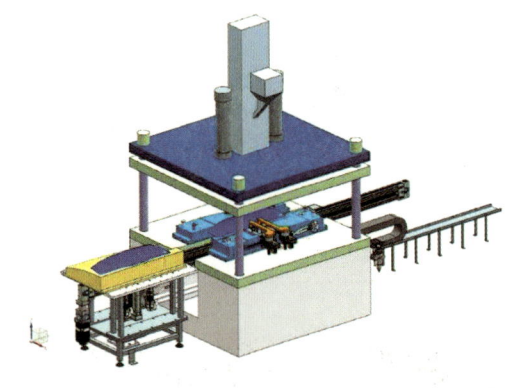

图3 成型模具的3D模型和试制照片

及其衰减，以及其对注塑压力的平衡作用，达到适用于不同型面形状和几何尺寸的玻璃进行有效的定位，并提供足够的夹持力，保证玻璃的可靠定位和夹紧，从而可大大提高生产的成品质量。

3）微量注塑成型控制技术开发与应用。这是保障玻璃和托架黏合精度和强度的关键。设计制作压力循环下的黏合试验装置，先进行微量注射压力作为单因素黏合试验，测试研究不同压力对黏合稳定性、粘模性、均匀性和黏附撕裂强度。再进行多因素正交试验，运用集总参数法选择优化的注塑参数，测试研究不同的微量注塑参数下塑料的内外拉伸强度、扯断伸长率和扯断永久变形、黏合强度等指标。

（2）智能化机器人玻璃进模系统设计与应用。

这是保证玻璃准确地置入模具并预定位的关键。主要包括机器人的轨迹规划与节拍控制；抓取速度的提升与降落与玻璃定位系统之间的空间位置关系演变；注塑周期与玻璃进模的协同与相互容错机制；机器人与前端运储系统的集成。运用空间矩阵计算得到机器人的轨迹规划，结合黏合注塑周期计算机器人的节拍控制与缓冲动作。运用加速度曲线图和空间矩阵变换计算速度的提升与降落与玻璃定位系统之间的空间位置关系演变。根据试验得到注塑周期与玻璃进模的协同与相互容错机制和模块的规划与集成。

（3）玻璃活化底涂机器人系统的开发。

1）机器人动态轨迹修正。根据玻璃下端的几何曲面形状，通过传感器信息和机器人运动信息的融合，检测出活化底涂与基准位置之间的偏移，通过动态修正运动轨迹，保证机器人准确均匀地底涂。运用模块化设计方法和嵌入式构建方法，对控制系统、层次化结构、故障诊断等模块进行通讯设计，集成开发系统优化技术。根据试验结果对注塑黏结质量进行反馈和结构参数调整。如图4所示。

2）活化底涂机器人系统集成：通过开放性模块化的控制系统体系、模块化层次化的控制器软件系统、机器人的故障诊断与安全维护技术，以及成对机器人通讯系统，集成开发系统优化技术，实现稳定、均匀的活化底涂，保障对注塑黏结时TPE或PVC材料与玻璃表面和界面之间的相互渗透和牢固黏合。

图4 自动底涂机器人

（4）模具装备系统的集成开发和产业化实施。

1）微量注塑在生产线中进行放大生产时的协同性和稳定性技术。包括机器人集成融合控制、信息、传感、机械、物料等数据，针对成型中可能出现的玻璃受损、托架形位变化等问题进行容错和顺应性设计制造。

2）多台表面处理机器人在生产线中放大生产时的路径规划和适应性技术。在不同的时期，玻璃款型在不断变化，活化和底涂过程中需要更改动作路径，以及适应底涂时的料源切换等。

3）整个系统控制模块、储运模块、辅助模块、成型制造模块的集成技术。保障批量化生产时协同、稳定、信息传输等，实现稳产、高产。

生产线系统如图5所示。

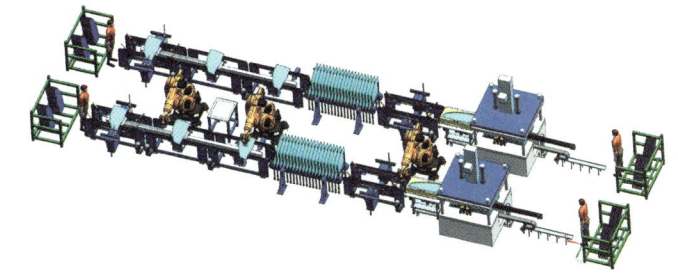

图5 生产线系统

三、主要技术参数及结论

传统托架利用聚胺酯材料，黏结强度为800 N；本项目采用模具成型的方法，选用TPE

或 PVC 材料，黏结强度最高提高到 2000 N。

传统的托架塑料黏结后的位置精度偏差为 ±1.5 mm，本项目则最高能控制到 ±0.2 mm 范围内的高精度。适合全景天窗车、跑车等高端汽车的高品质要求。

与传统手工作业生产的托架黏结技术相比，传统的托架生产周期为 8 d（包括第一阶段 24 h 固化和第二阶段 7 d 固化），且不良品率达 10%，汽车玻璃托架成形模自动化生产线则压缩生产节拍至 20 秒/片，且质量稳定。自动化、智能化效果显著。利用该模具系统生产的新型汽车玻璃托架黏合总成，形成每条线年产 1000 万片玻璃的产能。

四、展望

在汽车玻璃工业中，汽车安全玻璃的托架黏结模具装备需求量大，是汽车安全玻璃生产企业能够通用的模具装备生产线产品。本项目的实施，能够满足汽车玻璃模具向智能化、自动化方向发展，同时也引导汽车玻璃的生产向高效、高精度、高品质方向发展，节约大量的现场人员和物力成本，带来直接经济效益和社会效益。同时，也有望成为汽车玻璃模具产业的示范。

案例 27

总线控制超强钢热成型成套技术装备

北京机电研究所

超高强钢热冲压技术是一项既可减轻车体重量，又能提高碰撞安全性的新型制造技术。采用这种技术生产的结构件，可明显提高汽车的碰撞安全性，同时通过减小壁厚或截面、减少汽车装配环节中的零部件的数量尺寸，从而实现轻量化。北京机电研究所联合长春北特建成了国内第一条保护气氛的辊底式加热系统及自动化热冲压生产线，进行了批量生产，为该技术的完全国产化奠定了良好的技术基础。

一、导语

据统计，截至 2014 年年底，全国机动车保有量达 2.64 亿辆，其中汽车 1.54 亿辆。中国 2014 年以 2372 万辆的产量成为世界最大的汽车生产国，中国已经进入了汽车社会。

巨大的汽车保有量和高增长速度，对我国的环境保护和燃油供应都造成巨大压力，每年因汽车增长而增加的石油消费达到 3000 万 t。汽车排出的尾气对环境更是造成了巨大伤害。因此，实现乘用车轻量化、减少油耗和减少排放就成为乘用车的发展趋势，故近年来越来越多的乘客买车时更加注重汽车的安全性、舒适性和环保节能。

汽车用高强度钢是汽车轻量化的关键材料之一，对汽车发展起着举足轻重的作用。超高强钢热冲压技术是一项既可减轻车体重量，又能提高碰撞安全性的新型制造技术，在国内外汽车制造业的应用发展非常迅速。采用这种技术生产的结构件，可明显提高汽车的碰撞安全性，同时通过减小壁厚或截面、减少汽车装配环节中零部件的数量尺寸，从而实现轻量化，在汽车领域具有广阔的应用前景。

北京机电研究所联合上海北特科技股份有限公司子公司长春北特汽车零部件有限公司建成了国内第一条保护气氛的辊底式加热系统及自动化热冲压生产线，进行了批量生产，为该技术的完全国产化奠定了良好的技术基础。

二、主要研究内容

本项目的主要研究内容包括超高强钢板热成形技术的开发，以及超高强钢板热成形成套装备的研制，基于上述两方面的研究，建立了超高强钢板热成形生产线。

（一）超高强钢板热成形技术的开发

热成形件可广泛应用于乘用车 A 柱、B 柱、防撞梁、保险杠、通道板、车顶横梁、前后纵梁等，一辆车最多可以用到 20 个热成型件。

根据强度的不同，通常把钢板分为高强度钢板和超高强度钢板（屈服强度大于 600～700 MPa）。但是随着钢板强度的增高，变形抗力增大，成形性能也随之下降，产生过量回弹，且回弹数值不易控制，因此迫切需要一种新的成形工艺，即热冲压成形工艺来满足目前及未来的发展需求。热冲压成形工艺采用的是碳硼合金高强度钢板，由于微量硼元素的引入不仅使钢板的淬透性得到有效提升，成形后生成的马氏体也可成倍地提高钢板的强度。目前，热成形材料主要有 22MnB5、27 MnCrB5、30MnB5、33MnCrB5、38MnB5 等，其中以

22MnB5 最为常用。

超高强度钢热冲压成形需要在高温下进行，为了防止板料氧化或脱碳，需要在表面预镀涂层。因此，可供货热冲压用超高强度钢根据镀层的有无，可分为带镀层的热冲压钢板和不带镀层的热冲压钢板，包括铝硅涂层、纳米锌涂层和裸板。

加热无涂层板料时，炉内需要运行保护气氛，通过天然气和空气催化反应得到的保护气氛，主要为氮气、天然气、甲醇的混合气，具体类型取决于天然气和氮气的消耗差，有效防止了氧化皮的生成。

对于带涂层板料，如硅铝涂层板，加热时不需要保护气氛，但硅铝涂层在高温（450～800℃）下会发生液化，黏附于传送辊上，甚至渗入辊体造成侵蚀，因此需要考虑涂层与传送辊之间的化学反应。

图 1 无涂层超高强钢热成形工艺流程

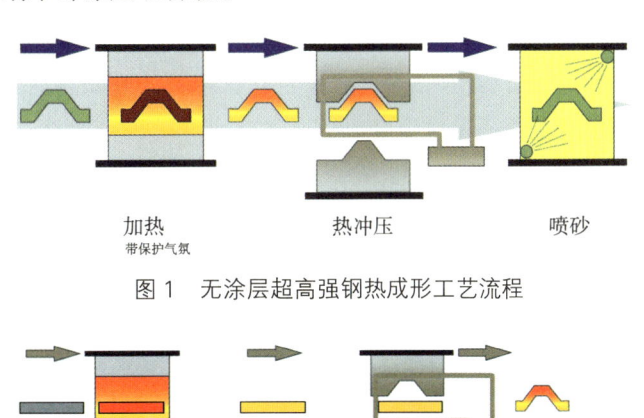

图 2 有涂层超高强钢热成形工艺流程

本项目对超高强钢板热成形技术进行开发，主要包括以下几个方面：超高强钢板的热成形过程数值模拟技术，以及超高强钢板的热成形工艺参数及优化，用于指导相关成套装备的研制。

1. 超高强钢板的热成形过程数值模拟技术

超高强钢板在热成形过程中，板料和模具间的接触表面具有强烈的热传导现象。温度的不断变化将直接影响热成形钢板的最终成形性能和水冷模具的寿命。本项目对板料与水冷模具间相互耦合的接触表面热传导模型进行研究，并运用传热学和一般壳体温度场有限元分析理论，构建了计算热成形过程板料和模具接触的温度分布场，建立理论基础。

2. 超高强钢板的热成形工艺参数及优化

（1）加热温度及保温时间。

热成形的板料材质为含硼锰钢。根据其材质和热成形的工艺要求，板料完全奥氏体化，且能形成本质细晶粒才能达到热成形要求。因此，加热温度、炉温均匀性、保温时间等均为重要的工艺参数。硼钢加热时经常出现奥氏体晶粒度不合格和奥氏体晶粒粗化的问题，直接影响了产品质量。硼钢奥氏体晶粒的大小与加热温度和硼钢中有效钛的含量有关，有效钛含量的多少决定了是否可以得到合格的淬火马氏体组织。本项目根据已知宝钢生产热成形硼钢板的 Ti 含量，结合热成形钢板对初始成形温度的要求，将加热炉的加热保温温度定为 910～950℃并保温，使其充分奥氏体化且内外无温度差。

实现钢板的均匀加热，温度场必须是均匀的。温度场是否均匀与炉膛结构、辐射管的布置、加热方法和传热的方式等有很大关系。加热装备炉内采用电加热辐射管辐射传热，同时，还要向炉内通入一定量的保护气氛，形成对流换热，使得炉内的温度场变得更加复杂。因此，需要利用 ANSYS 有限元分析软件，对加热装置内的热流、温度场的分布进行分析，对加热装置进行优化设计。通过 ANSYS 模拟炉膛内热量的传递过程，得到符合实际情况的温度场分布，对加热装备的设计、工艺参数的制定和优化都是十分重要的。

整条生产线设计产能是年产 100 万～150 万件，生产节拍为 22～25 秒/件。加热炉加热功率为 1080 kW/h，选用电加热辐射管的方式进行加热，共 72 支辐射管分为 12 个区。每区辐射管上 3 支、下 3 支交错布置。每区配两支热电偶，一支测温一支控温。

如图 3 所示，第一区和第十二区都属于快速区，每区内的 6 支辐射管小间距密排布置，提高了单位面积的加热功率，用于维持炉进口温度，保证炉内加热区温度均匀性。板料快速通过该区，不用于加热板料。第二区到第十一区为加热区和保温区。60 支辐射管均匀布置，保证炉温均匀性。

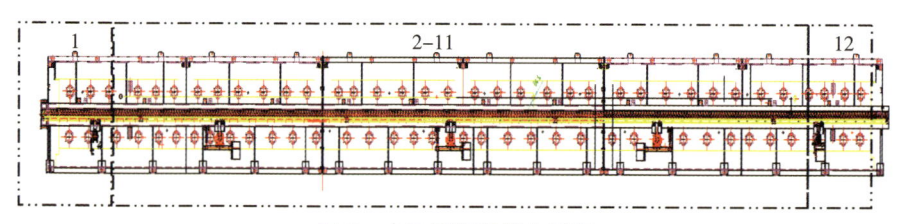

图 3　十二区辐射管布置图

温度场的均匀与炉膛结构、加热元件布局和加热方式等有关。用 ANSYS 有限元分析软件，对炉内的热流、温度场的分布进行了分析，依据分析结果对加热炉进行优化设计。炉体外形尺寸 24 m×3 m×2 m，取炉长方向截面，将三维热场分析简化为 2 维平面、建立温度场模型，进行稳态温度场分析。如图 4、图 5，经模拟分析，按上述设计的加热系统，加热时炉内温度均匀，可以满足高强钢板保护气氛加热的需求。

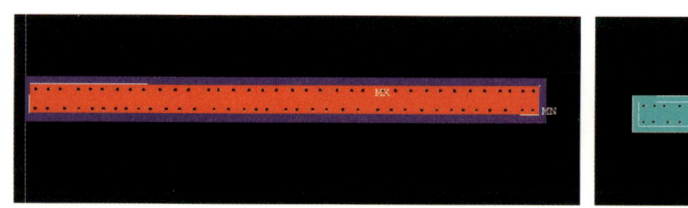

图 4　温度场有限元模型

图 5　温度场云图

（2）保护气氛参数。

高强钢板料需要在加热炉中行走 3 ~ 5 min，加热温度高达 910 ~ 950℃，如不采取保护措施，热成形板料片薄、受热快的特点会导致其烧损会远远大于理论值。脱落的氧化皮会黏附在陶瓷辊棒上，不仅会影响传动、还将影响陶瓷辊棒的使用寿命。氧化皮堆积在炉底辐射管管壁上，影响炉温均匀性，甚至会被带入模具，影响淬火性能，造成局部软点和损伤模具，这都将严重影响料片热成形后的力学性能和外观质量。

加热无涂层板料时，炉内需要运行保护气氛，保护气氛加热炉属于可控气氛加热炉中的一种。可控气氛分为吸热式气氛、放热式气氛、滴注式气氛、氨分解气氛、氮气气氛等 8 种。其中，应用较广的是吸热式气氛、放热式气氛和氮气气氛。

1）放热式气氛。放热式气氛是将原料气与空气按一定比例混合，经不完全燃烧后迅速冷却而得到的气氛。反应放出大量的热，不需要外部提供热量，因此称为放热式气氛。

放热式气氛适用于低、中碳钢的光亮退火、正火、回火，铜的光亮退火，钎焊及粉末冶金烧结时的保护等。

放热式气氛的优点是发生装置简单，生产成本低。缺点是 CO_2 有一定含量，有脱碳倾向。

2）吸热式气氛。吸热式气氛是较为广泛采用的一种可控气氛。其制备方法是将原料气（天然气、液化石油气、城市煤气等）与空气按一定比例混合，通过装有催化剂的、外部加热的反应罐，然后急速冷却，获得含有 CO 20% ~ 24%，H_2 30% ~ 40%，N_2 38% ~ 45% 和微量 CO_2、H_2O、CH_4O_2 的气氛。由于 CO、H_2、N_2 的含量基本稳定，可以通过对 CO_2 或 H_2O 的调节而控制气氛的碳势。

吸热式气氛可用于各种含碳量的钢的无氧化脱碳热处理，也可用作渗碳时的载体气。缺点是在低于 700℃时与空气混合具有爆炸性，并易积碳黑，不能用于回火。

3）氮基气氛。通过变压吸附制取 99% 的普通纯度氮气，将普氮通入氨分解提纯净化系统，通过氨分解产生的氢气与氮气中的氧气发生反应，将氮气纯度提高到 99.9995%，氧含量小于 5 ppm，露点提高 –60℃。

氮气气氛主要是中性保护，适用于不同含碳量钢的无氧化、无脱碳加热，或作为其他气体的载气。

本项目采用的是氮基气氛加天然气作富化气形成的保护气氛作为钢板加热时的保护气氛的方案。保护气氛系统主要由：变压吸附制氮设备、流量控制屏、管路和碳势控制系统等组成。为了实现钢板在炉内无氧化、无脱碳加热，研究确定了炉内碳势和氧电势，制定了炉内气氛的控制方法，并通过热成形后钢板的性能分析验证了保护气氛系统的有效性。

图 6　加热后的通道板与 A 柱（有保护气氛）

（二）超高强钢板热成形装备的研制

1. 加热装备

（1）超高强钢板热成形加热装备的传动系统。

保护气氛加热装备的重要部件之一就是传动系统，其运行的可靠性和平稳性是整条生产线正常运行的关键。传动系统由驱动减速机、链轮、链条、辊棒、辊棒支撑座、轴承和张紧机构等零部件组成。

根据高强钢板热成形线对加热装备传动系统的要求，本项目完善了传动系统的核心部件——陶瓷辊棒材质的选择，传动接头和陶瓷辊棒支撑座的设计、优化及验证。开发设计了陶瓷辊棒用传动端头，并与陶瓷辊棒装配进行热状态模拟、试验验证，针对发现的问题进行优化设计，最终形成了开式传动端头，并通过验证，符合使用要求，可靠稳定。针对保护气氛陶瓷辊棒加热炉特有的辊棒间距和炉壳结构，设计了新型的陶瓷辊棒支撑座。并在碳钢材质支撑座重量重、散热不好、无密封基础上，进行了改进，形成现有的铝合金材质支撑座，并运用 ANSYS 模拟其热状态工作情况，设计了优化措施，降低了支撑座整体温度，改善了支撑座内轴承工作环境，提高了系统运行稳定性和可靠性。

该套传动系统动作精度高，传动平稳可靠，维护方便。

（2）超高强钢板热成形加热装备的加热系统。

根据对超高强钢板的热成形工艺参数的研究，本项目采用陶瓷辊底式加热炉对热成形板进行加热，该套加热系统包括进炉辊道和加热炉。对于辊底式加热炉，要得到奥氏体化的最佳效果，需要考虑加热途径、炉内气氛、传送等因素。本项目根据加热炉产能和工艺要求，采用电热辐射管加热方式设计加热系统。辐射管均匀布置在炉膛辊道上下两侧，辐射管可从炉体一侧进行更换，辐射套管采用优质 $Cr_{25}Ni_2OSi_2$ 材质，加热元件采用高温电阻丝。运用 ANSYS 对加热装备温度场进行模拟，验证炉内温度场均匀性，并进行了试验，实现了加热系统的优化。

（3）超高强钢板热成形加热装备的保护气氛系统。

超高强度钢热冲压成形需要在高温下进行，为了防止板料氧化或脱碳，需要在表面预镀涂层。因此，可供货热冲压用超高强度钢可按有无涂层分为两种。加热无涂层板料时，炉内需要运行保护气氛，通过天然气和空气催化反应得到的保护气氛，主要为氮气、天然气的混合气，具体类型取决于天然气和氮气的消耗差。

本项目采用的是氮基气氛加天然气作富化气形成的保护气氛作为钢板加热时的保护气氛的方案。

2. 水冷模具

热冲压模具与冷冲压模具的不同在于热冲压模具不仅要求能够满足零件的成形性要求，还要具有优异的冷却能力，在热成形同时硬化，得到马氏体组织，保证零件具有良好的机械性能和尺寸精度。

欧美国家的热成形技术起步较早，其中关于热冲压模具设计的一些基本参数也已经研究的比较完善，如凸凹模圆角半径、模具间隙、水道位置参数等，但由于对国内进行技术封锁，目前国内相关技术还未成熟掌握。热冲压模具设计基于传统热锻模具与冷冲压模具的设计方法和原则进行开发，如模具材料选择、圆角半径设计及表面光洁度等。热冲压水冷模具设计关键在于其是否具有高效合理的冷却系统。通过对连续自动化生产需求的热冲压模具工况进行分析，掌握适用于批量化生产的热冲压模具的设计制造原则，是提升国内热冲压装备制造业生产能力的当务之急。

热冲压模具内部没有冷却回路时，在连续节拍生产过程中，模面温度始终保持在200℃以上，而实际生产时要求模面温度必须低于200℃才能得到合格的高强度零件，所以工业生产中，热冲压模具内部必须设计冷却回路，而且要对冷却系统进行优化，实现最佳冷却效果。本项目对模具冷却管路进行优化设计，满足钢板马氏体转变及组织分布的均匀性要求；开发冷却系统优化软件，实现对冷却管路设计和温度场实时控制的智能化操作。

3. 快速压机

本项目热冲压成型液压机，主要用于汽车高强板在热态下的拉伸或压制成形，各种金属板材在室温下的拉伸、压制、冲裁、弯曲等工艺，由主机、液压系统、电气控制系统和辅助部分组成，并具有调整、换模、半自动和自动四种运行模式。热冲压液压机具备快速合模冲压并保压的功能，节拍时间短（10 s），可快速达到压力要求，并能以8000 kN的压力长期稳定的工作。液压机具有独立的液压系统和电气系统，工作压力、工作行程均可在参数范围内根据工艺要求进行调整。

快速压机的主要技术参数见表1。

表1　快速压机的主要技术参数

序号	项目	单位	规格
1	公称力	kN	8000
2	压机结构		组合框架（滑块四角八面型导轨）
3	回程力	kN	1280

续表

序号	项目	单位	规格	
4	液体工作压力	MPa	25	
5	最大开口高度	mm	2200	
6	最小闭合高度	mm	1000	
7	滑块行程	mm	1200	
8	滑块速度	快下	mm/s	800	
		拉伸		90～150 mm/s（400 t）	可分成多段设置压力和速度（压力曲线）
				45～75 mm/s（800 t）	
				30～50 mm/s（1200 t）	
		回程		～600	

4. 总线控制技术

本项目完成了基于中央控制的集成控制装备生产线和集成控制生产线的开发。热成形线各组成部件自成子站，通过 PROFIBUS 交换数据；通过以太网 Ethernet 接受上位机系统控制，各主机协同动作，提高效率、实现高产量。

全线总控制系统图 7 由上位机、主 PLC、各设备站点 PLC 等控制单元组成。上位机与主 PLC 间使用工业以太网连接与交换数据，上位机与各设备站点 PLC 间使用工业以太网连接与交换数据，主 PLC 与各站点 PLC 间使用 profibusDP 总线或 I/O 单元方式进行连接与交换数据，各站点的控制分别由各设备的 PLC 以及相关仪表等进行控制、显示与操作。上位机完成所有的工艺设定，通过工业以太网传送给主 PLC，主 PLC 通过总线方式分别指挥各站点 PLC，各站点 PLC 执行工艺过程并现场信号采集。上位机对整个生产线的全部设备的温度控制、电气传动、变频调速、监控系统、顺序动作等进行全过程监视，直观、实时、正确地显示整条生产线的监控对象的工作状态及运行参数。

图 7 超高强钢板热成形生产线

（三）超高强钢板热成形生产线的建立

通过对热成形工艺与技术的深入研究、成套装备的研制，开发了超高强钢热成形生产线（图7）。该热成形线由拆垛小车、拆垛机械手、保护气氛辊底式加热炉、出料和定位系统、上料机械手、水冷模具、800 t 快速压力机、淬火冷却系统、下料机械手、总线控制、安全系统和防护系统等组成，该条热成形线可实现生产流程自动化，处理的热成形板性能、表面质量全部合格。

三、结论与展望

国内自主研发生产线的推广，能显著降低高强钢热冲压零件的生产成本，从而在中低级轿车上也可广泛采用热成形件。同时，将打破国外技术壁垒，使国外放松在超高强钢热冲压成形生产线关键技术方面的严密封锁，降低该类生产线的售价，为民族汽车工业发展做出贡献。

另外，国产超高强钢热冲压成形生产线的推广，将切实有效地提高乘用车轻量化水平和安全性，大幅度降低 CO_2 排放量、节省油耗，从而极大缓解我国的环保压力，造福社会。

热冲压成型线的研发对汽车节能减排的重要意义，其产品是我国汽车工业急需、必须之重要产品，随着我国汽车产销量和拥有量的进一步扩大，国内汽车工业还需要 30~50 条超高强钢热成形成产线，经济效益非常明显。按每条生产线年产 150 万件和每件超高强钢热冲压零件平均售价 150 元人民币计算，单条生产线可创造年销售收入达 2.2 亿元，利税可达 4000 万元。本项目所研发的超高强钢热冲压成形生产线通过示范应用，可以向市场进行推广应用，扩大市场的总体产能。随着项目产品的普及和市场的扩大，预计以后此类高强钢热冲压零件的年产销量将可达到 5000 万件/年，则可带来整个市场的年销售收入达到 110 亿元，创造利税 20 亿元。

形成的成套技术和装备可带动快速成形压力机和连续加热炉需求的增长，一条典型生产线的投资额约为 5000 万元，按照总体需求 50 条新增生产线，则整个投资规模在 25 亿元，市场空间巨大。

案例 28

大幅面绝缘纸板热压机组

重庆江东机械有限责任公司

大幅面的绝缘纸板主要用于制作高压、特高压变压器的绝缘纸板件。由于制品幅面大，厚度公差要求高，绝缘性能要求严格，多采用国外进口设备制造。为适应市场的需求，江东机械公司研发成功了大幅面绝缘纸板的热压机组，专门用于生产高档的变压器绝缘纸板。整套设备电气控制采用以网络技术为基础的实时 PLC 触摸屏控制，通过在线检测与反馈形成闭环控制以及故障诊断与报警，实现绝缘纸板成型高精度与全自动化生产。

一、导语

大幅面绝缘纸板是指宽度×长度大于或等于 3 m×4 m、厚度 0.5～8 mm 的绝缘纸板，主要用于制作高压、特高压变压器的绝缘纸板件。由于制品幅面大，厚度公差要求高，绝缘性能要求严格，所以大幅面绝缘纸板以前均是采用国外进口设备制造的。为适应市场的需求，江东机械公司经过几年时间研发成功了大幅面绝缘纸板的热压机组，专门用于生产高档的变压器绝缘纸板。该成套设备达到了国际先进水平，可完全替代进口产品。

重庆江东机械有限责任公司为万州区属国有控股企业，总公司主营业务为液压机。公司与多家院所合作研发，为产品的创新打下了坚实基础；在产品中广泛采用液压比例伺服控制技术、位置数字控制技术、同步控制技术、PLC 触摸屏和工控机控制技术。

二、主要创新点分析

重庆江东机械有限责任公司以印度 ABB 公司主持设计的 1 套大幅面绝缘纸板的热压机组为例，简单介绍该成套设备采用的关键技术。

1. 传统的结构形式

在大幅面绝缘纸板热压机组成套设备中，装板机组是关键设备之一，装板速度和方式直接影响整套设备生产能力和绝缘纸板质量。幅面小于 2 m×1 m 的小幅面绝缘纸板的装板机，一般采用推拉板结构，虽然结构简单成本低，但它在装板过程中不锈钢垫板与热压板表面摩擦会产生金属磨削和可靠性太差，故生产大幅面高性能的绝缘纸板不能采用。

ABB 公司项目的湿板坯长度为 4300 mm，宽度为 3300 mm，热压机层数为 18 层。如果装板机采用传统的无垫板装板机，每层小车及导轨由吊笼支承，吊笼上下运动，完成从前面输送机往每层小车输送板坯的任务，会出现以下问题：第一，小车幅面加大，整个吊笼体积庞大，重量大幅增加，会增加制造难度，运行可靠性差；第二，用户安装的地下基础太深，做基础时成本会大幅增加。

2. 新型结构的绝缘纸板热压机组

基于以上原因，经过认真研究，大胆创新，决定采用一种全新的结构形式。图 1 所示为 18 层、热压板长度 4500 mm、宽度 3500 mm 的绝缘纸板热压机组外形图。该机组包括绝缘纸板预装机、绝缘纸板装板机、18 层热压机、真空吸盘式卸板机。

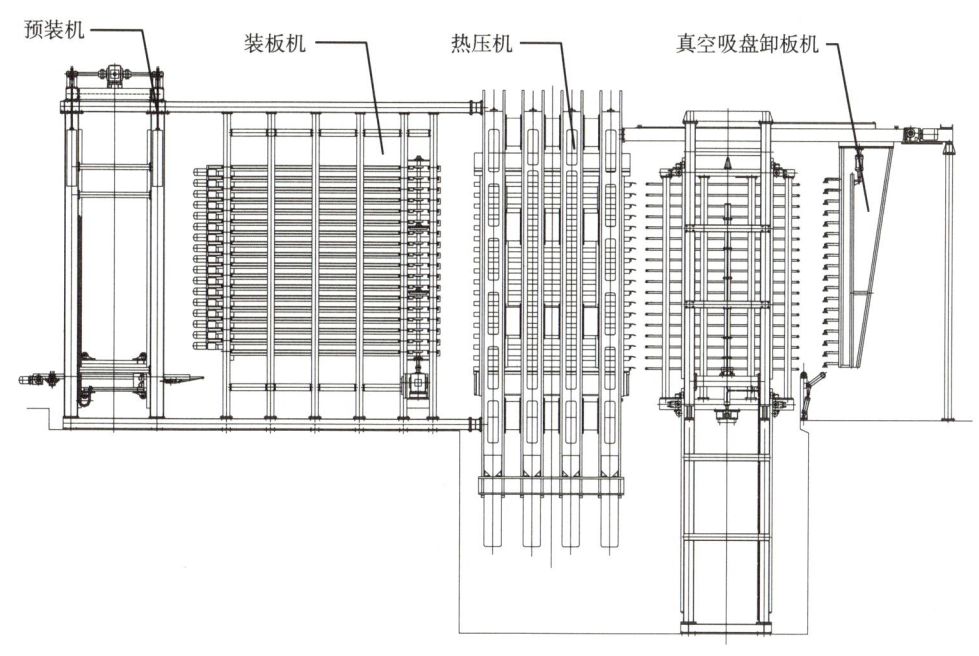

图 1 大幅面绝缘纸板热压机组外形图

设计装板机时,将传统的绝缘纸板装板机拆分为绝缘纸板预装机和绝缘纸板装板机,吊笼的上下运动由预装机完成,而绝缘纸板装板机只负责往热压机内装板坯。采用这种新结构形式的装板机组,可大幅度提高生产效率,保证装大幅面板坯时设备运行平稳可靠,绝缘纸板热压机组安装图(图2)。

图 2 绝缘纸板热压机组安装图片

在成套设备中,热压机是关键设备之一,其精度直接影响到压制绝缘纸板的精度。由于压制绝缘纸板的厚度为 0.5 ~ 8 mm,其厚度公差分为两档。板厚 0.5 ~ 1.5 mm 的厚度公差为 ±5%,板厚 1.6 ~ 8 mm 的厚度公差为 ±3%,这就要求该热压机具有很高的精度。该热压机的热压板用激光跟踪仪实测等厚度 ≤ 0.08 mm,平面度 ≤ 0.12 mm。机架组 4.5 m × 12 m 用激光跟踪仪实测平行精度 ≤ 0.1 mm。

卸板机采用真空吸盘式,由车架、机架、吊笼、真空吸盘拉板器、跑车、出板器等组成。当热压板张开,跑车带动真空吸盘拉板器前进,到位后各真空吸盘吸住热压好的绝缘纸板,跑车带动真空吸盘拉板器后退,将压制好的绝缘纸板拖出放在吊笼的每层滚轮架上,然后吊笼下降，每层绝缘纸板通过出板器输送出去。这样就避免了卸板过程中金属磨屑的产生，提高了绝缘纸板的绝缘性能。

整套设备电气控制采用以网络技术为基础的实时PLC触摸屏控制（图3），通过在线检测与反馈形成闭环控制以及故障诊断与报警，实现绝缘纸板成型高精度与全自动化生产。

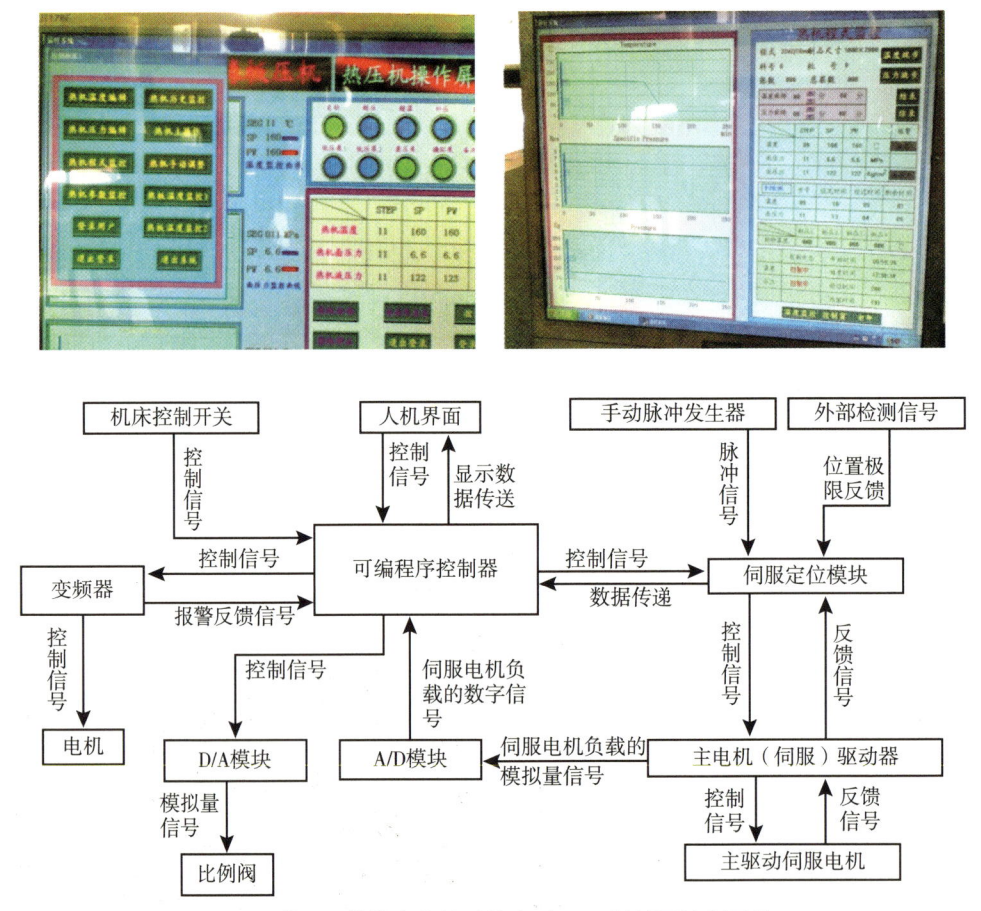

图3 基于网络技术为基础的实时PLC触摸屏控制图片

三、主要成果

1）获得国家发明专利一项。
2）科技核心期刊发表论文2篇。
3）该项目的成功研发，取得了较好的社会效益和经济效益。

案例 29

SP 型高性能数控伺服转塔冲床

济南铸造锻压机械研究所有限公司

本案例介绍了国产首台 SKYE 型数控伺服转塔冲床，该机床以伺服电机驱动冲压为特征，是继机械、液压型后发展的新三代产品，具有技术领先、精度高、加工范围广、冲压速度快、加工效率高、工艺适应性好、节能环保等优势，代表了数控转塔冲床的发展方向。产品集成了 SVR 可变连杆传动技术，多重模具互换型分度工位及模具系统技术，装载标准模及可分度的多子模技术等多项自主研发技术。

一、导语

数控转塔冲床是一种对金属板材进行冲孔及成形的先进高效数控冲压设备，集机床制造技术、高速柔性冲压工艺与模具技术、伺服控制技术、数控技术、可靠性技术等关键技术为一体，是构成金属板材柔性生产系统的主要装备，可广泛应用于电力能源、电器开关、仪器仪表、计算机、家电及轻工等行业。

数控伺服转塔冲床以伺服电机驱动冲压为特征，是继机械、液压型后发展的新三代产品，具有技术领先、精度高、加工范围广、冲压速度快、加工效率高、工艺适应性好、节能环保等优势，代表了数控转塔冲床的发展方向。目前，数控转塔冲床的国内需求每年大约3000台，其中伺服电机驱动主传动式高性能机型约占1/5并呈上升趋势，其推广应用有着良好的市场前景。研究核心和关键技术，实现国产产品自主创新与升级换代，达到国际同类先进水平，成为我国该领域技术发展面临的新挑战，也正是"数控一代"机械产品创新工程的战略方向。

济南铸造锻压机械研究所有限公司作为我国铸造锻压机械和板材加工领域技术研发和设备制造的骨干企业，沿承1984年、1996年分别研发了我国第一台机械、液压型数控转塔冲床的基础优势，以SVR可变连杆等多项创新专利技术为核心，研发出国产首台SKYE型数控伺服转塔冲床，以自主知识产权技术填补了国内空白，并荣获中国数控机床展CCMT2010"春燕奖"、2011年山东省科学技术奖二等奖。为进一步提升其技术和产品国际竞争力，又相继攻克了伺服主传动、分度模位、协同控制等主要系统核心技术，取得了发明专利授权，确立了技术领先优势，并自主研发了技术性能达到国际先进的SP型高性能产品，实现了一定批量的生产应用并取得良好的经济效益和社会效益，表现了该新产品在自主创新、技术水平以及适应市场需求等方面的优势。2013年10月，山东省科技厅对该科技成果鉴定结论为"该项目产品创新性强，综合技术达到同类产品的国际先进水平。"2015年7月，该产品荣获山东省机械工业科学技术奖一等奖。

二、主要创新点分析

SP型高性能数控伺服转塔冲床沿承了数控转塔冲床的基本技术原理，主要由闭式床身、伺服主传动系统、转盘选模系统、高速送进工作台、机床电气系统、数控系统、自动编程系统等组成（图1）。

该产品以本公司已有数控转塔冲床技术及产品为基础，研究并取得了多项核心技术专

图 1　SP 型数控伺服转塔冲床外观与组成示意图

利，主要技术性能指标居国际同类产品先进水平，多项创新发明技术及其应用性能属国际首创，能够很好地满足用户对钣金冲孔及成型加工的要求，具有显著的推广应用价值，对其主要技术创新点分析如下：

1. SVR 可变连杆专利技术的伺服主传动系统

数控伺服转塔冲床的技术关键在于伺服主传动技术，济南铸锻所创新提出并研制了连杆长度可变曲柄连杆传动机构及数控转塔冲床主传动系统，形成了独有发明专利的伺服主传动专利技术［图 2（a）］。该专利主传动技术不仅与国际先进伺服主传动技术同步发展，并具有其独特的技术性能优势。如日本 AMADA 等公司应用于数控转塔冲床的主要结构类型，一种是双伺服电机主传动系统［图 2（b）］，将同步控制的两台伺服电机分别连接于曲轴的两端的曲柄连杆机构，虽然结构相对简单，但必须采用大功率双力矩伺服电机，以满足公称压力和冲压速度的要求，使其制造成本及能耗较高。

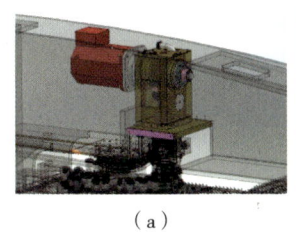

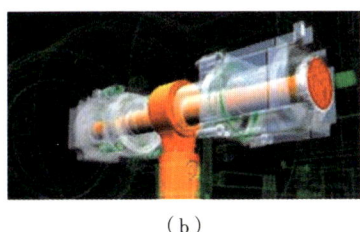

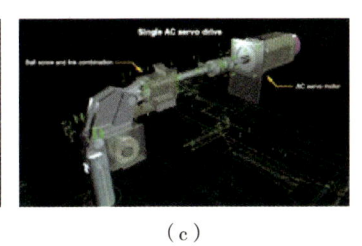

图 2　伺服电机驱动主传动类型示意图

另一种是单伺服电机主传动系统［图 2（c）］，将伺服电机通过丝杠传动副与曲柄肘杆机构相连，利用曲柄肘杆机构特有的增力特性，虽可降低伺服电机的负载扭矩，但结构比较复杂，公称压力和冲压速度也不及前者。

本专利主传动系统技术相比国内外同类产品的独特性在于，将单台通用伺服电机直驱曲柄连杆机构，并通过连杆长度可变的技术创新，不仅解决了采用小惯量低扭矩伺服电机取代高成本大功率力矩电机的难题，而且使通用伺服电机高速、高性能特性与数控转塔冲床快速、灵活的工艺特点完美结合，发挥出优异的效率、节能及柔性化技术性能优势。

2. 多重模具互换型分度工位及模具系统技术

模具技术的提升也是数控转塔冲床发展的重要环节，为提高加工效率、扩展机床工艺性能，增模位规格数量的同时，可分度模位、双排标准模位及多子模等功能配置与应用，代表了先进模具技术，已广泛应用于国外高性能机型。

本项目产品创新应用了发明专利的多重模具互换型分度工位及模具系统技术 [图3(a)]。同时，采用分度装置独立于转盘之外的形式，从而使单套蜗轮蜗杆驱动装置即可支持多套分度工位 [图3(b)]，降低了以上功能带来的机械结构复杂程度，减轻了对转盘标准工位及回转性能的不利影响。

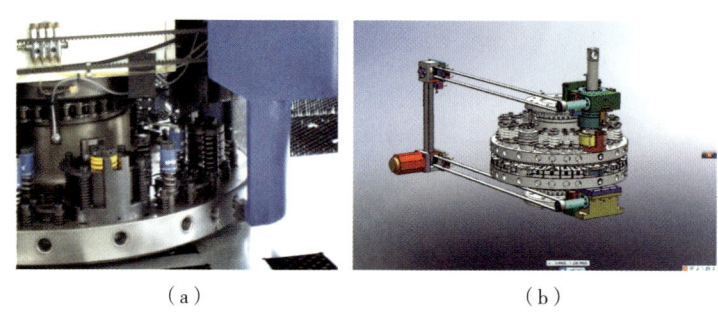

（a） （b）

图3 本专利模具分度技术及转盘结构示意图

3. 双位变换冲压装置及双排模具系统技术

数控转塔冲床双排模具结构可有效增加可供使用的模具数量，扩展设备加工工艺范围；国外现有技术中内外排工位的选择，采用一种可移动打击头实现，即由气缸带动变换位置的打击头移动装置完成，该装置安装于滑块上并随其上下运动 [图4(a)]。目前绝大部分主流数控转塔冲床均设有模具分度工位，但由于该结构中打击头移动装置安装在冲压位置上方，模具回转装置只能安装在上、下转盘上，结构尤为复杂，且增加了转盘回转部件重量 [图4(b)]。

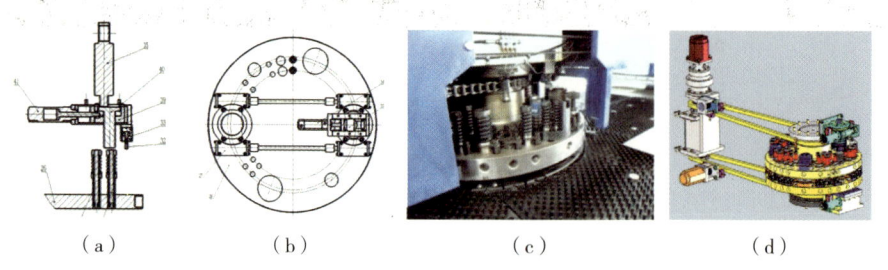

（a） （b） （c） （d）

图4 本专利与国外双排工位技术及转盘结构对比示意图

本项目采用双位冲压的创新设计实现了双排模具、多子摸、互换型分度工位等功能 [图4(c)]，充分集成了上述伺服主传动及模具分度装置的功能并加以扩展与结构创新设计，形成了发明专利的双排模具系统技术 [图4(d)]。

4. 装载标准模及可分度的多子模技术

在数控转塔冲床转盘模位数固定的基础上，为了更有效地增加可供使用的模具数量，扩展设备加工工艺范围，需要采用多子模（图5）。国外技术结构采用在外形尺寸等同D工位上下模的模座基础上，内部安装专用的多支专用型小规格凸凹模；并借助于专用的气缸锁定装置与模具回转装置实现子模的选择、冲压。上述多子模结构复杂，成本高，且只能装载特制的上模，增加了模具库存种类和数量。

本项目产品创新设计了一种可装载标准模具，并可实现二次分度冲压的专利技术的装载标准模及可分度的多子模。

图5　国外多子模技术及模具结构示意图

5. 数控系统协同控制软件及智能化自动编程技术

（1）以数控系统为基础，针对上述技术进行专用数控软件的开发（图6），通过数控系统开发冲压RAM轴功能，实现伺服冲压主驱动编程控制；建立数控系统速度控制模型，优化滑块运动特性，适应拉伸成型及降噪冲压等特定工艺模式；对冲压与送料相关参数匹配及程序优化，提高加工效率；通过冲压A轴与转模C轴，以及送料X、Y轴的协同控制专用程序与指令开发，实现创新技术的高性能应用。

（2）在数控系统通用功能的基础上，根据数控伺服转塔冲床的工艺要求，开发专用的程序代码，将其嵌入数控系统软件中，使其充分满足如静音冲孔、快速单冲、滚压成型、模具校准、夹钳重定位及死区保护等冲压工艺优化的需求，增强用户加工工艺设计的灵活性及方便性，并提高设备的加工效率。

（3）基于伺服主传动的特点，开发以板厚、步距、冲速等参数自动运算优化的程序软件

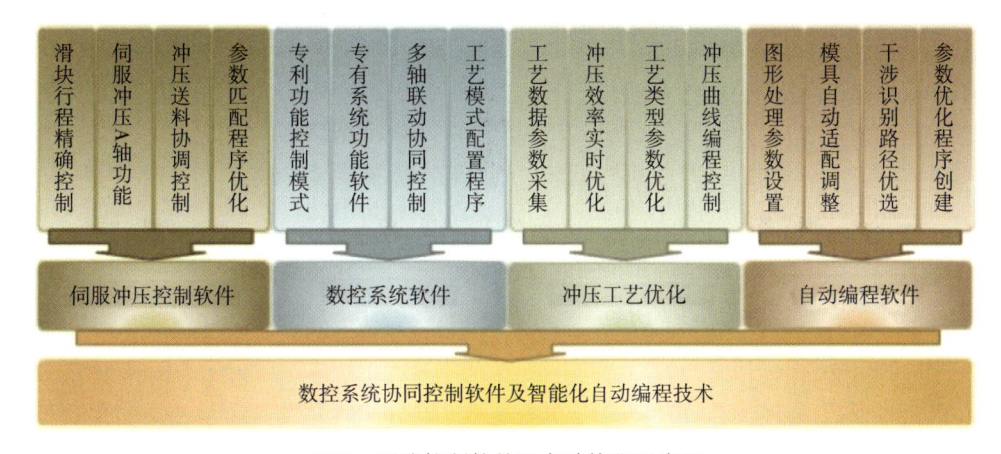

图6　系统控制软件及自动编程示意图

并嵌入数控系统，在冲压程序执行时，利用数控系统监测功能跟踪采集冲压数据，建立冲压速度、板料特征、冲压图形等参数的优化匹配模型，开发相应的控制模式及程序软件，实现伺服冲压的高速高效率。

（4）开发智能化自动编程软件（图7），在自动与手动选配模具、加工图形模拟、刀具和路径优化、排料及板材数据库、固定循环功能等通用化模块基础上，开发包括干涉判别、工艺数据库、夹钳伺服变位、步冲速度优化、拓展工艺冲压模型、伺服冲压参数优化、夹钳伺服换位、扩展辅助功能等功能程序模块，提高了自动编程系统软件的智能化水平，实现了与数控系统控制的无缝连接，更好地发挥出本项目产品的技术性能优势。

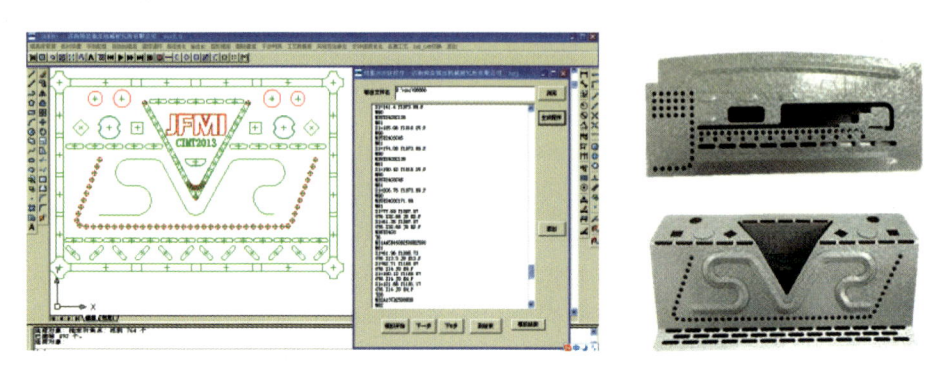

图7 自动编程软件界面与样件示意图

三、技术成果

2013年10月30日，山东省科技厅组织清华大学宋士吉教授等7人专家组，进行了该产品科技成果鉴定，多项创新发明技术及其应用性能属国际首创，鉴定结论为"该项目产品创新性强，综合技术达到同类产品的国际先进水平。"

1. 主要技术参数（表1）

表1 SP型高性能数控伺服塔冲床主要技术指标

参　数		单　位	数　值
公称压力		kN	220/250
冲压系统	传动类型		Servo V.R. 单伺服电机直驱
	电机功率	kW	16/22
最大板材尺寸		mm	1250×5000
最大板材厚度		mm	6

续表

参　数		单　位	数　值
最大冲孔/成形尺寸		mm	ø88.9/114.3
刻印速度（最大/同步）		HPM	2600/1800
步冲速度 （10mm 冲程）	1mm 间距	HPM	1000/1100
	25mm 间距		500/560
最大送料速度		m/min	110
模位（转模）数量			32（2）/40（2）/50（4）
自动分度模位	可互换模具类型		C/D/MT6A/E（成形）
	可二次分度子模数量		12
加工精度		mm	±0.1
数控轴数			6+1（X/Y1/Y2/T/C/C1/A）
数控系统			FANUC 0i-PD/REXROTH MTX

2. 与国内外同类产品对比（表2）

表2　与国内外同类产品对比

主要技术指标		国　外		国　内	本产品	
		EM 型	AC 型	HP 型	SPE 型	SPH 型
公称压力（kN）		300	200	300	220/250	
冲压系统	伺服传动类型	双电机/曲柄连杆机构	单电机/丝杠肘杆机构	双电机/曲柄连杆机构	Servo V.R 单伺服电机直驱	
	电机功率（kW）	40×2	19	27×2	16	22
刻印速度 min^{-1}		1800	900	1200	1800	2300
步冲速度 min^{-1}（1mm 间距）		780（5mm 冲程）	500（3mm 冲程）	680（4mm 冲程）	1000（10mm 冲程）	1100
步冲速度 min^{-1}（25mm 间距）		500（5mm 冲程）	370（3mm 冲程）	400（4mm 冲程）	500（10mm 冲程）	560
数控系统		AMADA-FANUC		SIEMENS	FANUC	REXROTH

3. 有关奖励、专利及论文

该产品参展 2014 年 2 月第八届中国数控机床展览会，荣获中国机床工具工业协会优秀新产品"春燕奖"；参展 2014 年 9 月中国国际金属成型展览会，被评选为中国锻压协会"先进伺服数控冲床类重点推荐产品"；2015 年 7 月，荣获山东省机械工业科学技术奖一等奖。

《数控转塔冲床主传动的发展动向》《数控伺服转塔冲床的研发与应用》等多篇技术论文发表于《锻压装备与制造技术》《中国机械与金属》《世界制造技术与装备市场》等期刊。同时，获得 5 项发明等 13 项专利及 1 项软件著作权，均已获得授权并全部应用于研发产品。

四、应用效果

1. 概述

SP 型数控伺服转塔冲床的成功研发，不仅使十几项发明专利技术付诸于实际应用，并且通过对 2013 年来北京兆维电子有限公司等首批近 30 家企业用户生产使用情况的跟踪，进一步验证了其显著的高效率、低能耗技术效果，并得到用户的一致认可（图 8）。

图 8　产品的用户生产与装配调试现场

以可变连杆伺服主传动发明专利为核心的高速冲压及四转模、多子模等专利技术，具有显著的高效率、低能耗与性价比优势。该产品刻印速度 1800 次 / 分钟、步冲速度 1000 次 / 分钟等指标均达到国际先进水平，主伺服电机功率仅为同类产品力矩电机的 1/3，节能效果较国外的同等规格机型提升 30%；与公司以往液压冲床相比，综合加工效率提高 40%，平均能耗降低 75%，凸显高效节能与高性价比应用效果。

2. 突出效果

该产品较以往液压冲具有明显快速高效、节能环保等优势：平均加工效率高出 20%~30%，且加工精度提高、工艺更丰富；待机与冲压时实测可分别节能 70% 与 61%，仅此每年可节省电费 5 万元以上；主传动伺服电机驱动系统不仅更安全可靠，且摒弃液压系统所需的大量液压油损耗，节省加工维护成本的同时更加环保。

此外，成功开发应用的 ACN "智能连续冲" 专利技术使数控转塔冲床成为最具特色最广泛应用的步冲（Nibbling）冲压模式，由以往主伺服电机摆动式步冲时的频繁启停加减速运行方式，转变为只需启停一次的连续运转即可完成全部冲孔的模式，不仅提升了冲压效率、保证了高精度、大大降低了能耗和噪音，并且改善了伺服冲压主传动机械系统的工况，最大化地提高了能量利用率，具有显著的综合性能优势。

五、技术展望

以达到数控伺服转塔冲床技术研发国内领先为目标，跟踪国际先进系统控制技术 "智能化生产" 的发展方向，为进一步提升 SP 系列伺服冲 "智能化" 技术水平，需要突破现有传统控制系统开发局限，以更为开放型数控系统技术建立新的技术平台，通过以可变连杆主传动专利技术为核心，进行伺服驱动冲压控制技术、拓展加工工艺研究、自动编程软件开发等关键技术的更深层次的研究应用，突出体现了 "高速高性能" "智能化" "差异化" 的技术优势。国际金属板材加工产业技术的发展趋势，主要特征体现为高速、高效、节能、高可靠性、复合化、智能化与网络化等。数控转塔冲床伺服冲压主传动技术，以其技术领先、精度高、加工范围广、冲压速度快、工艺适应性好、节能环保等特点，已成为其顺应高速节能化加工发展方向的核心技术，协同高速冲压工艺与模具技术、伺服驱动与控制技术、数控系统技术等，代表了数控转塔冲床的发展水平和方向。

案例 30
新型交流伺服机械压力机

西安交通大学　西安西锻机床有限公司

传统的交流异步电动机驱动的机械压力机使用成本高，维修工作量大，能量利用率低，产生的振动噪声严重污染环境。西安交通大学与西安西锻机床有限公司共同研发的 JSD21-63 型新型伺服机械压力机和新型双摆杆驱动交流伺服机械压力机，属于第三代锻压设备，采用交流伺服电动机作为动力源，可任意设定滑块运动工作曲线，柔性好、振动噪声小、高效节能、工作可靠，加工出的锻压件精度高、表面质量好。

一、导语

机械压力机被广泛地应用于工业实际之中,目前工业实际中使用的机械压力机几乎都是采用交流异步电动机驱动的,并带有飞轮、离合器、制动器和齿轮减速机构,且传统的单一加工模式也已不再适应现代化生产。而交流伺服电动机直驱的压力机相对于上述传统机械压力机具有结构简单、产品质量高、滑块运动柔性好、降噪节能等优点。但这种新型机械压力机的出现也只有10余年左右时间,设计理论不完善,国外也只有日本和少数企业拥有此项技术,严格技术保密。为此,研发出具有自主知识产权的交流伺服机械压力机,对振兴我国机床制造业具有巨大的社会效益和经济效益。

所谓伺服压力机是指在智能化动力源的驱动下,通过近零传动的方式,实现对带有模具的执行元件的伺服控制的节能高效精密的压力加工设备。伺服压力机主要包含以下三个要素:动力源的智能化、传动的近零化和动作的柔性化。锻压设备在经历了"蒸汽一代"(蒸汽或压缩空气作为驱动源的时代:第一代如蒸汽锻锤、空气锤等)、"电气一代"(交流异步电动机驱动时代:第二代如机械压力机、液压机、螺旋压力机等)两个阶段后,目前正处于"数控一代"(交流伺服电动机驱动的时代:第三代如伺服式机械压力机、伺服式液压机等)迅猛发展的时期,未来将朝着"智能一代"发展。未来的锻压设备应具备高效、节能、高可靠、高精度、智能化的特性。

交流伺服电动机直接驱动的机械压力机具有可控性好、节能效果明显、可完成复杂锻冲工艺、冲击振动噪声小、工作可靠性高等特点,被誉为第三代机械压力机,引领着现代机械压力机的发展。为了打破国外在这一技术上的垄断地位,以提高我国成形设备制造技术水平,顺应成形设备发展的数字化、信息化和智能化的潮流,西安交通大学研制出多台交流伺服式压力机产品。代表性的产品有JSD21-63型伺服机械压力机和新型双摆杆驱动交流伺服压力。目前,已经在伺服机械压力机领域申请国家专利40余项,授权国家发明专利16项,授权实用新型专利8项,发表学术论文30余篇。

二、新型交流伺服机械压力机的优点

交流伺服机械压力机不同于普通的机械压力机,它具有很多普通机械压力机无法具有的优点。

(1)锻压过程伺服控制,可以实现智能化、数控化、信息化加工。针对不同的加工材料和加工工艺,可以采用不同的工作曲线。锻压能量可以实现伺服控制,可以在需要的范围内数字设定滑块的工作曲线，有效提高压力机的工艺范围和加工性能。锻压参数可以实现实时记录，易于实现压力机的信息化管理。交流伺服机械压力机操作简单可靠，伺服控制性能好。

（2）节能效果显著。在工作状态下，交流伺服机械压力机本身的耗能就比普通机械压力机低。交流伺服机械压力机可以去除离合器等装置，没有了离合器结合耗能。在滑块停止时，伺服电机停止转动。相比于普通机械压力机，其消除了飞轮空转消耗的能量，可有效节省能源。在压力机低速运行时，伺服机械压力机相对于普通机械压力机的节能效果将更为突出。

（3）滑块运动数控伺服。滑块的运动曲线可以根据需求进行设定。在锻压阶段，可以调节降低滑块的运动速度，实现低速锻压的工作要求。在回程阶段，可以调节提高滑块的运动速度，实现滑块对急回的工作要求。通过伺服控制滑块的运动曲线，有利于提高锻件精度，延长模具寿命。

（4）压力机整体结构得到简化。交流伺服机械压力机去掉了传统机械压力机中的核心部件——气动摩擦离合器，传动系统简单；同时，交流伺服机械压力机也不需要大飞轮等，结构得到简化，维修量减少。

（5）提高生产率。由于滑块的运动曲线可以根据需求进行设置，所以可以根据需求调节滑块的运动速度和滑块行程次数。交流伺服机械压力机的行程可调，行程次数相应可以提高；在保证行程次数不变的情况下，可以提高非工作阶段行程速度，降低冲压阶段的锻冲速度，提高工件的加工质量。相比于普通机械压力机，交流伺服机械压力机的生产率得到了大幅提高。

（6）超柔性、高精度。交流伺服机械压力机具有自由运动功能，滑块运动速度和行程大小可以根据成形工艺要求而设定。交流伺服机械压力机采用滑块位移传感器实现全闭环控制，提高下死点的精度，补偿机身的变形和其他影响加工精度的间隙。

（7）降噪节能。去除传统压力机的离合器/制动器，滑块的运行完全由伺服电机控制，在启动和制动过程中不会产生排气噪声和摩擦制动噪声，降噪环保；同时，减少了摩擦材料的使用，节能省材。

三、开式双点伺服机械压力机

1. 基本结构和参数

开式双点伺服压力机在研究分析现有传动机构的基础上，采用对称式双点传动方式，SRM经一级齿形带减速将动力传至同步齿轮机构，同步齿轮机构通过同轴固结的曲柄肘杆机构驱动滑块运动，同时保留适当转动惯量的飞轮，传动结构如图1所示。

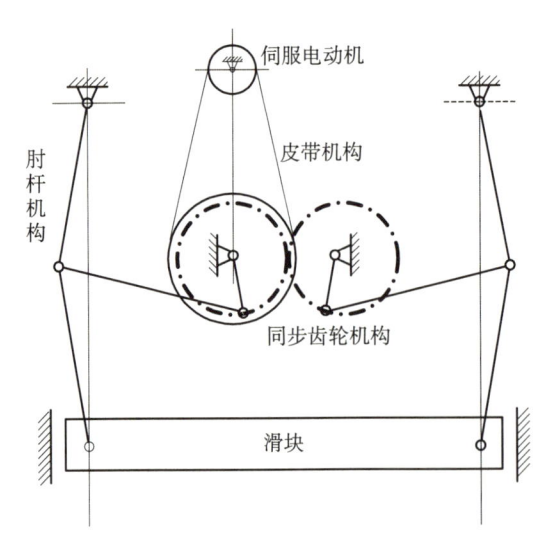

图 1 伺服机械压力机传动机构工作原理图

研制出的 JSD21-63 型伺服机械压力机如图 2 所示，其技术参数如表 1 所示。

图 2 新型 JSD21-63 型伺服机械压力机实物照片

表 1 伺服机械压力机技术参数

技术指标	参 数	技术指标	参 数
公称力行程	5 mm	装模高度调节量	110 mm
滑块行程	45 mm	机身喉口深度	280 mm
滑块行程次数	最高 160 次 / 分钟	工作台面尺寸	500 mm × 1350 mm
最大装模高度	260 mm		

2. 产品的创新性和先进性

本项目设计和研制的 JSD21-63 型新型伺服机械压力机，将开关磁阻电动机成功应用于机械式压力机，提出了采用滑模变结构控制策略的开关磁阻电动机无模型直接转矩控制算法，实现了对滑块运动的伺服控制；提出了双曲柄肘杆高性能的低速锻冲机构，结构简单、受力状态好、造价低；采用对称的双点驱动与偏心块组合的良好惯性力平衡途径，解决了伺服机械压力机的惯性力平衡问题；通过改变伺服电机的运动规律，实现适应不同工况的滑块的多组输出运动规律，从而实现了滑块运动规律的柔性输出。

四、新型双摆杆驱动交流伺服机械压力机

1. 基本结构和参数

新型双摆杆增力传动结构是将改进后的肘杆增力机构与双摆杆输入增力机构进行融合，其结构原理如图 3 所示，丝杠、螺母、连接平衡块、上梁、摆杆构成一级增力机构，即摆杆输入增力机构，上肘杆、下肘杆、连杆构成二级增力机构，即肘杆增力机构。伺服机械压力机的总体传动系统，具体如图 4 所示。

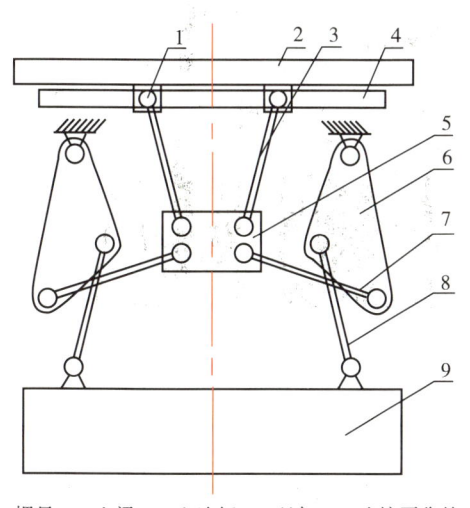

1.螺母；2.上梁；3.上连杆；4.丝杠；5.连接平衡块；
6.上肘杆；7.下连杆；8.下肘杆；9.滑块

图 3 新型双摆杆增力传动机构工作原理图　　图 4 双摆杆伺服机械压力机的实物照片

伺服机械压力机由两台大功率交流伺服电机驱动，通过行星减速器降低转速后再通过同步带驱动丝杠转动，在丝杠的转动下使得左右对称螺母同时相向运动或相反运动，进而带动

增力传动结构运动,通过增力传动结构,能够使得伺服机械压力机在冲压过程中得到所需的公称力,完成冲压工作。伺服机械压力机的技术参数如表2所示。

表2 伺服机械压力机技术参数

技术指标	参　数	技术指标	参　数
最大工程压力	1600 kN	精度	0.02 mm
滑块行程	300 mm	工作台面尺寸	800 mm × 450 mm
滑块行程次数	12～15次/分钟	——	——

本产品以盘式永磁同步电动机（permanent magnet disc synchronous motor, PMDSM）作为伺服机械压力机传动系统的直接驱动源,通过设计合适的伺服电机结构,并根据伺服机械压力机的仿真得到的电动机参数确定电机结构参数及电磁参数,设计出具有输出扭矩大、传递效率高等优点的盘式永磁同步电机。自主研发的盘式电机如图5所示,其主要结构参数如表3所示。

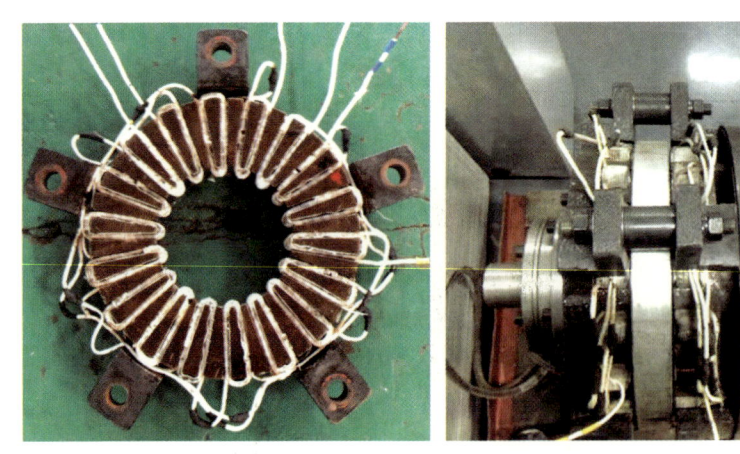

图5 盘式永磁同步电动机实物照片

表3 盘式永磁同步电动机的主要结构尺寸

尺寸参数	初始值	尺寸参数	初始值
极对数 p	16	永磁体极弧系数 p	0.19
槽数 Q	36	定子槽口宽度 c_k（mm）	6
定转子间气隙长度（mm）	2	定子槽深 h_S（mm）	25
永磁体轴向长度 h_M（mm）	38	定子轭部长度 h_E（mm）	20

2. 产品的创新性和先进性

（1）建立了新型盘式永磁同步伺服电机的模型，并对其进行最优化设计，提高了磁场能量的利用率，建立了控制系统。

（2）发明了适用于压力机的新型传动系统机构，能够有效降低伺服电机的功率，提高了工作效率。且其优化方法具有通用性，能够根据实际需要随时进行系统的优化，为其他系统的分析提供了理论基础。

（3）研制出了拥有自主知识产权的伺服机械压力机成形设备。

（4）建立了适用于伺服机械压力机板材成形的程序控制库。

五、两种伺服压力机实际冲压效果

为了考核两种伺服压力机，在伺服压力机上进行实际锻冲生产。在该压力机上进行了大量的实验研究，如图 6 所示为在该压力机上进行板料落料拉深复合的大量生产的工件的实物照片。结果表明该两种类型的伺服机械压力机工作可靠、性能稳定，所完成的工件拉深比大、质量好。

（a）板厚 1 mm 铝合金（LY12）;（b）板厚 1 mm 碳素钢（Q235）;（c）板厚 1 mm 不锈钢（0Cr18Ni9）

图 6 该伺服机械压力机上所生产的筒形拉深件

六、展望

机械压力机是最重要的锻压设备，其在锻压设备中所占的比例可达到 80%。据不完全统计，仅我国大陆目前正在服役使用的各类机械压力机的数量就可达 50 万台。我国的 221 家锻压设备厂中，国有及国有控股企业 145 家，国有企业人均产值 9.07 万元，民营企业人均产值为20.92万元。2002年国内221家企业产品销售收入为64.33亿元，每年的机械压力机产量数万台。而国内每年从国外进口的机械压力机近4万台，价值高达上亿元。

未来交流伺服机械压力机的发展方向将会集中在以下几个方面：

（1）交流伺服机械压力机大型化，具有更强的加工能力。由于交流伺服电机的限制，目前的交流伺服机械压力机主要应用在一些小型或中型的压力机上。随着伺服电机技术的发展，一些大功率、大扭矩的伺服电机将会被逐渐应用到压力机领域，推动交流伺服机械压力机向大型化的方向迈进。

（2）更好的能量回收措施。由于采用了交流伺服电机，交流伺服机械压力机可以根据工作要求改变速度，减速时可以采用电磁制动，使运动部件的动能转化为电能，回收能量。对于频繁正反转的电动程控螺旋压力机上，如果能够实现能量有效回收，将会节省大量的电能。

（3）更好的成型工艺。交流伺服机械压力机滑块的运动曲线可以根据需求进行设定。因此，对多种加工材料进行加工工艺的曲线优化并将其与交流伺服机械压力机结合将是交流伺服机械压力机领域的一个重要的发展方向。

（4）混合伺服驱动技术。单一的驱动方式很难满足伺服机械压力机对多种加工工艺的需求，因此在未来的交流伺服机械压力机上采用混合伺服驱动方式具有重要意义。

（5）采用增力效果更好的增力机构。交流伺服机械压力机的发展受限于交流伺服电机的发展，但是交流伺服电机的发展比较缓慢。在交流伺服机械压力机上采用增力效果更显著的工作机构，可以弥补交流伺服电机输出扭矩不足的缺点。

案例 31
汽车车身高速冲压装备

济南二机床集团有限公司

  冲压工艺是汽车生产五大工艺中的首序工艺，冲压的生产速度直接决定着整车的产出速度，决定着汽车企业能不能组织多品种、多样化生产。济南二机床集团有限公司开发的大型高效快速数控全自动冲压生产线，使得国产冲压生产线在整线自动化程度、生产节拍、全自动换模、整线全封闭安全、联锁等方面都取得了长足的进步和显著提高，满足了汽车厂对汽车车身大型智能冲压生产线的需求，降低了国内汽车厂商设备采购成本。

一、导语

汽车工业是我国国民经济发展的战略性支柱产业。"十二五"期间,为中国经济的持续稳定发展做出了非常突出的贡献。中国是世界第一汽车产销大国,但国内多数企业在关键技术、标准和设计、营销模式等与国外企业差距明显。

随着劳动力成本的不断上涨、消费需求多元化、节能减排、绿色、可持续发展等方面的要求,汽车工业正面临着由人员密集型、高能耗向机械化、智能化、低能耗的转变。转型升级对汽车的冲压、焊装、涂装、总装及发动总成提出了更高的工艺要求。

冲压工艺是汽车生产五大工艺中的首序工艺,冲压的生产速度直接决定着整车的产出速度,决定着汽车企业能不能组织多品种、多样化生产。近年来世界上著名的锻压厂家均在致力于锻压机械的高速化、柔性化研制开发,世界上著名压力机制造商从2003年下半年相继开始向汽车冲压厂推出了具有高速、高柔性、灵活且可连续运转的高效快速数控全自动冲压生产线,取代用于汽车大型覆盖件多滑块串联式大型多工位压力机。

二、高速全自动冲压生产线的研发

1. 主要构成

高速全自动冲压生产线由四台数控机械压力机和上料台车、拆垛装置、板料清洗涂油装置、板料输送装置、自动对中装置、高速输送双臂机械手、自动皮带输送机等组成,整线实现无人化操作。构成如图1所示。

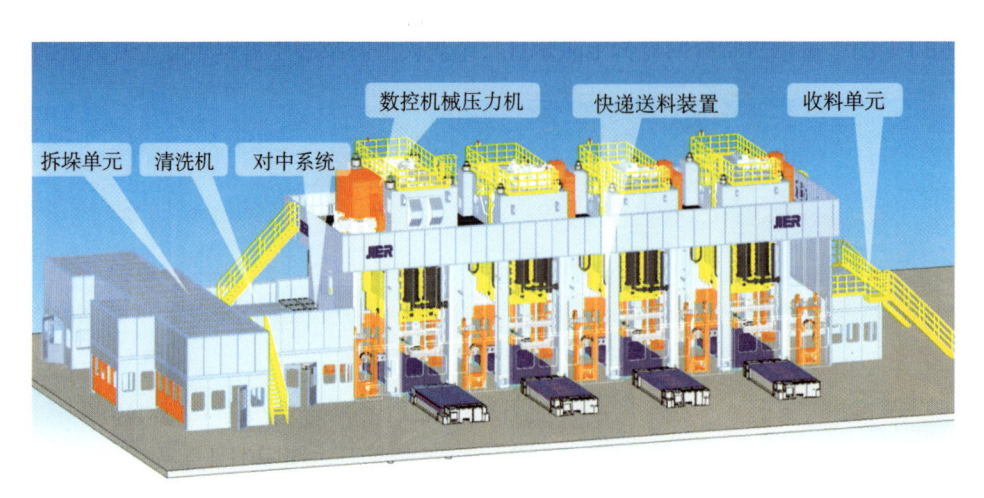

图1 高速全自动冲压生产线构成图

2. 工艺流程

高速全自动冲压生产线工艺流程如图2所示。垛料由行车装载到2台垛料小车上，拆垛机构从拆垛小车上抓取板料并放到皮带传送机台面上，皮带机将板料先后传送到清洗机、涂油机和扫描仪，扫描仪将板料图形发到电脑上，然后将此图形和预先设定的板料位置数据进行对比。经过检测的板料由磁性皮带机送到对中台，通过对对中台的移动和转向调整板料位置，以达到冲压要求，移动和转向调整由伺服电机驱动。

从对中台拾取板料，通过1套横杆送料单元将板料送入第一台压机，压力机的部件转运通过3套横杆送料单元完成，4号压力机下料通过1套下料横杆送料单元完成。

从更换空上料小车，到将新板料装上上料小车的过程，无需停止压机。系统可以对单料或者双料进行自动拆垛。

横杆端拾器的自动化更换是通过放在移动工作台上的升降支架来实现的。

垛料转换完成之后，进行自动磁力分张校正，确保无故障以及高速垛料转换。磁力分张器装在一个独立的钢结构框架上，以保持小车上料时不受任何装置的妨碍，以便实现无故障装载。左右小车处均有磁性分离器框架。

考虑到模具和材料因素，本自动化系统还设计并具备断续生产模式：压机单次运行模式，上死点停止。自动化通过修改相位角实施工件搬运。

针对整线15次/分钟的生产节拍，3分钟全自动快速换模，实现智能记忆一键恢复、整线集成安全控制，实现复杂拉深件高质量快速拉伸。

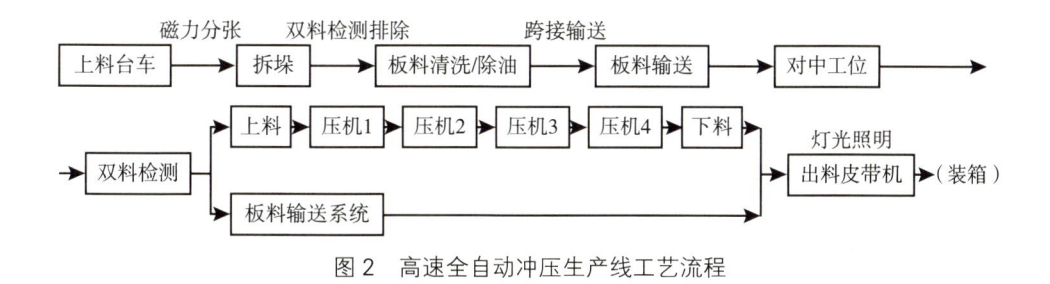

图2 高速全自动冲压生产线工艺流程

三、主要技术参数及先进性对比

生产线实现了数字模型产生、零件工艺的分析分解、冲压过程的CAE动态模拟、工艺参数优化分析、产能分配下达、物料跟随、输出合格产品、废料处理这一系列过程的数字化制造。

1. 主要技术参数

5400 t 和 4200 t 高速线主要技术参数（表1）。

表1 5400 t 和 4200 t 高速线主要技术参数

项目	JIER 5400 t 高速线	JIER 4200 t 高速线
整线工作能力	54000 kN	42000 kN
整线全自动换模时间	3 min	3 min
整线生产节拍	15 次/分钟	15 次/分钟
公称力行程	13 mm	13 mm
滑块连续行程次数	6～16 次/分钟	6～16 次/分钟
滑块行程长度	1400 mm	1250 mm
最大装模高度	1400 mm	1300 mm
台面尺寸	4600 mm × 2500 mm	4000 mm × 2200 mm
液压拉伸垫能力	4500 kN	3000 kN
拉伸垫行程	0～350 mm	0～300 mm

自动化系统参数（表2）。

表2 5400 t 和 4200 t 自动化系统参数

参数项目及要求		生产线 5400 t 高速线	4200 t 高速线
料片材料		冷轧钢板（含镀锌板、高强度板、不等厚板）	冷轧钢板（含镀锌板、高强度板、不等厚板）
料片厚度		0.5～1.2 mm	0.5～1.5 mm
料片形状		矩形、梯形、菱形及不规则落料料片	矩形、梯形、菱形及不规则落料料片
料片波度		Max ± 2.5	Max ± 2.5
料垛精度	相邻料片差	± 2.0 mm	± 2.0 mm
	料垛垂直度	± 6.0 mm	± 6.0 mm
料片重量	单张	Max 50 kg	Max 40 kg
	双张	Max 20 kg	Max 20 kg
料垛重量（含托盘）		Max 12 t	Max 12 t
料垛高度（含托盘）		Max 700 mm（pallet 270 mm）	Max 700 mm（pallet 270 mm）
单料垛板料尺寸	左右 L-R	1500～4000 mm	1000～3400 mm
	前后 F-B	700～2000 mm	400～1500 mm
双料垛板料尺寸	左右 L-R	700～1800 mm	600～1300 mm
	前后 F-B	700～2000 mm	400～1500 mm

2. 先进性

本项目生产效率较机器人冲压线提高 50% 以上，本项目最高生产节拍为 15 spm 比机器人生产线提高 66.67%；本项目平均每小时生产 606 件，比机器人生产线提高 50.75%。

本项目与进口类似冲压线的比较（见表 3）。

表 3　本项目与进口类似冲压线的参数比较

项目	JIER 5400 t 高速线	JIER 4200 t 高速线	某进口 4200 t 快速线
整线工作能力	54000 kN	42000 kN	42000 kN
整线全自动换模时间	3 min	3 min	3 min
整线生产节拍	15 次 / 分钟	15 次 / 分钟	13 次 / 分钟
公称力行程	13 mm	13 mm	13 mm
滑块连续行程次数	6～16 次 / 分钟	6～16 次 / 分钟	22 次 / 分钟（在满足整线效率的前提下，数值越低越有利于拉伸）
滑块行程长度	1400 mm	1250 mm	1250 mm
最大装模高度	1400 mm	1300 mm	1300 mm
台面尺寸	4600 mm × 2500 mm	4000 mm × 2200 mm	4000 mm × 2200 mm
液压拉伸垫能力	4500 kN	3000 kN	3000 kN
拉伸垫行程	0～350 mm	0～300 mm	0～300 mm

（1）整线生产节拍：15 次 / 分钟，比进口同类冲压线提高 2 次 / 分钟。

（2）压力机运行模式：连续模式（目前国内外冲压线都是采用断续运行模式），能耗低；进口线大多采用断续运行模式，能量转化成为热能。

（3）整线同步技术：在国际上首次开发应用大惯量变载荷的同步技术，先进的压力机主从同步技术，控制四台压力机主驱动按一定相位差同步运行，保证连续冲压、自动送料、整线工作在连续运行模式。国内首次开发应用线首、线尾及压力机间的上下料系统，跟随压力机同步运行。送料系统运行采用主从同步控制技术，与压力机同步。

（4）压力机设计验收标准：完全按照欧宝标准和欧洲标准进行设计。

（5）高速送料系统：采用双臂高速送料系统，提高了整线运行节拍及运行的可靠性与运行中工件的平稳性。

（6）整线快速自动换模技术：换模时间 ≤ 3 min。

（7）数控液压垫：研发应用 4500 kN 的数控拉伸垫等新技术，可大大提高拉伸件的精度和质量。

（8）整线安全防护及安全分区保护系统：采用全封闭安全防护，安全控制部分采用独立的安全 PLC 进行控制，安全等级高。

四、展望

中国成为世界第一大汽车生产国，这其中 80% 以上的汽车外覆盖件是由济南二机床制造的冲压设备生产的，这使得汽车制造的成本大为降低，让轿车大规模进入普通家庭。应用信息技术改造传统产业，实现冲压装备的结构升级，提高冲压生产线重大成套技术的自主设计、制造和集成创新能力，大幅度提高产品档次和技术附加值，全面提升冲压装备整体水平及国际竞争力。

高速数控全自动冲压生产线，可以快速推广应用冲压成形新工艺、新技术与新方法，提高生产效率，降低生产成本，节约材料与能源消耗。该装备也可推广到其他冲压生产，可以广泛应用于汽车、航空、航天、家电等机械制造行业，尤其是在汽车工业和航空航天制造业中占据重要地位。

案例 32

汽车大型覆盖件液压机柔性冲压生产线

合肥合锻机床股份有限公司

汽车产量的不断增加带动汽车覆盖件冲压生产线的需求急剧增加。为适应大型覆盖件精密冲压、提高液压成形生产线的生产质量和使用效率，合肥合锻机床股份有限公司开发的汽车大型覆盖件液压机柔性冲压生产线解决了不对称复杂工件局部延伸率突变应力和应变分布不均；成形过程中制件压边力多点分区调压的瓶颈问题；进行高品质柔性冲压生产线关键技术，满足了大型覆盖件精密柔性成形的要求。

一、导语

液压机柔性冲压生产线能解决形状复杂、大拉伸比、高精度大型覆盖件冲压加工，是保证汽车质量的重要装备。合肥合锻机床股份有限公司在产学研用合作的基础上，综合运用机械、控制、检测、液压等多学科技术，经过 20 余年努力，研究了液压机柔性冲压生产线中的多项关键技术，并进行集成开发应用。本项目在总结已有大型液压机床设计经验的基础上，创新地应用比例伺服控制技术开发出满足薄板快速冲压和拉伸工艺的专用液压系统，冲压速度达到 800 mm/s；开发了基于现场总线的液压机柔性冲压生产线控制系统，集成快速换模系统、拆垛机、清洗机、对中设备、上下料机器人等设备，形成功能齐全的柔性生产线，能完成多种汽车大型覆盖件的精密冲压工艺，满足了国内汽车多品种、小批量生产模式；独创性地设计出上置式电动同步调节全吨位低噪声冲裁缓冲装置，使冲裁吨位由公称力的 60% 提高到 100%，增大了冲裁加工能力；针对过去由于模具压边力不对称和实时变化产生的冲压工艺缺陷问题，研究了液压拉伸垫四角闭环比例调压及变压力控制技术，有效解决了精密复杂不对称工件拉伸质量难以保证的瓶颈，冲压件的废品率大大降低。

合肥合锻机床股份有限公司是集液压机、机械压力机等各类高精专机床产品研发、生产、销售和服务为一体的大型装备制造企业。主导产品包括 100 ~ 300000 kN 快速、专用液压机和各种大中型数控机械压力机等。

二、主要创新点分析

1. 生产中存在的问题与难点

汽车覆盖件是汽车的主要零件，汽车产量的不断增加带动汽车覆盖件冲压生产线的需求急剧增加。冲压件质量直接影响汽车制造质量冲压件尺寸产生的累积误差是造成车身总体尺寸误差变动的主要原因，主要由冲压设备控制精度低、冲压工艺落后、模具设计制造水平低等因素导致。为适应大型覆盖件精密冲压，提高液压成形生产线的生产质量和使用效率，解决不对称复杂工件局部延伸率突变应力和应变分布不均、成形过程中制件压边力多点分区调压的瓶颈问题，需要进行高品质柔性冲压生产线关键技术研究，开发满足大型覆盖件精密柔性成形的冲压装备。

2. 解决方案

（1）大型数控薄板冲压液压机的设计及制造技术。

利用 CAD、CAE 技术，对主机结构进行优化，对关键零部件进行应力、变形分析以及寿命分析，整机进行模态分析，使主机能够在强度、刚性、寿命等方面充分满足要求。采用链式机构和模具快换技术设计了辅助移动工作台和快速换模机构，换模时间由过去5人4小时缩短为2人半小时，节省了换模准备时间；应用先进的激光测量技术检测大件直线度、圆度等形位误差，研究关键工艺对质量的影响，确保大件加工制造质量，零件加工精度相对过去同类产品提高近1倍；采用光幕、安全门等光机电一体化技术，设计了辅助机械安全装置、保护装置、防护装置，保护功能完善，连锁和冗余设计使压机工作更加安全，整机安全性能达到欧盟标准。

（2）电液比例伺服控制液压系统。

为提高冲压件的质量，适应于现代工业中的多品种小批量生产工艺需要，液压系统采用电液比例伺服系统，所有压力的调整都采用比例阀通过数控系统调节，对于大流量的液压系统的比例控制必须采用闭环进行控制。在液压机伺服系统一体化控制技术研发方面，进行了如下技术的攻关：

1）滑块压力的精确闭环比例控制。为满足不同模具冲压需求，克服机械压力机存在死点位置的缺陷，采用比例伺服控制系统，实现滑块压力精确控制，系统设计有相应的比例压力阀和高精度压力传感器，构成闭环控制，保证模具冲压时的压力值，实现了精密冲压，经检测压力控制精度不大于 ±0.05 MPa，零件合格率由过去的50%提高到98%。

2）滑块位置的精确闭环控制。在精密控制系统压力的同时，液压系统设计中还增加了滑块位置闭环控制系统，该系统由位移传感器、比例换向阀等元件组成，控制算法采用PID控制理论。经检测该系统重复控制精度不大于 ±0.02 mm。

3）滑块快速运动的控制技术，通过比例元件减少冲击。通过液压系统中的大流量冲液阀系统，实现液压机快速下行、工进慢行的精密冲压要求，快进速度达到450 mm/s，工作速度达到35 mm/s，缩短了加工时间，提高了工作效率。

4）液压垫闭环比例控制技术，包括四角比例调压技术、压力随数控系统连续变化的控制技术。精心设计了闭环比例控制液压垫系统，综合运用四角比例调压、压力随数控系统连续变化的控制等多种技术，实现大尺寸3800 mm×1700 mm液压垫的四角精密调压，经检测液压垫压力控制精度不大于 ±0.1 MPa。

5）压边滑块闭环比例控制技术。为实现双动拉伸液压机深拉伸工艺，设计了压边滑块闭环比例控制技术，能实现压边力的精密控制，避免了拉伸过程中的皱曲变形现象，提高了拉伸件的质量。

6）节能液压系统的设计。采用热平衡综合分析技术研究系统发热原因，采用比例泵直接控制保压过程等技术，减少能量损失。在此基础进一步采用伺服泵控制技术成功开发出全伺服控制液压机，实现了最高节能50%的效果。

（3）大型数控薄板冲压液压机专用控制系统。

研制了基于 PLC 和工控机基础上的大型数控薄板冲压液压机专用控制系统，具有模具参数数据库、远程异地信息控制、模具自动识别、故障报警及诊断、参数输入及显示界面、比例伺服系统控制算法、安全控制模块等功能。

整个生产线的控制采用主从控制。电液一体化系统采用分布控制器独立控制各个元件的闭环控制，提高控制精度，减少主控系统的计算量。对高精度的电液一体化控制系统，在分布控制器的基础上进一步通过软件模块进行优化，实现大闭环高精度控制。控制系统与电液一体化元件进行结合，根据工艺需要编制柔性控制软件，实现整个工艺流程的控制，且精确控制压力、位置、速度等。通过计算机实时采集拉深力、压边力、充液室压力、拉深滑块速度、拉深滑块位置等参数，并实时绘制各运行参数。各数据作为工件的加工过程数据，作为判定工件质量的原始数据。

控制部分采用 SIEMENS 公司 S7-317 CPU 系统和 PROFACE 15 寸 HMI 系统组成，在操作台部分和油箱部分各设置一个远程 I/O 站，在机身也准备设置一个远程子站，各子站与 CPU 主站通过 PROFIBUS 总线相连，减少了硬接线，提高了可靠性，同时通过 PLC CPU 上的 DP 通讯口连接到一个 DP/DP 耦合器，把压力机的控制网段与辅机系统的网段连接在一起，实现两个系统可分开调试，最后共享资源，组成一个完整的控制系统如图 1 所示。

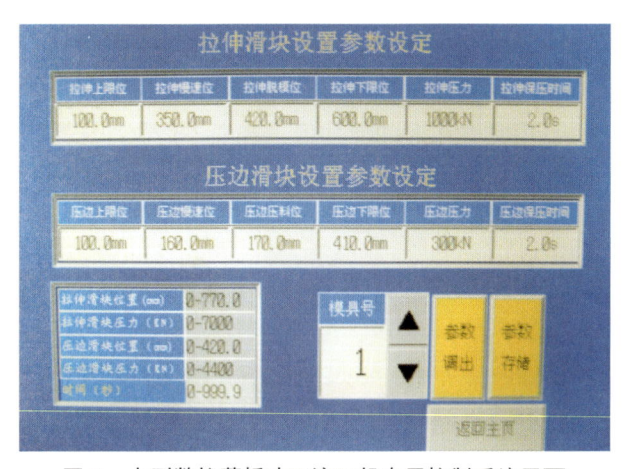

图 1　大型数控薄板冲压液压机专用控制系统界面

（4）远程异地诊断控制技术。

基于现场总线技术，构建了远程异地诊断系统见图 2，开发了远程异地诊断实验平台，验证远程异地诊断控制技术可靠性，并最终和大型数控双动薄板冲压液压机进行相关联机实验。保证了检测信息准确传递，较好地连接各监测设备，使诊断更可靠、有效。

（5）全吨位低噪声冲裁缓冲技术。

为了解决下置式冲裁缓冲装置仅适用于前移式工作台的缺点，经过技术攻关，开发了上置式电动同步调节全吨位低噪声冲裁缓冲装置（图 3），使压机具有独特的全吨位冲裁缓冲及压力自动跟踪功能，消除了人工手动调节所带来的人为因素，减轻了劳动强度，提高了安全性能和自动化程度。

根据模具冲裁距离，由参数匹配优化规律合理设定缓冲位置，然后通过机械同步传动，

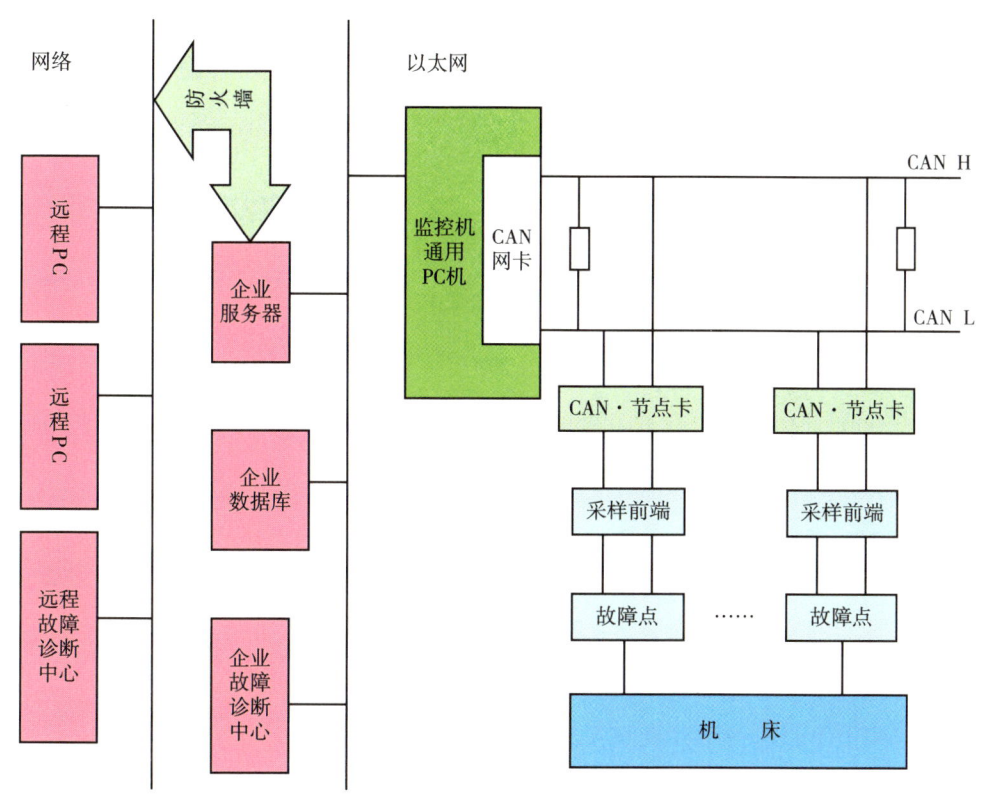

图 2　远程异地诊断系统硬件构成

电动调节缓冲点，用伺服电机驱动固定挡块，使其精确定位，定位精度与设置值误差在 0.02 mm 以内。最终实现模具落料缓冲，减少了冲压瞬间的噪音，经检测噪音由过去的 90 dB 减少到 81 dB。

全吨位低噪声冲裁缓冲装置解决了大型快速冲压机的最佳冲裁缓冲力自动跟踪问题，可吸收冲裁过程中产生的全部能量，降低了冲裁噪声，优化了操作环境，大大提高了压机和模具的寿命，保证了压机可实现全吨位的冲裁落料功能。

（6）液压机安全技术的研究。

充分借鉴欧盟国家的先进技术及标准，对安全PLC、安全继电器、安全光幕等产品进行应用实验，综合设计安全装置，在冗余和检控、安全等级方面提高液压机的安全性。安全技术的研究，为大型数控薄板冲压液压机能够进入欧盟市场提供了保障。

图 3　全吨位低噪声冲裁缓冲装置

（7）四点数控液压垫大幅度改善了拉伸工艺。

传统的液压机和机械压力机的液压垫四角压力一致，且压制时保持不变。当拉伸复杂不对称工件时，由于模具四角实际受力不均匀，容易造成工件起皱、卷边，很难保证工件的质量，成品率低。

自主研制的液压拉伸垫四角调压控制技术，可实现比例调压，四角压力可随模具压力大小实时变压力控制功能，满足了不对称工件和在拉伸中需要改变压边力的工况要求，大大改善了冲压工艺和冲压件质量，降低了模具成本。

液压垫（图4）的压力采用比例压力阀控制，压力采集通过压力传感器实现，行程控制通过由位移传感器构成的闭环控制系统实现。保证压边力可以根据需要函数控制，回路中各角的压力传感器将压力实时传递给数控系统，根据冲压工艺需要，数控系统实时控制四角压力，保证冲压件不起皱、不卷边，使成品合格率提高到了98%。

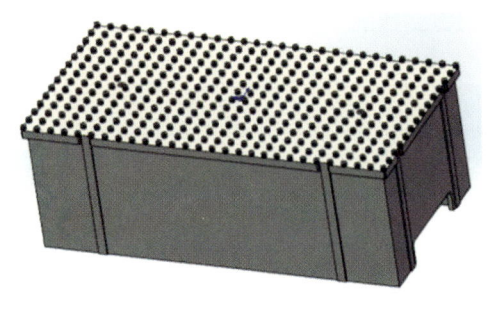

图4 基于四角调压的多点拉伸液压垫外观图

（8）开发了基于现场总线的网络控制系统。

通过应用上下料机械手以及双驱动T型导轨移动台技术，液压机柔性冲压线配有拆垛、清洗涂油、对中设备和上下料机器人等多种辅助设备。基于现场总线的网络控制系统，形成自动化柔性冲压线，使整个冲压线按照冲压件工艺平稳、有序地动作，提高了生产效率，大大降低了劳动强度。

在单机控制的基础上，通过工业以太网实现设备的网络控制和远程控制，实现冲压线系统的集中控制，网络控制自上而下具有三个层次：过程控制层，现场信号处理层，系统提供标准的PS485和RS232电气接口同智能单元（如智能仪表）连接。

系统配置有DEVICENET安全系统，因为安全对于压机而言是首要条件，该安全系统既可对简单的、分散的、安全输入/输出（例如"双手下行""急停""光幕"及控制阀等）进行扩展，又可组成柔性可编程安全回路。

关键控制环节采用冗余及相异设计。机器每次动作之前，先对主令发讯元件及主阀位进行自检，由HMI菜单选择窗口设置压机位置压力速度参数，经PLC的A/D、D/A模块采用PID方式对电子比例油泵、比例压力阀进行电液比例控制，组成流量、压力、位移的闭环控制系统实现滑块位置轨迹和液压垫四角压力轨迹的跟踪。

3. 实施结果

开发的快速薄板冲压液压机及生产线（图5），在汽车大型覆盖件冲压工艺中成功应用，解决了不对称复杂工件局部延伸率突变、应力和应变分布不均问题，在国内汽车大型覆盖件液压机冲压线市场占有率在 70% 以上，压机冲裁缓冲能力由原来的 60% 上升为 100% 公称力。针对汽车覆盖件精密冲压快速生产需要，综合应用液压机主机全吨位冲裁缓冲、拉伸液压垫压边力四角分区调压等技术解决了高速冲压液压机的稳定精密控制等难题，保证了汽车覆盖件的精密冲压精度，实现了高效安全节能生产。滑块快降、快回等指标超过常规冲压液压机 1 倍，达到了 800 mm/s，成功开发的快速薄板冲压系列液压机主机噪声降为 85 dB。

图 5　液压机柔性冲压生产线

具体性能指标如表 1 所示：

表 1　快速薄板冲压液压机性能指标

序号	项目	快速薄板冲压液压机系列产品
1	代表产品	RZU2000 快速薄板冲压液压机
2	公称力范围（kN）	4000～25000 系列化产品
3	工作台尺寸	最大 5000 mm × 4000 mm
4	压力分级	有
5	压力动态分级	有
6	空载工作节拍	10 次/分钟以上
7	平均工作节拍	5～7 次/分钟以上
8	液压垫四角调压	有
9	压边力动态调整	分 3～5 段控制，最大 5 段控制
10	液压垫压力控制精度	0.3 MPa
11	工件精度	精度高
12	工件厚度均匀性	高
13	对原材料塑性要求	低
14	与送料系统的连接	效率高，较适合
15	冲裁缓冲力	100% 公称力缓冲
16	落料功能	100% 公称力落料
17	节能系统	收集滑块下行势能用于回程

续表

序号	项 目	快速薄板冲压液压机系列产品
18	单件冲压能耗比	1
19	模具数据库	300
20	换模调整时间	30 min
21	界面操作	在工作范围内可以任意设定行程和压力，满足不同模具要求，柔性好

三、主要成果

汽车大型覆盖件液压机柔性冲压生产线自行设计和制造，具有完全自主知识产权，该生产线具有效率高、速度快、节能等特点。液压系统为电液比例分级控制，电气系统采用PLC+工业触摸屏控制，数显和安全功能齐全，配有自动超越程测量装置，光机电一体化程度高；持续跟踪国际前沿技术，把数字泵、压力闭环控制、上置缓冲、大液压垫双驱动T型导轨侧移移动台等新技术推广应用于本系列产品中，推动了行业的技术进步。通过产品开发，获得发明专利5项、实用新型20余项；起草的《液压机安全技术要求》通过国家标准颁布实施；该生产线获得安徽省科技进步一等奖。

汽车大型覆盖件液压机柔性冲压生产线已在比亚迪汽车公司、东方汽车、上汽依维柯、重庆力帆、江淮汽车、铁牛集团、吉利汽车等单位形成了示范生产线。初步估计约有上百条冲压线正在汽车主机厂和配套厂稳定应用，取得直接经济效益20亿元，约占领国内同类产品70%左右的市场份额。在提高国产汽车制造水平及质量的同时，大大降低了国产汽车的生产成本，为中国民族品牌汽车的发展做出了重要贡献，相关技术还成功应用到航空航天、高速列车和核工业等高端制造领域。同时，冲压生产线主打产品大型数控单双动液压机产品出口到德国、俄罗斯、巴西、印度等国家，打破了发达国家在国际市场上的垄断局面。

案例 33
高精度模具研配液压机

重庆江东机械有限责任公司

研配液压机是为使用模具和生产模具的行业设计、制造的一系列专用液压机。江东机械开发出了三个系列的模具研配压机：冲压模具用研配液压机（YJK98C），塑料、压铸模具用研配液压机（YJK98Z），模具试模液压机（YJK98S）；该系列可重复地对模具进行快速打开、合模和无级加压研配、精密调整，具有操作安全、省力、省人工、精度高等优点，提高了生产效率和产品质量。

一、导语

模具的质量是关系到产品质量、美观与否的一个重要因素，模具使用一段时间后，为了保证模具的精度，必须进行重新的研配。近年来，随着我国汽车制造业迅速发展，模具制造业与冲压件生产企业也得到迅速的发展，而模具研配液压机是模具制造业绩冲压件生产企业不可缺少的关键设备。因此，为了满足市场的需求，模具研配液压机将得到快速的发展，模具研配液压机在该行业的地位将越来越重要。

模具研配液压机是为汽车、家电、飞机、拖拉机等使用模具和生产模具的行业设计，制造的一系列专用液压机。模具研配压力机国外在国外发展较早，主要有日本三起精工、德国REIS Robotics、德国苏勒、韩国TongMyung工业工程有限公司、韩国CMTI公司、美国Savage公司及意大利米诺等企业生产类似产品。国内在20世纪90年代初开始对模具研配技术及设备进行了研究制造，近些年，国内一些企业在吸收国外技术的同时也开发了具有自主知识产权的模具研配压机，如重庆江东机械、天津市天锻压力机有限公司、合肥锻压机床股份有限公司、合肥海德、徐州锻压设备制造厂、济南铸锻所、扬州捷迈、昆山迪斯油压等。

重庆江东机械有限责任公司于2008年开始从事模具研配技术与液压模具研配装备研发与制造；目前结合市场的需求，开发出了三个系列的模具研配压力机：冲压模具用研配液压机（YJK98C），塑料、压铸模具用研配液压机（YJK98Z），模具试模液压机（YJK98S）；该系列可重复地对模具进行快速打开、合模和无级加压研配、精密调整，具有操作安全、省力、省人工、精度高等优点，提高了生产效率和产品质量。

二、高精度模具研配压力机的研究

模具研配压力机是一种具有特殊工艺用途的液压机，专业加工模具的设备；模具研配是冲压模具制造和维修的重要工序，主要用于模具制作后期和模具维修中的研配工作。模具研配压力机的设计理念及设计方法与其他压机有共性的地方，高精度、高稳定性及安全是模具研配压机设计的关键因素。基于有限元优化结构、动态性能分析等分析手段加强结构的优化，高精度压力及位置控制系统及简化操作系统的研究来对高精度模具研配压机进行研究及优化。

1. 高精度模具研配压力机的主要功能

（1）机身高刚性的实现：采用预应力框架式结构，利用三维建模、有限元分析机身结构，机身刚性强；滑块导向机构为四角八面导向，导向精度高。

（2）移动工作台定位：变频控制减速机驱动，速度可调，工作台移动导轨表面淬火处理，精定位销采用铬钼钢淬火，工作台复位精度可达 0.05 mm，保证了移动工作台定位精度。

（3）机械微动调节的实现：采用棘轮棘爪驱动点动装置或丝杠同步驱动装置，机械丝杆微动控制引进日本技术，可持久保持高的合模进给精度。

（4）液压无级加压合模的实现：由液压电磁阀控制主缸进油、液压阀手柄调节阀的流量来实现无级合模慢下，合模慢下的距离由按键时间长短决定。

（5）液压比例微动控制的实现：采用主缸上腔比例进油控制、主缸下腔背压比例控制及上下腔协同闭环控制来实现模具研配压机的比例微动控制，研配速度达到 0.1 ~ 0.5 mm/s。

（6）高安全性：借鉴欧洲安全标准，执行最新国家安全标准的要求；滑块锁紧、安全支柱、液压安全回路杜绝滑块意外下落；电气系统 PLC 安全设计，具有故障识别、诊断、报警、保护等功能，保证模具及操作人员不受伤害。

（7）快捷的监控和维护：机床具备 I/O 实时监控、模具参数存储、故障诊断、报警提示功能（图 1），便于维护，增强了压机的实用性。

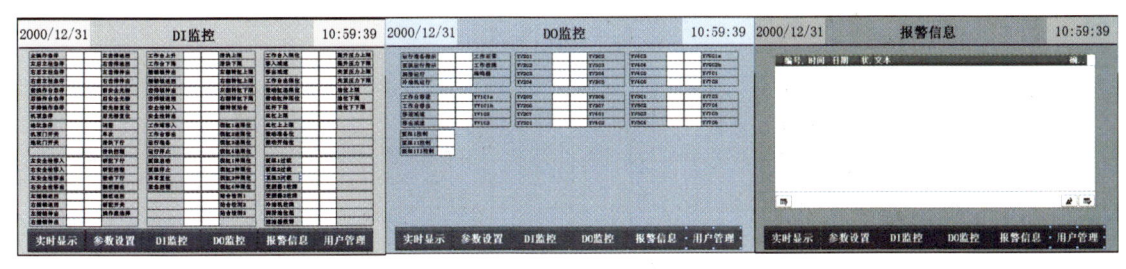

图 1　智能操控、实时监控模块

（8）远程诊断技术的配置（图 2）：极大地为后续的技术服务支持、设备状态监控、生产状况等提供了一个更为便捷的途径，提高了后期维护响应速度，便于生产状况分析，从而进一步优化生产组织。

图 2　远程诊断模块

2. 高精度模具研配压机开发的技术难点

（1）高刚性、高稳定性压机结构的设计。

（2）研配模具对压力机静精度要求高，目前国内压力机精度标准不能满足高精度模具研配用压力机的精度要求。

（3）先进的微动控制技术，永久保持小于 0.05 mm 的合模进给精度。

（4）液压比例微动控制技术。

（5）上模板平稳下降及高精度复位，上模翻转复位精度 ±0.03 mm。

（6）移动工作台高精定位。

（7）滑块定位与重复定位精度，精度要求达到 0.01 ~ 0.02 mm。

（8）压力高精度控制，压力波动小于 0.2 MPa。

（9）四角压边力采用比例伺服压力阀独立控制，各点压力可独立及分段设置，可在不同的拉伸深度提供不同压边力。

（10）高安全性，灵敏可靠的模具保护技术。

3. 实际的应用

结合实际的项目，现已给柳州超顺汽车（图3）、重庆明天机械有限公司（图4）、北京长安汽车公司（图5）、广州汽车集团乘用车有限公司（图6）、重庆长安铃木汽车有限公司（图7）、天津汽车模具有限公司（图8）、郑州宇通汽车有限公司（图9）、重庆长安汽车有限公司等企业提供了模具研配压力机设备，年销售额达到 3000 万元。

图 3　柳州超顺汽车部件公司

图 4　重庆明天机械

图 5　北京长安汽车公司

图 6　广州汽车集团乘用车有限公司

图7　重庆长安铃木汽车有限公司

图8　天津汽车模具有限公司

图9　郑州宇通汽车有限公司

4. 取得的成果

取得了一项实用新型发明专利，得到了用户及行业的肯定。

三、展望

江东机械所开发的设备，在精度、刚度保证、微动合模控制、上模平稳下降、移动工作台精确定位及安全性等方面可与国外产品相媲美，但在可靠性和稳定性上以及对微动精度保持性等方面还存在一定的差距，后续将继续加大对模具研配技术及装备的研发，联合高校院所研究机构及行业的专家，不断优化提高模具研配压机的技术及质量，为中国的高档装备制造业的发展贡献出一分力量。

案例 34
板材高速精密数控冲床

扬州锻压机床股份有限公司

高速精密数控冲床是机械、电子、材料、自动化、计算机和数控技术等多学科、多领域、多种高新技术的综合集成，是现代冲压生产的先进制造装备。扬州锻压机床股份有限公司开发的高速精密数控冲床是一种适合于薄板料连续冲压成形的压力成形设备，可高效精密加工各种板料冲压零件，其基本特征是高效率、高精度、高刚度和智能化，代表了高速精密冲床的发展方向。

一、导语

高速精密数控冲床是机械、电子、材料、自动化、计算机和数控技术等多学科、多领域、多种高新技术的综合集成，是现代冲压生产的先进制造装备。随着电子通讯、电机电器、汽车和家电行业等产品技术的迅速发展，对精密冲压件的需求量越来越大，技术要求越来越高，普通压力机已不能满足生产和技术要求，而采用高速精密数控冲床进行高速度、自动化、连续冲压是提高生产效率的有效途径。近年来，广泛应用于半导体引线框架、电连接器、电机电器铁心、换热器翅片等冲压件的大批量加工。高速精密数控冲床的研究被列入国家科技重大专项的课题，不断向高速化、精密化和智能化方向发展。本课题开发的高速精密数控冲床是一种适合于薄板料连续冲压成形的压力成形设备，可高效精密加工各种板料冲压零件，其基本特征是高效率、高精度、高刚度和智能化，代表了高速精密冲床的发展方向。

二、主要创新点分析

1. 创新点及解决方案

本项目通过对高速精密数控冲床振动控制技术、热平衡技术，高精度导向技术，智能化、可视操作控制技术等进行攻关，使高速精密数控冲床产品得到更新换代。

（1）大惯量、高速运转下的振动控制技术。

高速精密数控冲床的振动和噪声的产生有两个主要原因：一个是回转部件和往复运动部件的动平衡质量，主要包括曲轴回转、曲柄滑块机构的惯性力；另一个是冲压过程的冲击力。由于冲压力不可避免，惯性力平衡就成为降低和减轻压力机的冲击振动噪声的主要途径。随着高速精密数控冲床速度的提高，惯性力将急剧提高，如果回转部件和往复运动部件不能达到动态平衡，其惯性力的作用就变得相当明显，就会引起剧烈振动，滑块下死点动态性能急剧恶化，轻者影响机床的精度和模具的寿命，重者使机床无法正常工作。因此，必须解决好高速精密数控冲床的振动控制技术。技术措施如下：

1）采用闭式双点的整体结构，以减小机床冲压时的机身变形（闭式机身没有角变形）及提高机床实际冲压时的抗偏载的能力，减小振动。

2）采用计算机辅助技术通过数值模拟和动态响应分析，优化关键件结构，避免发生共振，改善机床的动态响应性能。

3）结构上采取平衡措施。设计机床的动平衡系统，采用反对称副的动平衡原理，通过在与主滑块对称的180°位置布置一个平衡副滑块、平衡曲柄和平衡连杆，用来抵消主滑块的惯性力。此系统设计较为简便,对机床的负载变化引起的振动不是很敏感。

4)机身等大构件采用高强度铸铁整体铸造,具有吸振性能好、精度保持性好等优点。

(2)下死点精度保障技术。

下死点动态精度是高速精密数控冲床关键的性能指标,国家标准中没有相应条款,但在设备使用过程中却是十分关键的技术数据。例如精密电子、通讯器材、电机等产业要求高速精密数控冲床不但要有高的运转速度,还要求比较高的下死点精度。下死点精度关系到加工件的精度和模具寿命,是评定产品技术水平、制造水平的一项重要指标。一般而言,零件成形的精度越高,对下死点精度的要求也就越高。影响下死点精度的因素有很多,如惯性力和反冲压力引起的主传动系统的变形、导向变形以及设备运行中产生的热变形都会影响下死点精度。因此,保障下死点精度是研制高速精密数控冲床的一个很重要的关键技术。

影响下死点精度的因素主要有:机床总间隙、机床热变形、机床振动、传动副的磨损等。应采取以下针对性技术措施:

1)采用间隙消除机构,将机床总间隙控制在允许的最小范围之内。

2)利用有限元分析软件模拟高速精密数控冲床加工过程的热场分布对高速精密数控冲床精度的影响,模拟高速精密数控冲床的非线性载荷分布规律、偏载产生的机制、力流的扩散传递及变形规律,优化高速精密数控冲床机身结构,减小机床的动态变形。

3)结构上采取热平衡措施。在关键结构件内合理设置温度调节装置,通过精确计算及实验,采用补偿和抵消的方法,解决由于温度变化引起的下死点变化问题。

(3)高速运转下的热平衡技术。

高速精密数控冲床的运动副在相对运动的摩擦面上存在着较大的相对速度和正压力,从而导致摩擦发热量严重,这样势必加快零件的磨损,恶化机床的精度,降低其使用寿命。为此在优化各关键件的结构、尽可能在实现温度场分布均匀的基础上,采取以下热设计技术措施:

1)减小热量产生。高速精密数控冲床各个运动面上摩擦系数应尽可能小,特别是曲轴与连杆、曲轴与床身间、传动轴与床身等运动部位设计时从材料的选择、表面质量、润滑油槽的结构及布置方式等方面均考虑了如何减少摩擦发热量的产生。

2)消除热量影响。采用全稀油强制循环润滑,并采用双制式的油冷却/加热设备确保机床油箱内润滑油的温度恒定($±0.5℃$以内),为传动系统的各运动副间及时提供有效润滑和冷却,平衡机械系统结构的温度,减少各运动副间的异常机械磨损,同时有效控制各关键件的冷热变形,防止冷热变形对机床精度造成影响,保证机床精度的持久恒定。

(4)高精度导向技术。

闭式双点高速精密数控冲床的应用对象主要是平面尺寸较大的冲压件或多工位连续冲压成形。其特点:一是模具的平面尺寸比较大,要求压力机应有较大的模具安装空间;二是

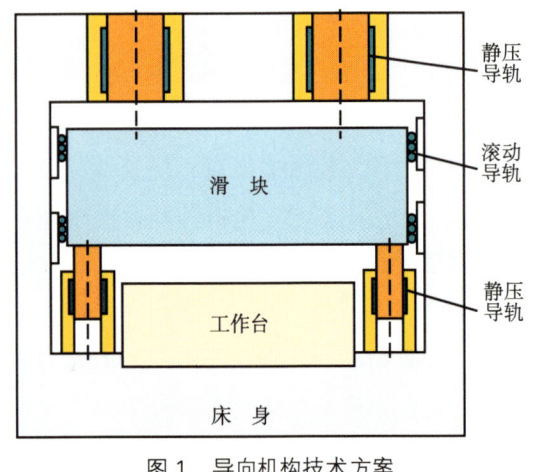

图 1 导向机构技术方案

模具的压力中心一般与滑块的几何中心（或压力机的压力中心）不重合，滑块通常会承受较大的偏载，要求压力机能够承受一定的偏心载荷。为此，闭式双点高速精密数控冲床对机架的刚度、滑块的导向性能要求很高，以保证在承受一定偏载的情况下，滑块底面对工作台面保持足够的平行度。由于偏心力矩引起的上下模具中心线的错移量限制在足够小的范围，以便冲压出符合精度要求的冲压件。技术方案如图 1 所示，采用三重导向结构（上、下用静压导向，中间为滚动导向），大大提高了高速精密数控机床的导向刚度和抗偏载能力。

（5）数控系统集成化、智能化和操作可视技术。

高速精密数控冲床的组成包括主机、高速精密送料装置、产品与废料收集器等构成。高速精密数控冲床数控系统是一个集成系统，主要功能包括：主机及高速精密送料装置等辅助装置的控制、工艺参数优化、诊断及远程服务。

高速精密数控冲床数控系统的开发按照系统数字化、控制智能化、操作可视化的原则进行，力求技术先进、功能完善、拥有自主知识产权。高速精密数控冲床控制系统的技术攻关着重解决系统集成技术、控制智能化技术和操作可视化技术。

1）高速精密数控冲床数控系统集成技术。高速精密数控冲床数控系统采用两层结构：上位机实现整机运行控制、工艺系统智能化、诊断和远程服务；下位机包括机床主机控制、高速精密送料装置及其他辅助装置控制，各控制器除完成各自功能，还需为上位机提供各部分状态参数。此外，主机控制系统还可实现对整机工作状态和安全性的监控等。远程服务的功能在于协助进行远程故障诊断、信息反馈和维修服务。

上位机采用工业控制计算机，将机床控制模块、工艺参数智能优化模块、诊断与预测分析及远程服务模块集成于一体，同时与生产管理系统进行集成，接收生产指令、反馈生产数据信息，从而实现冲压过程的集中控制和自动化、智能化生产。下位机控制器为 PLC，通过现场总线与上位机进行集成，执行上位机的控制指令，提供各部件信息反馈，为系统的安全性和状态监控提供依据。控制系统结构如图 2 所示。

高速精密数控冲床冲压过程如图 3 所示，要实现高速冲压加工，必须对主机、自动上料、下料及冲压过程等进行集成控制，以达到高速、同步、精密的要求。系统采用开放式，可以根据需要选择和配置辅助装置，如焊接对接装置、校平装置、送料装置、材料润滑装置、模具功能控制等，提高了设备的自动化水平、生产效率及系统可靠性。

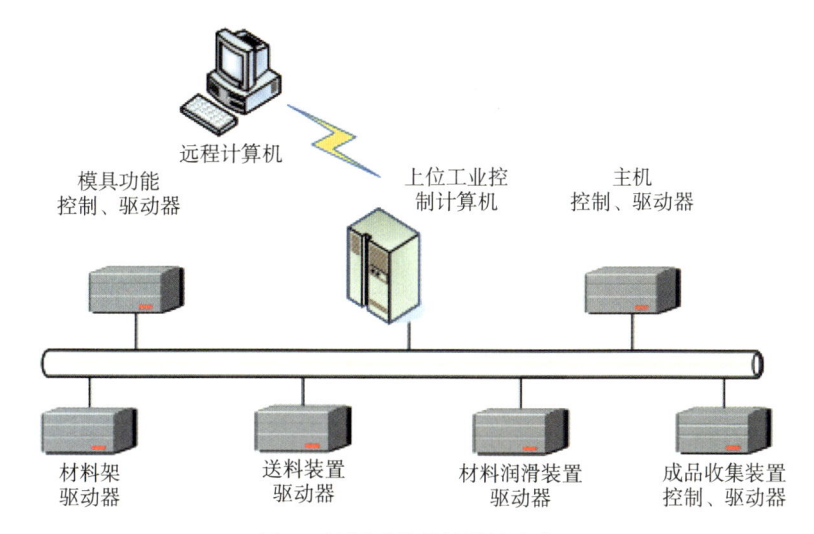

图 2　控制系统总体结构方案图

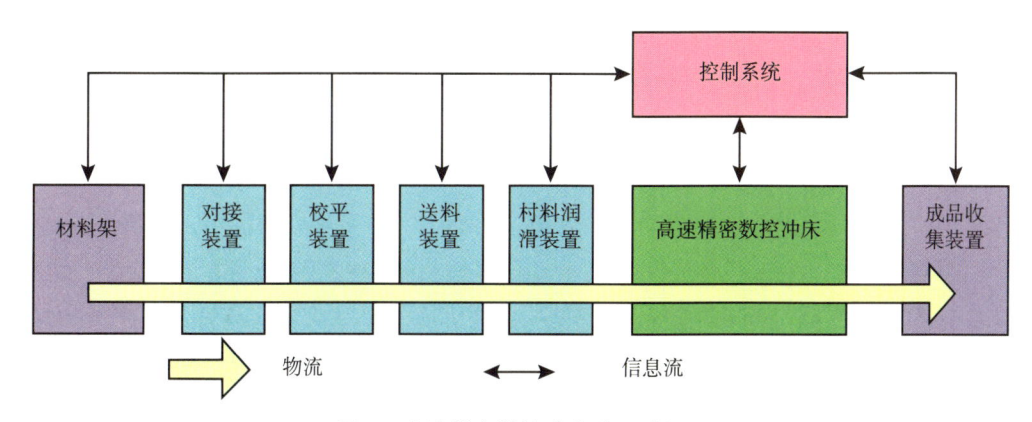

图 3　高速精密数控冲床冲压过程图

2）高速精密数控冲床控制智能化技术。高速精密数控冲床控制智能化技术主要体现在：加工工艺参数智能选择和故障智能诊断与预测。

冲压成形工艺过程的控制涉及很多参数，通常包括模具的几何参数、板料的性能和几何参数、送料装置参数、冲床的性能参数等，合理选择各项参数，对冲压成形工艺过程的质量影响很大。精密高速冲压加工工艺参数智能选择系统的应用增加了产品的附加值和科技含量，提高了产品的性能和竞争力，缩短了更换加工产品的参数设定辅助时间。

以数字控制为基础，对智能工艺参数选择系统和工艺参数优化系统进行研究设计，提供一种与高速冲压设备配套的、实用性智能化数控技术系统的硬软件技术方案。结合当前网络监控系统和数控高速压力成形设备的最新发展趋势，遵循模块化、标准化、高可靠性、易扩展、易维护等设计原则，实现工件加工参数的智能选择，从而实现工艺优化并缩短更换加工产品的时间。系统结构如图 4 所示。

数控高速精密冲压加工工艺参数智能选择系统设立在设备的工作现场，由传感器组、监控组态应用程序等部分组成。传感器负责拾取设备工作过程中的工况参数，输入工控机的实时数据库，然后由监控组态应用程序读取、处理、分析和显示，实现对设备状态的现场监控，并通过网络接口进行远程通信。

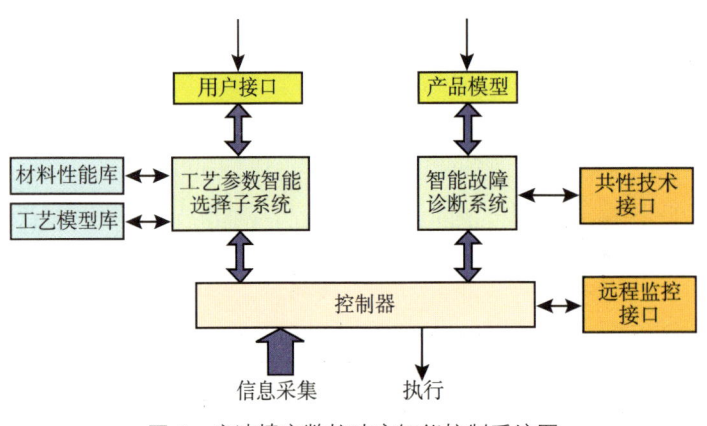

图 4　高速精密数控冲床智能控制系统图

智能诊断子系统的设计采用基于结构树的方法，将要进行诊断的设备按组成结构进行逐层分解，分解至最底层，也就是零件层，形成一棵倒置故障树，零部件检测信息构成树上的节点；赋给每个节点一定的知识内容，例如名称、型号、参数、功能以及可能发生的故障、解决方法等，构成知识库。下一层零部件的故障导致上一层零部件的不正常工作，根据这些关系建立相应的规则，写入规则库中。系统根据检测的故障信息，自动搜索现场规则库和知识库或远程协助进行故障诊断，自动提供故障可能的原因与解决办法。

3) 高速精密数控冲床操作可视化技术。高速精密数控冲床数控系统功能的扩展、自动化和智能化水平的提高，简单快捷而又可靠的操作方式也是机床技术水平提高的体现。课题新开发数控系统参照现代机床数控系统的模式，采用全 LED 监视和键盘操作，甩掉传统的控制按钮手动操作，采用面向对象的技术，开发基于 Windows 平台的控制系统图形组态系统，对高速精密数控冲床自动上下料和冲压过程实现可视化控制。

高速精密数控冲床系统操作包括工艺参数的设置、各执行部分的控制、系统各部分的监控、故障诊断与系统维护等，正常工作时类似流程控制，为全自动化方式，可显示各部分的监控状态，通过全 LED 仿真监控，使送料和冲压过程"看得见"。

2. 主要技术参数及先进性对比

国内外高速冲压机床产品多集中在公称压力 300 ~ 3000 kN 的范围内，此范围内的国内高速冲压机床产品在性能指标方面与国外水平相当；然而，从超高速和重载两个极端化发展领域来看，国外的高速冲压机床的技术实力要领先于国内水平：一方面，在小吨位超高速领域，国外已达到了相当高的技术水平，而国内在该领域的技术则相对空白；另一方面，在重型高速领域，国外在公称压力 4000 kN 及以上的重型高速精密冲压机床领域有相应的系列化产品，技术水平相对成熟，其中 MINSTER 公司的 E2HF 系列重型高速精密冲压机床代表了国际最高技术水平，而国内在公称压力高于 4000 kN 的重型高速精密冲压机床领域，仅有扬州锻压机床股份有限公司有相应的生产能力，并已生产出公称压力 7500 kN、滑块行程 50 mm、行程次数 200 次/分钟的数控重型高速精密冲压自动化生产线，代表了目前国内高速精密冲压机床在重型化领域的最高水平。如图 5 所示为扬锻公司 J76-550 数控重型高速精密冲压自动化生产线。图 6 为 800 kN、800 次/分钟数控高速精密冲床。

图 5　J76-550 数控重型高速精密冲压自动化生产线 　　图 6　800 kN、800 次/分钟数控高速精密冲床

主要技术参数与先进性对比如下表所示。

表 1　国内外高速冲压机床性能对比

序号	性能指标	本项目水平	国内水平	国际水平
1	整机精度等级	JIS 特级	JIS 一级	JIS 特级
2	下死点精度（mm）	±0.02	±0.03	±0.01
3	热平衡技术	有	无	有
4	远程诊断技术	有	无	有
5	可视化操作系统	有	无	有
6	工艺参数智能选择	有	无	有

3. 主要效益

J76-550 数控重型高速精密冲压自动化生产线的可靠性指标 MTBF 达到 500 小时以上，通过提高机床的可靠性，可减少用户的停机损失和维修费用，减少主机厂售后服务和三包费用，也减少材料、工时和能源的消耗，取得显著的经济和社会效益。该装备自动化程度较高，采用高速精密伺服送料机，其经济寿命周期可达 15～20 年，且高速精密数控冲床高速化和自动化也使生产效率提高了 3～5 倍，工件废品率降低了 80%，材料利用率提高 15%，

而且单位能耗也大大降低。

J76-550高速精密压力机可在单台机床上实现成品冲件的全部加工工序，且槽型精度完全由机床和模具精度来保证，从而可极大提高大型冲片的生产效率（效率可达150～200件/分钟）。

三、主要成果

1. 获奖情况

（1）数控高速精密冲压自动化成套设备获江苏省科技进步二等奖。
（2）精密高速数控冲压成形机床关键技术及其应用获江苏省科技进步二等奖。
（3）卷料对接机获江苏省专利奖。

2. 专利、标准、论文等

共授权发明专利4项，实用新型专利近30项，软件著作权1项；参与制定国家标准1项，发表高速压力机相关论文5篇，参与编制论著1篇。

3. 人才培养

建立专职研发团队20人以上，新增高、中级职称技术人员和技术工人10人以上。

四、展望

近年来，我国电子、通讯、计算机、家电及汽车工业的迅猛发展，对冲压零件的需求量迅猛增长，原有的冲床的性能越来越不能满足要求。尤其是尺寸与形状均趋于标准化和系列化的功能性冲压件，生产批量越来越大（如中小型电机的定转子硅钢片、高压器硅钢片、刮脸刀、计算机芯片等零件），为降低成本和提高劳动生产率，这类零件非常适合在高速精密数控冲床上进行大批量冲压加工生产。

开发的高速精密数控冲床产品将主要应用于各种大批量、标准化、系列化薄板精密零部件加工行业。这些产品的厚度都非常小，尺寸精度、形位公差、产品一致性要求非常高，并且产品种类多、单种产品批量特别大（经常以百万件计），如：中小微型电机的定转子（硅钢片）、变压器硅钢片、剃须刀、电器接插件、IC引线框架、通讯器材芯片等。

案例 35
全生命周期设计数控液压机

天津市天锻压力机有限公司

本案例介绍了两款用复杂锻压装备的全生命周期管理技术，开发基于成形制件、模具、装备、机械人、辅助装备、智能检测等软硬件装置为一体的数控液压机。具有成形制件的压力和位置精准数控、能量伺服控制、视觉控制系统的机器人路径规划及整线节拍优化、上下料装置的智能化控制、成形制件智能检测、多机网络控制等功能。企业组建了远程控制中心、创建压机工艺库，实现对用户使用的数控液压机远程诊断和控制。

一、导语

成形机床是航天、航空、汽车、造船、能源、轻工、电子、国防、原材料、化工等工业部门的关键制造装备,在机器制造业中占有重要地位,其使用率在汽车行业达80%、航空航天工业达85%、通讯器材和电子仪表工业达70%、标准件和紧固件工业达90%、塑料制品和建材工业达100%,特别适于批量化生产。液压机是成形机床一大类,传统液压机是单工序成形制件的工作母机,用户需配备模具和自行解决上下料装置进行加工。开发成形制件多道次和全工序的数控一代液压机及生产线,对国民经济的发展起到举足轻重的作用。

天津市天锻压力机有限公司根据当代成形制件的工艺要求,采用复杂锻压装备的全生命周期管理技术,开发基于成形制件、模具、装备、机械人、辅助装备、智能检测等软硬件装置为一体的数控一代液压机。具有成形制件的压力和位置精准数控、能量伺服控制、视觉控制系统的机器人路径规划及整线节拍优化、上下料装置的智能化控制、成形制件智能检测、多机网络控制等功能。企业组建了远程控制中心、创建压机工艺库,实现对用户使用的数控液压机远程诊断和控制。数控一代液压机具有数字化、自动化、信息化、网络化、智能化、专业化及流水化的显著特征。

二、主要研究内容

天津市天锻压力机有限公司开发的数控一代液压机主要创新内容为:

1. 数控等温锻造液压机开发

铝合金、钛合金、高温合金、粉末合金等难变形材料锻造为形状复杂、薄壁、高筋的精密锻件是现代成形制造技术发展的一种趋势,难变形材料采用常规锻造很难精密成形,只有处于超塑性状态,材料变形速度在 0.005 ~ 0.5 mm/s,相当于蠕变变形,此时材料的变形抗力只相当于常规锻造的几十分之一到五分之一,极大地降低了难变形材料的变形抗力,采用等温锻造工艺,成形为形状复杂精密制件。

图 1 为 160MN 数控等温锻造液压机和压制的高温合金摇臂、铝合金门框、钛合金盘等难变形材料制件。

数控等温锻造液压机的数控系统是对难变形材料超塑性等温精密锻造的各种工艺参数进行智能控制,是由高精度智能化速度测量系统、柔性化数字工艺控制系统、数字化多缸动态协调系统、图形化管理及实时监控系统和网络化智能诊断及支持系统等组成。

(a）160MN 液压机　　（b）高温合金摇臂　　（c）铝合金门框　　（d）钛合金盘

图 1　160MN 数控等温锻造液压机及其制件

（1）高精度智能化速度测量系统。

为适应快速锻造和等温锻造变速率压制工艺要求，实现压制速度为 100 mm/s ~ 2 um/s，调速范围达到 50000∶1。直线测量的最小分辨率为 1 um 的磁致伸缩位移传感器。采用滑动结构设计，为保证高低速测量采用了 MT（脉冲时间）法，依据运行速度自动选择高速段采用 M 法测速或低速段采用 T 法测速。有效地控制了滑块的压力、位移、速度，滑块定程控制重复控制精度达到 0.005 mm 高性能的硬件保证了高档数控液压机得以实现等温锻造工艺的恒速度、恒应变和变应变。

（2）柔性化数字工艺控制系统。

数控等温锻造液压机为满足多种成形工艺要求和多品种制件的加工，可实现恒应变速率及变应变速率压制。其中：恒应变速率压制，$\varepsilon = V$（压制速度）$/H$（工件高度函数）取值范围为 0.001 ~ 10/s，压制过程中依据工艺要求确定；变应变速率压制是指同一制件在压制运行时，不同成形阶段，依据位置可在 0.001 ~ 10/s 范围内任意设定和改变。由于采用了数字控制器，可实现运动中的在线计算，实时设定，实时更新，其快速的调节过程确保了应变速率的快速跟踪和稳定调节，各类压制流程可通过人机接口自行配置，作为不同配方存储在系统数据库内，锻造工艺过程可不断优化和更新。

（3）数字化多缸动态协调系统。

数控等温锻造液压机为实现对压制中心不对称制件的精密压制，减少制件因偏心变形力引起的滑块压制运行轨迹对工作台面垂直度的偏离，开发了数字化多缸动态协调系统，采用主动调平、被动调平以及力偶调平三种方法对多液压缸组合联动调平。在偏心负荷条件下，满足调平 10 um/m 的技术指标，可实现压制全过程和全吨位下的快速调平。

数字化多缸动态协调系统以控制分配策略为基础，针对多缸液压系统的非线性、强耦合的特点，设计出分散滑模及多级自适应变参数数字控制器，实现最大偏载正弦扰动下的多液压缸的协调控制。

用难变形材料成形复杂制件过程中，压制偏载点不断游离，且液压系统中压力和流量等控制信息相互耦合，对数控系统的开发提出了极大的挑战。在不断的探索中，优化控制策略，实现了复杂扰动下的自适应控制并提高形状复杂精密锻件压制的鲁棒性。在 0.05 mm/s 速度下系统稳定后的误差波动范围在 ±5%，滑块的偏差范围可控制在 0.1 mm 以内。

（4）图形化管理及实时监控系统。

数控等温锻造液压机可实时采集位移传感器、压力传感器以及数字控制器的输出总体构建数字控制系统图 2，实现了液压机各个工作状态下滑块速度、位移、压制力的数字显示和实时控制。

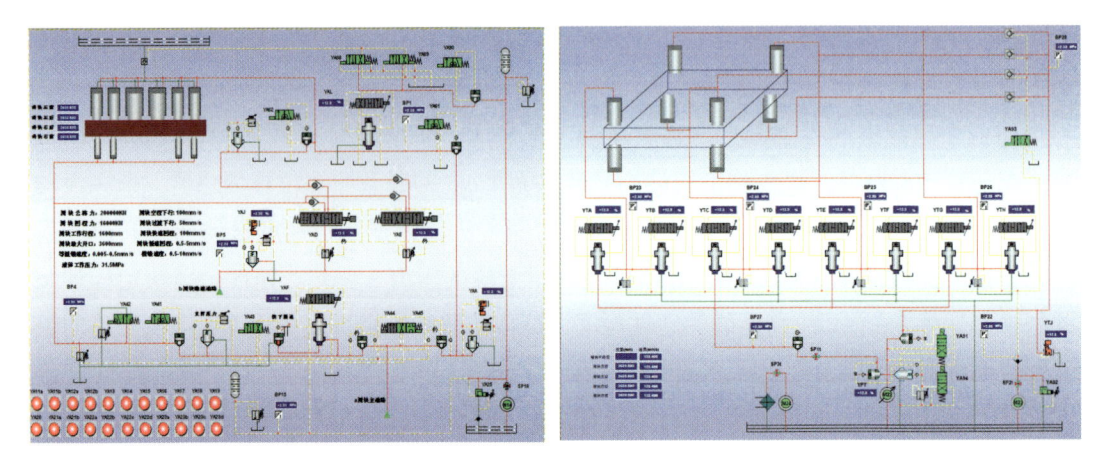

图 2　图形化管理及实时监控系统

（5）网络化智能诊断与支持技术。

数控等温锻造液压机配置了可远程监控的网络接口，可实现远程故障诊断、运行状态分析评估、工艺参数的在线调控等，便于与其他装备实现集成。加快了液压机向高端数字化、网络化、智能化进程，应用总线技术和故障诊断理论，研制出具有故障诊断功能的远程数字控制器，可实现对压机的远程监控和软硬件维护。

2. 数控履带板冲压液压机生产线开发

大批量、高效、精益化生产成形制件是现代制造业的需求，开发全工序的履带板冲压数控液压机生产线，实现全工序成形制件的自动化输送、数字化冲压、信息化在线快速检测和智能化筛选是数控系统开发的内容。

数控履带板冲压液压机生产线是由一台 1400 t 和两台 1200 t 液压机、输送链、上料机械手、2D 工业相机精确对中装置、3D 工业相机工件检测、下料自动传输链组成，图 3 为履带板冲压液压机生产线。

数控履带板冲压液压机生产线的工艺流程为：运料车将 10 m 长的成垛锯齿形截面履带

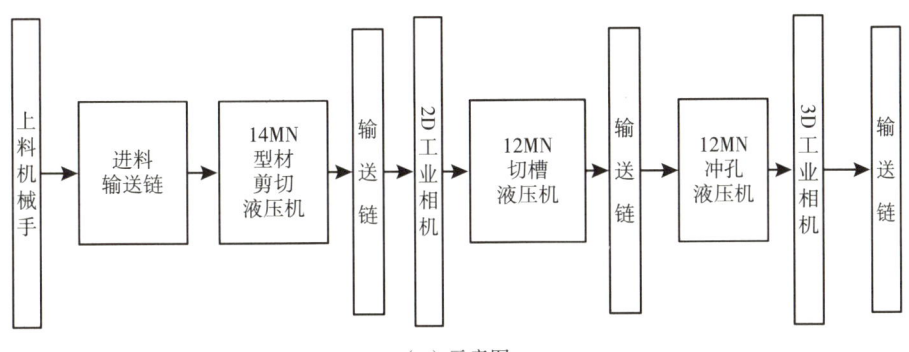

(a)示意图

(b)外形图
图3 履带板冲压液压机生产线

板型材运至上料区域，拆垛手将正反相扣的原料分别放到输送辊道的运输和翻转位置，反扣原料经液压翻转装置放到输送辊道。

（1）履带板冲压液压机生产线数控系统的开发。

履带板智能化冲压线数控系统的总控采用PLC通过以太网协调各主机和辅机之间的通信和控制，规划整线的生产节拍、动作安全互锁、机器人的轨迹规划、在线工件检测与筛选、视觉对中、搬运机器人避障策略及仿真等。数控履带板冲压生产线的3台液压机全部配备有独立的PLC和触摸屏，方便设置液压机的调试与维护，并且方便监视液压机工作状态和故障报警。图4为履带板冲压液压机生产线数控系统。

（2）智能化在线快速检测和筛选系统。

大批量快速生产各种成形制件是现代先进制造的特征之一，成形制件作为基本零件，其成形形状向非对称、曲面化等异形化发展，是现代成形技术重要的发展方向。开发适于履带板冲压多工序成形的异形制件在线快速检测和筛选系统，实现对成形制件各工序单件加工的

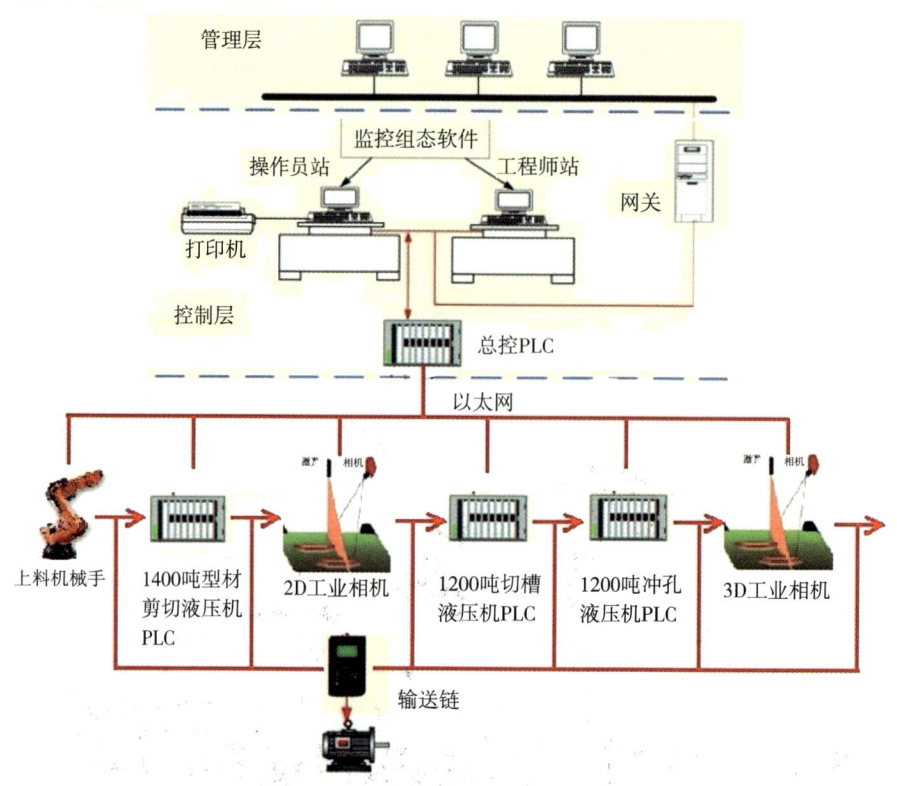

图4 履带板冲压液压机生产线数控系统

快速检测、筛选和诊断控制已经成为新一代数控液压机的主要创新内容。

3D相机扫描系统中，Cognex designer软件先将扫描到的图像使用CogPixelMap工具进行处理得到3D切面模型，然后使用找圆工具（CogFindCircleTool）找到工件的冲孔位置，分别获得圆心的X坐标和Y坐标。使用CogDistancePointPointTool工具进行圆心间距离的测量。测量出的尺寸与实际要求进行比较，完成筛选工作。

在工控机上装有与相机相配套的cognex designer软件，基于该软件开发出了人机智能交互系统。系统界面左侧可以实时检测2D拍照结果，右侧可以检测3D测量结果。测量比较后，如果检测合格，画面下侧的指示灯显示为绿色，否则为红色。

在人机智能交互系统的设置界面，可以对相机参数进行配置，以及修改工件参数标准，方便进行筛选比较工作。如图5、图6所示。

经过工业图像采集系统、工业图像处理系统处理后，生产工件经过智能系统判定为不合格，会通过以太网总线通讯给总控PLC。总控PLC收到图像处理系统的指令进行智能判断，合格工件进入下一工序，不合格工件经推出落到废料收集输送线上。

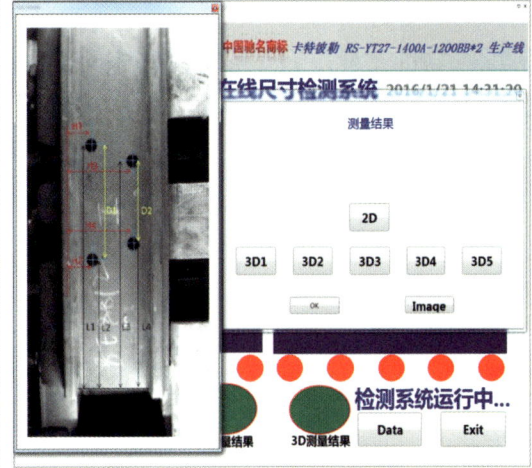

图 5　工业视觉设置界面

图 6　工业视觉结果显示画面

三、实施效果

天津市天锻压力机有限公司开发的数控一代液压机，在我国战略性新兴产业发展中进行实施，取得显著效果。

通过全系列数控等温锻造液压机开发，为我国航空、航天工业和"大型飞机"、"载人航天和探月工程"等国家科技重大专项中对铝合金、钛合金、高温合金、粉末合金等难变形材料锻造为形状复杂、薄壁、高筋的精密锻件做出了重要贡献。

通过开发数控履带板冲压液压机生产线，提高了数控液压机生产线的水平，实现了对薄板零部件的自动上、下料、自动拉伸、自动切边、自动冲孔、自动整形、自动运输、自动检测、自动定位、压制成形、自动出料等一系列工序加工。产品用于压制高档跑车、家用汽车的车身覆盖件等薄板零部件，如：56001011-H6、6101027-H6、6101037-H6 等多种规格的汽车外围和侧围工件，具有加工效率快、定位精度高、适应性强等特点，是先进的汽车车身覆盖件生产装备，能满足当代国际高档跑车、家用轿车对冲压成形加工装备提出的数控化的新要求。

四、主要成果

数控等温锻造液压机获 2004 年天津市科学技术进步二等奖，2006 年中国机械工业科学技术二等奖，被评选为 2005 中国机电工业年度风云产品。

五、当前存在的问题和发展思路

　　天津市天锻压力机有限公司开发的数控一代液压机，虽然具有远程控制和诊断的功能，但受用户现场条件及用户具体工艺参数保密的限制，不能在全部设备上使用。为此，需企业在产品上配备相应的网络和相应的工艺数据库。发展思路为结合中国制造 2025 的要求，向数字化、网络化、智能化与液压成形机床深度融合，推进互联网 + 服务等的进程。在现场产品上配备相应的网络和相应的工艺数据库的基础上，搭建一个工业安全的液压机远程安全运营保障中心。

后　记

  自 2013 年以来，中国机械工程学会一直在积极推动"数控一代"技术在装备制造业中的应用，在《"数控一代"案例集（山东卷）》和《"数控一代"案例集（山西卷）》出版之后，又陆续启动了多个地区和行业案例集的编写工作，这标志着中国机械工程学会系统正有序地将"数控一代"应用示范工作全面推开，正逐步地将《"数控一代"装备创新工程行动计划》落到实处。

  《"数控一代"案例集（塑性工程卷）》的出版，真实地展示了"数控一代"技术在塑性工程领域应用的现状，客观地反映了塑性工程领域在数字化应用方面存在的差距，有效地提供了"数控一代"技术在塑性工程领域应用的实例。

  《"数控一代"案例集（塑性工程卷）》由中国机械工程学会及其塑性工程分会组织编写，在编写过程中，得到了行业内的大力支持和帮助。北京机电研究所、济南铸锻所等有关单位在组织协调方面都给予了巨大支持。

  随着"中国制造 2025"的发布，我国政府吹响了建设制造强国的号角，智能制造将发挥重要的作用。"数控一代"是迈向"智能一代"不可逾越的阶段。编者认为，这一系列丛书的出版迈出了落实《"数控一代"装备创新工程行动计划》的第一步，并将对国家布局智能制造，推进"数控一代"的推广应用发挥非常积极的作用。

  "数控一代"的发展需要企业不断进行自主创新，其应用推广离不开一个政府支持下的、有行业号召力的专业组织。中国机械工程学会及其塑性工程分会作为我国机械工程领域的有较高学术影响力的专业组织，希望在这一丛书出版的基础上，继续在塑性工程行业内推广"数控一代"案例，尽最大努力为实现"中国制造 2025"和制造强国做出应有的贡献。

  由于水平有限，案例集难免出现不当之处，敬请各位读者批评指正。

2016 年 6 月